ÖKOLOGIE IN FORSCHUNG UND ANWENDUNG |3|

ÖKOPHYSIOLOGIE AFRIKANISCHER RIEDFRÖSCHE

Besiedlung extremer Lebensräume

Richard Schmuck

CIP-Titelaufnahme der Deutschen Bibliothek

Schmuck, Richard:
Ökophysiologie afrikanischer Riedfrösche: Besiedlung extremer Lebensräume / Richard Schmuck. - Weikersheim: Margraf, 1989
(Ökologie in Forschung und Anwendung; 3)
Zugl.: Würzburg, Univ., Diss., u. d. T.: Schmuck, Richard:
Besiedlung und Nutzung extremer Lebensräume
ISBN 3-8236-1191-7
NE: GT

Titelseite:
Hyperolius viridiflavus nitidilus, Adultphase (Foto: Strohm)

Umschlagrückseite:
Hyperolius viridiflavus taeniatus im tarngefärbten Juvenil- und schmuckgefärbten Adultkleid

ÖKOLOGIE IN FORSCHUNG UND ANWENDUNG |3| 1989

Mühlstr. 9
Postfach 105
D-6992 Weikersheim
Tel.: 07934/3071

Druck und Bindung:
F. & T. Müllerbader
Forststr. 18
D-7024 Filderstadt

ISBN 3-8236-1191-7

Mein besonderer Dank gilt dem Betreuer der vorliegenden Arbeit, Herrn Professor Dr. K.E.Linsenmair für die interessante Themenstellung und seinem Einsatz bei der Finanzierung der vorliegenden Arbeit. Seine stete Diskussionsbereitschaft sowie seine vielfältigen Bemühungen bei der Vermittlung von Nutzungsmöglichkeiten meßtechnischer Einrichtungen hiesiger Institute trugen wesentlich zum Fortgang meiner Untersuchungen bei.

Für die notwendige Sorgfalt bei der Zucht und Pflege der Versuchstiere und den begleitenden Laborarbeiten spreche ich Frau Annette Hoh, Frau Loretta Rott, Frau Barbara Lechler und Frau Roswitha Engelmann meinen herzlichsten Dank aus.

Für die Möglichkeit der Nutzung meßtechnischer Einrichtungen seien die Herren Prof. Dr. Schmidt (Institut für anorganische Chemie), Prof. Dr. Silbernagl (Physiologisches Institut der Medizin), Dr. Kütt (Institut für Toxikologie), Dr. Greinwald (Institut für pharmazeutische Biologie) und Dr. Korall (Institut für Tierphysiologie) bedankt.

Von besonderer Hilfe waren mir ferner die wertvollen Anregungen meiner Arbeitskollegen Dr. W.Geise, Dr. F.Kobelt, Dipl.Biol. U.Grafe und Dipl.Biol. S.Buchholz.

Für die technischen Hilfestellungen bei der Einrichtung der Zuchträume möchte ich mich bei den Herren Kaderschapek und Dipl.-Ing. Vonend bedanken.

Nicht zuletzt verdanke ich die Fertigstellung meiner Arbeit meiner Familie, die mich in vielfältiger Weise entlastete und insbesondere dem Einsatz meiner Frau bei der Anfertigung und Korrektur des vorliegenden Manuskriptes.

Diese Arbeit wurde in dankenswerter Weise durch Mittel der Deutschen Forschungsgemeinschaft (Nr. Li 150/11 - 2) gefördert.

Inhaltsverzeichnis Seite

1. Einleitung

Die Besiedlung von lebensfeindlich erscheinenden, durch Klimaextreme geprägten Lebensräumen stellt hohe Anforderungen an die physiologische und ethologische Anpassungskapazität ihrer Bewohner. Diese Anpassungen stellen häufig Änderungen auf der Ebene biochemischer Stoffwechselvorgänge dar, die exogene Störungen der Funktionsabläufe eines Organismus korrigieren und auf diese Weise helfen, seine Homöostase beizubehalten. Die Bandbreite dieser biochemischen Anpassungsleistungen stellt demnach einen wesentlichen Bestandteil der evolutiven Anpassung einer Art an die jeweiligen Milieuverhältnisse dar. Ihr Studium erlaubt einen direkten Einblick in die fundamentalen Mechanismen des Evolutionsgeschehens wie die Integration mutativer Veränderungen, die Neukombination vorhandener Eigenschaften und die Koordination der Genexpression.

Die afrikanischen Trockensavannen bieten ein gutes Beispiel für Lebensräume mit stark wechselnden Milieuverhältnissen. Ihr Klima ist durch einen Wechsel von Regen- und Trockenzeiten im Jahreslauf geprägt. Die temporären Gewässer in der humiden Phase werden von einer Vielzahl verschiedener Amphibienarten als Laichgewässer genutzt. Der überwiegende Teil dieser Amphibien verfolgt in der anschließenden Trockenphase eine Meidungsstrategie (Shoemaker et al. 1969, Seymour 1973, Seymour & Lee 1974, Ruibal & Hillman 1981). Sie entfliehen den lebensfeindlichen Bedingungen dieser Jahreszeit durch Eingraben oder Rückzug in Bodenspalten. Andere Arten überdauern diese Periode in der Nähe permanenter Gewässer und kehren erst mit Beginn der Regenfälle in die Savannengebiete zurück. Einige Arten jedoch entwickelten einen gänzlich unterschiedlichen, spektakulär anmutenden Ästivationsmodus. Sie überdauern in relativ exponierter Stellung auf trockenen Grashalmen sitzend mit der Möglichkeit stetiger Aktivitätsbereitschaft. Besonders erstaunlich erscheint eine solche Ästivationstaktik bei den nur 0.3 - 0.7 g schweren und 1.6 - 1.9 cm großen Hyperolius viridiflavus -Arten. Die aufgrund der geringen Körpergröße eng begrenzte Energie- und Wasserspeicherkapazität läßt äußerst wirksame Anpassungsmechanismen an die harten klimatischen Bedingungen während der Trockenphase erwarten und bildete den Ausgangspunkt vorausgegangener Studien zur Thermoregulation, zum Wasser- und Energiehaushalt (Geise 1981; Kobelt 1981; Geise & Linsenmair 1986; Kobelt & Linsenmair 1986; Geise 1987; Kobelt 1987; Geise & Linsenmair 1988).

Bislang fehlten Untersuchungen zu den biochemischen und osmoregulatorischen Anpassungsleistungen dieser Artengruppe. Die knappen Wasserreserven, die sich zudem durch unvermeidbare Verdunstungsverluste während der Ästivation stark verringern, vermögen nur begrenzte Mengen gelöster Stoffe aufzunehmen. Besonders problematisch erscheinen in diesem Zusammenhang die unter Bedingungen der Anurie unvermeidlich akkumulierenden Stickstoffendprodukte. Die geringen Energiereserven machen darüberhinaus die energetische Nutzung von Muskelproteinen notwendig und führen so zu einer weiteren Verschärfung der osmotischen Probleme. Die mit den hohen Wassergehaltsschwankungen zwischen Regen- und Trockenphasen gekoppelten Änderungen des Zellvolumens weisen auf einen weiteren Problemkreis hin.

Die zeitlich und räumlich unvorhersehbaren mikroklimatischen Änderungen des von Hyperolius viridiflavus spp. besiedelten Lebensraumes stellen jedoch nicht nur in der Trockenzeit, sondern auch in den übrigen Lebenszyklusphasen hohe Anforderungen an die physiologische Flexibilität der Riedfrösche. Die zum Überleben der Trockenperiode notwendigen Energie- und Wasserreserven setzen eine möglichst effiziente Nutzung vorhandener Energieressourcen in der aquatischen und postmetamorphotischen Entwicklungsphase sowie eine optimierte Verweildauer in beiden Lebensräumen voraus. Besonders am Ende der Regenperiode werden abiotische Bedingungen infolge der Austrocknungsgefahr von Laichgewässern rasch zu limitierenden Faktoren.

Auch die Nutzung terrestrischer Energieressourcen ist, vor allem in der Übergangsphase zur Trockenperiode, an wirksame osmoregulatorische Mechanismen gebunden. Die Unvorhersehbarkeit des Eintritts der Kerntrockenzeit erfordert eine stete Bereithaltung möglichst großer Wasserreserven und erlaubt nur begrenzte Wasserverluste im Rahmen des Beutefangs. Während dieser Entwicklungsphase gewinnen daher Strategien zur Minimierung von Wasserverlusten durch Exkretion und Verdunstungskühlung sowie zur effizienten Erschließung nur begrenzt verfügbarer Wasserressourcen sehr große Bedeutung.

Der Erfolg eines Individuums bemißt sich jedoch nicht allein an dessen Überlebensrate, sondern in erster Linie an der Zahl und Qualität seiner Nachkommen. Die Reproduktionsphase der hier untersuchten Arten beschränkt sich auf eine Laichperiode. Es dürfte daher ein besonders starker Selektionsdruck auf eine rasche und wirkungsvolle Umsetzung vorhandener Energieressourcen in Fortpflanzungsleistungen bestehen.

Die vorliegende Studie beschäftigt sich mit den biochemischen Anpassungsstrategien, die einer Art die Besiedlung und Nutzung extrem erscheinender Lebensräume ermöglicht und untersucht die Einflußnahme ontogenetischer und ökologischer Rahmenbedingungen auf die Ausprägung adaptiver physiologischer Strategien und Taktiken. Die zentrale Fragestellung bilden dabei der Wasser-, Energie- und Stickstoffhaushalt der einzelnen Entwicklungsstadien. Da die physiologische Flexibilität vieler bisher untersuchter Anurenarten hohen saisonalen Schwankungen unterworfen ist (Jungreis 1974, Radke 1976, Mack & Hanke 1977, Jungreis & Johnston 1979, Hochachka & Somero 1980, Morton 1981, Katz et al. 1986), galt es zunächst, möglichst naturnahe Bedingungen im Labor zu simulieren und den einzelnen Entwicklungsstadien ein den Verhältnissen am natürlichen Standort entsprechendes zeitliches Abfolgemuster der klimatischen Verhältnisse zu bieten.

1.1. Systematik und klimatische Verhältnisse im Verbreitungsgebiet von Hyperolius spp.

1.1.1. Systematik

Der Gattung Hyperolius werden 120 bisher beschriebene Arten zugeordnet (Drewes 1984), deren geographische Verbreitung auf den afrikanischen Kontinent südlich der Sahara sowie Madagaskar und die Seychellen begrenzt ist. Laurent (1952) faßt diese Gattung mit 13 anderen zur Familie der Hyperoliidae zusammen. Die Hyperoliiden nehmen in ihrem Verbreitungsgebiet die Stelle der hier fehlenden Hyliden ein. Das Ausbreitungszentrum der Hyperoliiden liegt in Zentralafrika mit vielen rezenten Regenwaldformen (Savage 1973) und daraus abgeleiteten Savannenformen, die vornehmlich dem Artenkomplex von Hyperolius viridiflavus zugeordnet werden können. Die Hyperoliiden befinden sich auch heute noch in einer Phase intensiver radiativer Evolution (Schiøtz 1967, 1971, 1975; Drewes 1984).

Die Differenzierung und systematische Abgrenzung der einzelnen Arten innerhalb der Gattung Hyperolius erweist sich infolge der hohen intraspezifischen Variabilität ihres Zeichnungsmusters als äußerst schwierig. Dies veranlaßte Laurent (1951) zur Erstellung eines "Superspezies"-Konzeptes, das die einzelnen Arten in drei morphologisch ähnliche Artenkomplexe zusammenfaßt. Schiøtz (1971) behielt in seiner Revision der Gattung Hyperolius das "Superspezies"-Konzept bei, schloß sich dabei aber nicht der von Laurent 1951 vorgeschlagenen Dreigliederung an, sondern ordnete alle Savannenformen West-, Ost- und Südafrikas der Superspezies Hyperolius viridiflavus zu. Die vorerst letzte Revision erfolgte 1984 durch Drewes, dessen Systematik weitestgehend mit der von Laurent und Schiøtz übereinstimmt.

Die Adultformen der Artengruppe H. viridiflavus zeichnen sich durch ein auffälliges und variables Färbungs- und Zeichnungsmuster aus. Die juvenilen Stadien hingegen sind unscheinbar beige bis grau gefärbt mit dunkelbrauner oder weißer Zeichnung. Diese wird von einigen Männchen auch nach Eintritt der Geschlechtsreife beibehalten. Im Labor ließen sich in der 7. Generation bei H.v. taeniatus-Männchen Mischformen beider Färbungstypen mit adulttypischer Pigmentierung der Flanken und beigebrauner Rückenpartie finden. Das von Richards (unveröffentlicht, nach Grafe 1988) postulierte Dominant/Rezessiv-Schema zur Erklärung der genetischen Grundlagen des Farbdimorphismus scheint somit nur ein artspezifisches Merkmal zu beschreiben (für H.v.viridiflavus).

Der Begriff der "Superspezies" darf jedoch nicht darüber hinwegtäuschen, daß es sich bei vielen Vertretern der H. viridiflavus-Gruppe um echte Arten handelt, die sich vielfach noch in ökologische Rassen untergliedern. Das bei allen Arten grundsätzlich ähnliche Lebensmuster weist im Detail sehr wesentliche Unterschiede auf (Geise 1987, Kobelt 1987), die vorrangig in der Toleranz gegenüber

Bild 1: Hyperolius viridiflavus nitidulus, Adultphase
(Foto: Strohm)

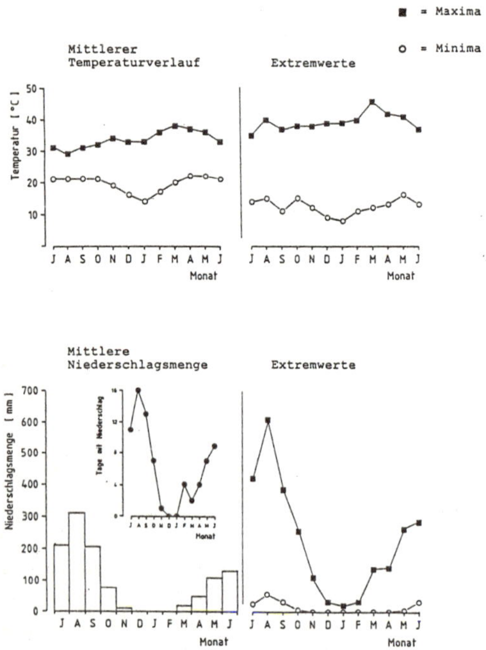

Abb. 1.1.: Mittlere Temperatur- und Feuchtigkeitsverhältnisse im Raum Bobo-Dioulasso (Burkina Faso; Erfassung der Klimadaten über 20-30 Jahre). Aus: Geise 1987

den harten klimatischen Bedingungen der Trockenperiode zum Ausdruck kommen. Da in diesem Entwicklungsabschnitt eine besonders scharfe Auslese erfolgen dürfte, ist mit weiteren graduellen Unterschieden im Anpassungsgrad zu rechnen.

1.1.2. Klimatische Verhältnisse im Verbreitungsgebiet der im Labor untersuchten Hyperolius-Arten

Physiologische Ansprechschwellen sowie Verhaltensmuster sind in hohem Maße über die Jahresrhythmik gesteuert und mit den jeweiligen klimatischen Verhältnissen des besiedelten Lebensraumes synchronisiert. Sorgfältige Studien zur physiologischen Reaktionsbreite einer Art setzen somit Kenntnisse und Berücksichtigung der natürlichen klimatischen Verhältnisse voraus. Die Erfassung mikroklimatischer Gegebenheiten wäre angesichts der offensichtlich stark variierenden Toleranz sympatrisch lebender Arten und zur Erfassung gradueller Unterschiede innerhalb der geographischen Rassen einer Art von enormer Bedeutung. Da mikroklimatische Messungen in der Regel nur sporadisch erhoben wurden, können bei den simulierten Laborbedingungen allerdings nur die großklimatischen Verhältnisse im Jahresverlauf Berücksichtigung finden. Im folgenden sind diese Klimaparameter für das Verbreitungsgebiet der untersuchten Arten wiedergegeben. Für ein detailliertes Studium des Klimageschehens im Verbreitungsgebiet der hier untersuchten Hyperolius-Arten sei auf die ausführliche Zusammenfassung bei Geise (1987) verwiesen.

a) Hyperolius viridiflavus nitidulus (Bild 1)

Das Verbreitungsgebiet dieser Art umfaßt ganz Westafrika vom Senegal über Kamerun bis in die Sahel-Zone. Sie besiedelt vornehmlich die Busch-Baum-Savanne mit ausgeprägt semiaridem Klima. Die im Labor untersuchten Tiere entstammen dem Comoe'-Nationalpark im Nordosten der Elfenbeinküste, einer Zone mit tropisch-sommerhumiden Feuchtklima (Troll, cit. nach Geise 1987) und mit einer durchschnittlichen Jahresniederschlagsmenge von 1100 mm (Steinhauer-Burkhart 1984). Umfassende Messungen zum Klimageschehen liegen für Bobo-Dioulasso in Burkina Faso, ca. 270 km Luftlinie nördlich des Nationalparks, vor (Abb.1.1.). Danach erstreckt sich die Trockenperiode über die Monate November bis April, die Regenperiode von Anfang Mai bis Ende Oktober. In der Kerntrokkenzeit (Dezember bis Februar) fällt die relative Luftfeuchte nicht selten unter 30 %, gekoppelt mit einer Abnahme der mittleren Tagestemperatur. Der Beginn der Regenphase ist durch eine Zunahme der mittleren Tagestemperatur und der relativen Luftfeuchte gekennzeichnet. In den Übergangsphasen zwischen Trokken- und Regenzeit (= Monate November und April) treten häufig nächtliche Erhöhungen der relativen Luftfeuchte bis 100 %, verbunden mit Taubildung, auf.

Bild 2: Hyperolius viridiflavus taeniatus, Adultphase
(Foto: Strohm)

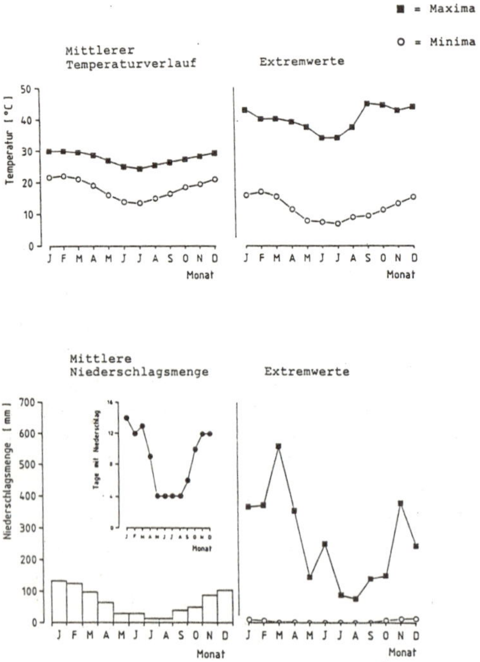

Abb. 1.2.: Mittlerer Temperaturverlauf und Niederschlagsereignisse im Raum Maputo (Mosambique; Erfassung der Klimadaten über 20-30 Jahre. Nach Geise (1987)

b) Hyperolius viridiflavus taeniatus (Bild 2)

Diese Art ist in den Trockensavannen Südostafrikas mit einem Verbreitungsschwerpunkt in Mosambique und seinen Grenzländern beheimatet. Die Elterngeneration der Labortiere entstammt dem Gebiet um Maputo (Mosambique), dessen Klima von Troll (cit. nach Geise 1987) als wechselfeuchtes Tropenklimat eingestuft wird. Der Klimaverlauf zeichnet sich durch einen deutlichen Jahresgang der Temperatur aus (Abb. 1.2.). Die Trockenperiode erstreckt sich von Anfang April bis Oktober, die humide Phase liegt zwischen den Monaten November und März. Der mittlere Jahresniederschlag beträgt 769 mm. Im Gegensatz zu den Verhältnissen im Comoe'-Nationalpark verteilen sich die Niederschlagsereignisse allerdings gleichmäßiger über den Jahresverlauf mit einzelnen Niederschlägen auch während der Trockenperiode.

c) Hyperolius viridiflavus ommatostictus (Bild 3)

Eine genaue Angabe des Herkunftsgebietes ist aufgrund mangelnder Informationen der kommerziellen Bezugsquelle nicht möglich. Schiøtz (1975) gibt als Verbreitungsgebiet für H.v. ommatostictus das Gebiet in Ostafrika zwischen den Vulkankegeln Kilimanjaro und Mero (südliches Tansania) an. Nach Richards (cit. nach Grafe 1988) lassen sich lokale Vorkommen noch bis in den nördlich des Mero gelegenen Arusha Nationalpark hinein verfolgen. Die ostafrikanischen Trokkensavannen des Hochlandes bis 1500 m, zwischen 10° nördlicher und 10° südlicher Breite, weisen zwei getrennte Regenzeiten mit einer dazwischengeschalteten kurzen Trockenperiode auf. Klimadaten sind für die ca. 50 km östlich des Arusha Nationalparks gelegene Station Moshi vorhanden (Abb. 1.3.). Dort fällt die humide Zeit in die Monate November-Dezember und März-Mitte Juni. Weitergehende Aussagen über die klimatischen Verhältnisse sind allerdings wegen der stark wechselnden Höhenlagen des Verbreitungsgebietes nicht möglich.

d) Hyperolius nasutus igbettensis (Bild 4)

Diese Art wurde zusammen mit H.v. nitidulus im Gebiet des Comoe'- Nationalparks während der Trockenzeit gefangen. Das Verbreitungsgebiet dieser Art erstreckt sich vor allem auf den Süden des Comoe'-Nationalparks (-als Unterart H.n. nasutus in Südostafrika). Die bevorzugte Besiedlung von Talsohlen (Linsenmair, mündl. Mitteilung) weist auf mikroklimatisch günstigere Habitate als die von H.v. nitidulus hin. Die großklimatischen Verhältnisse entsprechen sich bei beiden Arten.

Bild 3: Hyperolius viridiflavus ommatostictus, Adultphase
(Foto: Strohm)

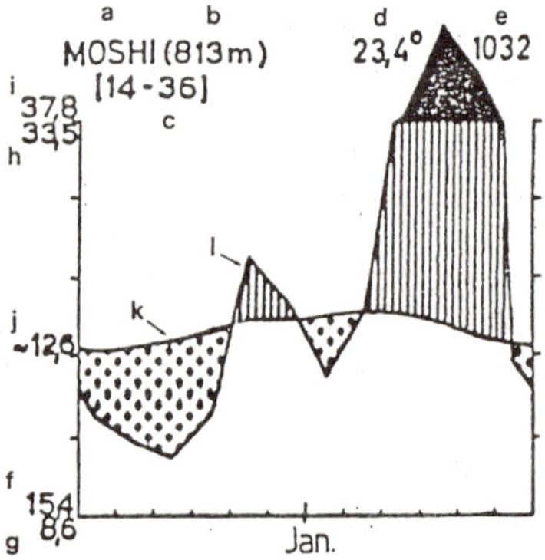

Abb. 1.3.: Klimadiagramm von Moshi (Tansania; Erfassung der Klimadaten über 14-36 Jahre), 813 m über NN
a Station
b Höhe über dem Meeresspiegel
c Zahl der Beobachtungsjahre
d mittlere Jahrestemperatur (°C)
e mittlere jährliche Niederschlagsmenge (mm)
f mittleres tägliches Minimum des kältesten Monats
g absolutes Temperaturminimum
h mittleres tägliches Maximum des wärmsten Monats
i absolutes Temperaturmaximum
j mittlere tägliche Temperaturschwankung
k Kurve der mittleren Monatstemperaturen
l Kurve der mittleren monatlichen Niederschläge
Flächen: punktiert: relativ aride Zeit
schraffiert: relativ humide Zeit
schwarz: mittlere monatliche Niederschlagsmenge » 100 mm

Aus Walter & Lieth 1960-1967

1.1.3. Vergleich der klimatischen Streßfaktoren im Verbreitungsgebiet der untersuchten Hyperolius-Arten

Unter Zugrundelegung des großräumigen Klimageschehens ist H.v. nitidulus während der Trockenphase den extremsten abiotischen Bedingungen unterworfen. Die mittleren Temperaturmaxima in Bobo-Dioulasso liegen um mehr als 10°C höher als in Maputo. In Verbindung mit den in Maputo während der Trockenzeit intermediär auftretenden Niederschlagsereignissen sind daher deutliche Unterschiede im Anpassungsgrad zwischen H.v. nitidulus und H.v. taeniatus zu erwarten. Diese Annahme konnte bereits durch Untersuchungen zu den Wasserverlust- und Stoffwechselraten beider Arten verifiziert werden (Geise 1987). Nach diesen Untersuchungen nimmt H.v. ommatostictus eine Zwischenstellung ein. H. nasutus zieht sich während der niederschlagsfreien Periode in mikroklimatisch günstigere Habitate zurück und läßt daher im Vergleich zu H.v. nitidulus moderatere Anpassungsleistungen erwarten.

Bild 4: Hyperolius nasutus igbettensis, Adultphase
(Foto: Geise)

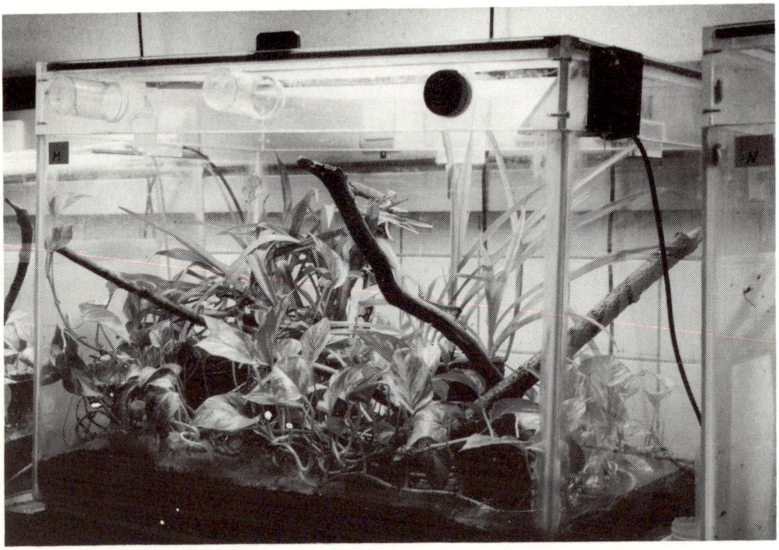

Bild 5: Haltungsbecken (Foto: Strohm)

2. Material und Methoden

2.1. Zucht und Haltung der Versuchstiere

Zucht und Haltung der Tiere erfolgte in 80x45x55 cm messenden, reichlich bepflanzten Glasterrarien mit einer etwa 3-5 cm starken Lehmschicht als Untergrund (Bild 5). Die Abdeckung bildete ein mit Drahtgaze bespannter PVC-Rahmen. Zum Aufbau einer Raumstruktur dienten Astteile, Ziegelsteine und Pflanzen verschiedener Wuchsformen (Spatiphyllum, Tradescantia, Ficus pumila, Rhaphidophora). Als Lichtquelle fanden Quecksilberdampflampen (125 W) bzw. Leuchtstoffröhren (2x40 W) Verwendung. Eine elektrische Raumheizung /-kühlung erlaubte die Einstellung des gewünschten Temperaturganges im Tagesverlauf. Über seitlich angebrachte Ventilatoren erfolgte in festen zeitlichen Abständen eine Belüftung der Becken (um 0 00 für 15 min, um 7 00 , 9 00 , 12 00 und 14 00 für je 30 min, um 16 00 für 45 min). Ein ins Freie führender Ventilator erlaubte die Erstellung eines Feuchtegradienten im Zuchtraum.

Die Klimaverhältnisse wurden durch Variation von Temperatur- und Feuchtebedingungen weitestgehend den Angaben in den Klimadiagrammen nachgestellt. Mit dem Ende der etwa 3-4 monatigen Regenperiode wurde die Lichtphasenlänge schrittweise (um 30 Minuten/ Woche) auf 11 Stunden zurückgeführt.

Die Gelege wurden aus den Becken entnommen und in separaten 40x25x25 cm messenden Glasbecken bei einer Wassertemperatur von 26-28°C und einer Lichtphasenlänge von 12 Stunden gehalten. Als Nahrung dienten Futtertabletten für tropische Zierfische (Tetra Standard Mix, Tetra-Werke Melle), Kopfsalat sowie der Algenbelag auf den Innenseiten der Haltungsbecken. Je nach Besatzdichte wurde das Leitungswasser ein- bis zweimal wöchentlich erneuert. Als Kletterhilfe beim Landgang wurden größere Mengen Javamoos in die Becken gegeben.

Unmittelbar nach Verlassen des Gewässers wurden die Jungtiere in Gruppen zu je 50 Tieren bei 11 Stunden Lichtphasenlänge und 28- 32°C (stellenweise bis 38°C)/ 20-22°C (Tag/Nacht) in die Haltungsbecken überführt. In Abwandlung dieses Schemas wurden H.v. ommatostictus -Jungfrösche im ersten Lebensmonat bei 25 /15°C gehalten. Dies führte zu einer deutlichen Steigerung der Überlebensrate.

In den ersten 2-4 Wochen (abhängig von der Dauer bis zum Erreichen der Gruppengröße) wurde das Terrarium täglich kurz vor dem Ende der Lichtphase besprüht (50%/80 % r.F.) und die Tiere ad libitum mit kleinen Fruchtfliegen der Gattung Drosophila versorgt. Mit Beginn der 5. Lebenswoche erhielten die Tiere Fliegen der Gattung Musca , später desweiteren Lucilia und Phormia. Die Fütterungs- und Sprühintervalle wurden auf einen zweitägigen Rhythmus umgestellt. Die Bodenfeuchtigkeit wurde knapp oberhalb des Welkepunktes der Pflanzen eingestellt.

Nach 6-8 Wochen wurden die juvenilen Frösche in einen Klimaschrank (Tritec KB 3390 VLF) überführt und bei 30/20°C, 11/13 Stunden Licht/Dunkel einer vier- bis achtwöchigen Trockenperiode mit maximal ein bis zwei Wassergaben unterzogen. Für H.v. nitidulus wurde diese Phase auf 2-3 Monate ausgedehnt. Anschließend wurden die Tiere in die Haltungsbecken zurückgeführt und für weitere 2 Monate in zweitägigen Abständen mit Wasser und Fliegen versorgt.

Die Einleitung der Regenzeitbedingungen erfolgte durch intervallweise Erhöhung der Lichtphase auf 13 Stunden (um 30 Minuten/ 14 Tage) und Verkürzung der Sprühintervalle auf 24 Stunden. Zudem wurden bei H.v. taeniatus zur Steigerung der relativen Luftfeuchte die Haltungsbecken zu 2/3 mit Glasplatten abgedeckt.

Nach Einsetzen der Rufaktivität (diese wurde bei fehlender spontaner Rufbereitschaft zu Beginn der natürlichen Laichzeit durch Abspielen von Tonbandaufnahmen induziert) wurden die Haltungsbecken zu etwa 6-8 cm mit Wasser befüllt. Dem erhöhten Nahrungsbedarf in dieser Zeit wurde durch tägliche Fütterung mit großen Fliegen der Gattung Phormia, Lucilia und Calliphora Rechnung getragen.

2.2. Zucht der Futtertiere

Fruchtfliegen der Art Drosophila melanogaster wurden auf herkömmlichem Hefe-Zuchtbrei angesetzt, der sowohl die Funktion eines Ablagesubstrates wie auch des Larvenaufzuchtfutters erfüllte. Den größeren Fliegenarten wurden als Eiablagesubstrat Leber bzw. Eintagsküken geboten. Die Maden wurden in Einmachgläser überführt und mit einem mit Weizenkleie durchsetzten Quark-/Hefegemisch (Musca) bzw. Eintagsküken und Labormäusen (Lucilia und Phormia) versorgt. Nach ca. 6-8 Tagen (bei einer Haltungstemperatur von 25$\pm$1°C) wurden die verpuppten Stadien ausgesiebt und die frischen Adultstadien vor der Verfütterung für mindestens zwei Tage mit honigversetztem Säuglingsbrei (Fa. Milupa, Friedrichsdorf) angefüttert, dem einige Tropfen Multivitaminsaft (Vitakomplex Bt, Parke-Davis & Comp. Berlin) aufgeträufelt wurden. Unmittelbar vor dem Verfüttern wurden die Fliegen mit einem pulverförmigen Vitaminpräparat (Nekton-Rep, Nekton-Produkte Pforzheim) bepudert. Die zusätzliche Vitamingabe erwies sich als essentielle Voraussetzung für eine ungestörte Entwicklung der Embryonalstadien (Geise & Grafe, in prep.).

2.3. Bestimmung der Konditionsparameter Körpergewicht und Körperlänge

Die Darstellung größenabhängiger Meßparameter macht ein Verfahren zur standardisierten Gewichts- und Längenmessung unabdingbar. Da das Körpergewicht der Riedfrösche durch aktivitätsbedingte Verdunstungsverluste starken Schwankungen unterworfen ist, wurden die Versuchstiere vor einer Gewichtsbestimmung einer standardisierten Vorbehandlung unterzogen. Die Tiere wurden nach dem Abfangen aus dem Terrrarium und kurzer Wasserversorgung (15 Minuten ad libitum) bis zur Darmentleerung (im Mittel nach 24h) in kleinen Plastikgefäßen belassen und anschließend für 60 Minuten mit 500 µl zweifach destilliertem Wasser rehydriert. Anschließend wurden sie im Versuchsgefäß für weitere 24 Stunden bei 25°C gehalten und am Ende mit einer Mettler Feinwaage (Typ AE 163) auf 0,1 mg genau verwogen. Das dabei erreichte Körpergewicht wird im folgenden als Maximalgewicht bezeichnet.

Zur Bestimmung der Körperlänge wurde der Abstand zwischen Schnauzenspitze und Urostyl mit Hilfe einer Schublehre auf 0,1 mm genau vermessen. Da die Sitzhaltung der Frösche einen starken Einfluß auf die Längenmessung ausübte, wurde eine Längen/Gewichts-Eichkurve aus mehr als 200 Einzelwerten erstellt. Starke haltungsbedingte Abweichungen der Körperlänge (>15%) konnten so durch einen Vergleich mit den Werten aus den artspezifischen Längen/Gewichtskorrelationen erfaßt und durch Kontrollmessungen entsprechend korrigiert werden (Die Tiere wurden durch leichtes Beklopfen der Haltungsgefäße zu einer Änderung der Körperhaltung veranlaßt und nach Einnehmen der Ruheposition erneut vermessen).

2.4. Verfahren zur Bestimmung von Enzymaktivitäten

In der vorliegenden Studie kamen solche Testverfahren zur Anwendung, welche eine direkte quantitative Bestimmung der Enzymaktivität im Gewebehomogenat

Tab.2.1:An der Ammoniakfreisetzung und Fixierung beteiligte Enzymsysteme. Die Nummern folgen dem Codierungsschema der Abb.2.1.

Code-Nummer	Enzym
1	Glutamat-Transaminase
2	Glutamat-Dehydrogenase
3	Carbamylphosphat-Synthetase
4	Glutamin-Synthetase
5	Serin-(Threonin-)-Dehydratase
6	Ornithin-Transcarbamylase
7	Arginino-Synthetase
8	Arginino-Succinase
9	Arginase
10	Aminophosphoribosyl-Transferase
11	Phosphoribosylglycinamid-Synthetase
12	Phosphoribosylglycinamid-Formyltransferase
13	Phosphoribosylformylglycinamid-Synthetase
14	Phosphoribosylaminoimidazol-Synthetase
15	Phosphoribosylaminoimidazol-Carboxylase
16	Phosphoribosylaminoimidazol-Succinocarboxamid-Synthetase
17	Phosphoribosylaminoimidazol-carboxylat-Synthetase
18	Phosphoribosylaminoimidazolcarboxamid-Formyltransferase
19	IMP-Cyclohydrolase
20	Adenylosuccinat-Synthetase
21	Adenylosuccinat-Lyase
22	IMP-Dehydrogenase
23	GMP-Synthetase
24	Adenylat-Desaminase
25	Nucleotidasen und Nucleosid-Phosphorylasen
26	Xanthin-Oxydase (Xanthin-Dehydrogenase

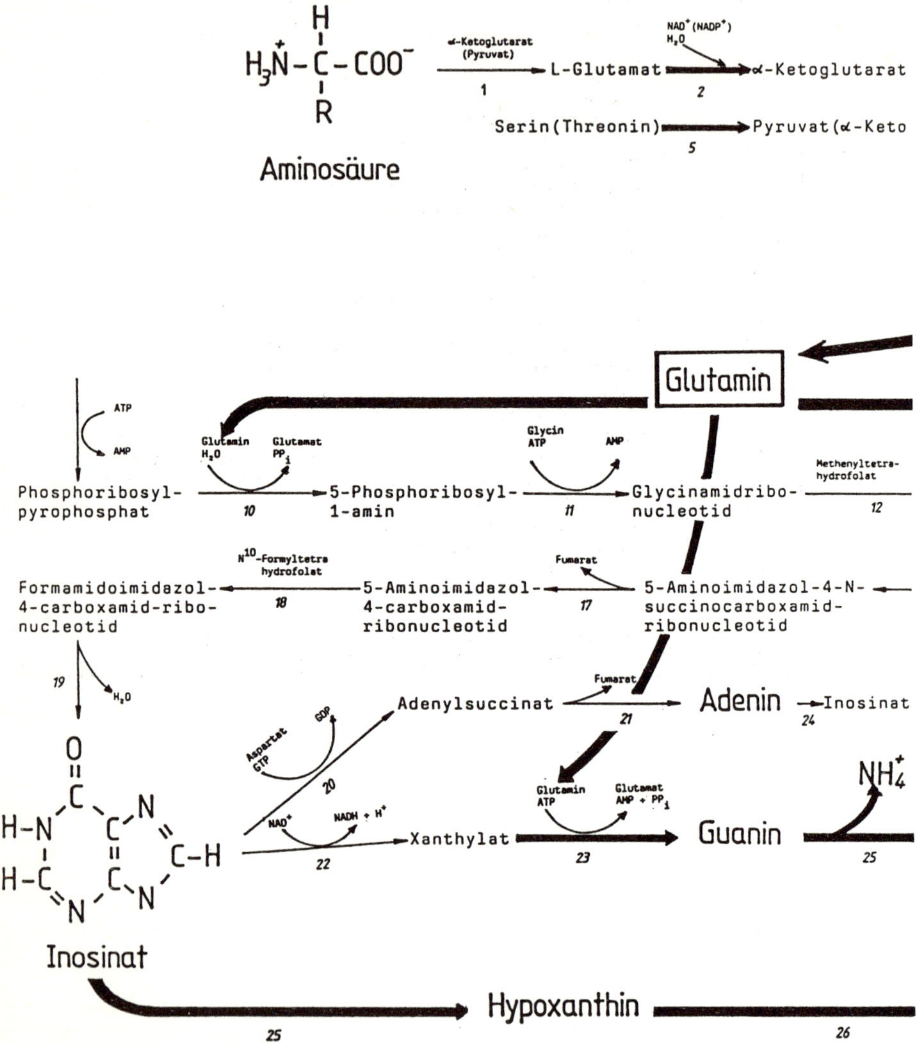

Abb.2.1: Mögliche Wege zur Detoxifikation des im Protein- und Nucleotidstoffwechsel anfallenden Ammoniaks und Bedeutung der Glutaminsynthese für die Purinexkretion. Die Zahlenangaben codieren die jeweils beteiligten Enzyme (siehe Tab.2.1).

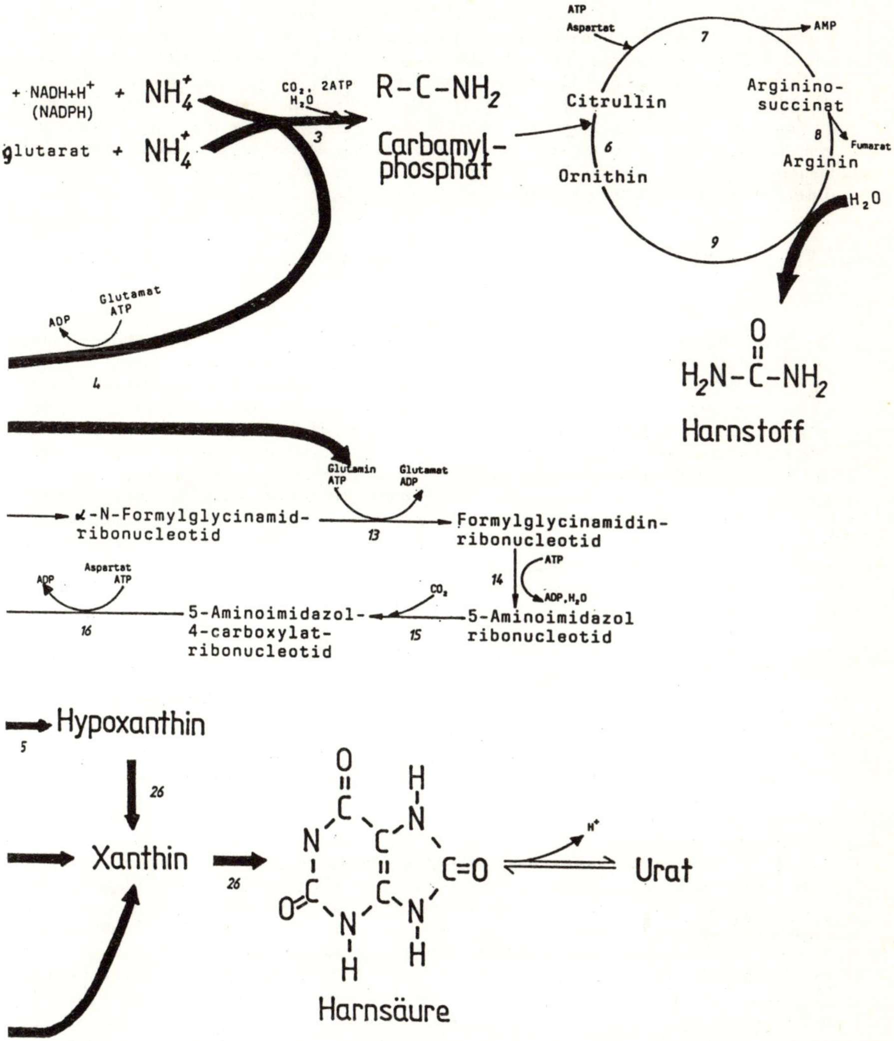
+ NADH+H+ (NADPH)
+ NH4+
glutarat + NH4+
CO2, 2ATP H2O
3
R-C-NH2
Carbamyl-phosphat
ATP
Aspartat
7
AMP
Citrullin
Arginino-succinat
6
8
Fumarat
Ornithin
Arginin
H2O
9
Glutamat
ATP
ADP
4
O
H2N-C-NH2
Harnstoff
Glutamin
ATP
Glutamat
ADP
α-N-Formylglycinamid-ribonucleotid
13
Formylglycinamidin-ribonucleotid
ATP
14
ADP, H2O
Aspartat
ADP
ATP
CO2
16
5-Aminoimidazol-4-carboxylat-ribonucleotid
15
5-Aminoimidazol ribonucleotid
Hypoxanthin
5
26
Xanthin
26
H+
Urat
Harnsäure

ermöglichten. Diese Verfahren erbringen den Vorteil, ohne zeitraubende und meist mit Aktivitätsverlust verbundene Reinigungs- und Isolierschritte quantitative Aussagen über Stoffwechselvorgänge vornehmen zu können. Die Grundvoraussetzung solcher Testverfahren sind spezifische Katalyseschritte der untersuchten Enzymkomplexe. Ein auf quantitativen Veränderungen von Energie- oder Reduktionsäquivalenten basierendes Nachweisverfahren wäre in diesem Zusammenhang völlig ungeeignet, da die vielfältigen Enzymsysteme in einem Gewebehomogenat, deren Katalyse die Degradation oder Synthese derartiger Moleküle einschließt, die Quantifizierung einer spezifischen Umsetzungsreaktion nicht zulassen. Die nachfolgenden Testverfahren basieren daher auf Enzym- oder Endprodukt-spezifischen Reaktionen unter Substratüberschußbedingungen.

2.4.1. Herstellung des Leber- bzw. Hauthomogenats zur Enzymaktivitäts-Bestimmung

Die Versuchstiere wurden nach doppeltem Genickschnitt in vorgekühlten Präparierschalen (-10°C) seziert. Die entnommenen Organe (Haut bzw. Leber) wurden mittels Fließpapier von anhaftendem Wasser befreit und mit einer Genauigkeit von 0.1 mg gewogen (Mettler AE 163). Anschließend wurden die Organe in einer vorgekühlten (0°C) 0.1 prozentigen CTB-Lösung (N-Cetyl-N,N,N- trimethyl-ammoniumbromid, Merck 2342) im Verhältnis 1:100 (w:v) unter Zugabe einer Spatelspitze ausgeglühten Seesandes (Merck 7711) im Eisbad homogenisiert (Glashomogenisator Potter S, Fa. Braun AG, Melsungen). Zum Entfernen der Schwebeteilchen wurde das Homogenat bei 4°C und 4 000 g für 20 Minuten zentrifugiert (Sigma 101 M in einer Kühlkammer). Die geringen Gewebemengen erlaubten keine wiederholte Aufarbeitung des Niederschlags, so daß der Überstand (1%ges Lebercytosol) unmittelbar Verwendung fand.

2.4.2. Glutamin-Synthetase (modifiziert nach Wu, 1963)

Die Glutaminsynthetase katalysiert die Bildung von Glutamin aus Glutamat und Ammoniak unter ATP-Verbrauch:

$$\text{Glutamat} + \text{ATP} + NH_4^+ \xrightarrow{Mg^{2+}} \text{Glutamin} + \text{ADP} + \text{Pi}$$

Glutamin ist ein wichtiges Substrat der Purinsynthese (Abb. 2.1.). Ein Anstieg des Bedarfs an Purinbasen, wie er im Rahmen der Synthese der Iridophorenpigmente zu fordern ist, setzt ein steigendes Substratangebot voraus. Letzteres sollte sich in einem Aktivitätsanstieg des Syntheseenzyms wiederspiegeln. Die exkretorische Funktion dieses Syntheseweges ist bereits mehrfach dargelegt worden (Zusammenfassung bei Wu, 1963). Da die geringe Glutaminsyntheserate im Gewebehomogenat eine adäquate Nachweisreaktion des Endproduktes nicht erlaubt, greift das folgende Nachweisverfahren auf die Umsetzungsreaktion eines NH_4^+ -Analogons, dem Hydroxylamin, zurück. Letzeres wird enzymatisch in Hydroxamsäure umgesetzt, die mit $FeCl_3$ einen roten Farbkomplex bildet. Die Färbung ist proportional der Menge an gebildeter Hydroxamsäure und somit ein indirektes Maß der Enzymaktivität.

2.4.2.1. Testverfahren

Die Inkubationslösung setzte sich zusammen aus:

200 mM Natriumglutamat (-monohydrat, Merck 6445)
40 mM Magnesiumchlorid (-hexahydrat, Merck 5833)
50 mM L-Cystein (Merck 2838)
100 mM Tris-(Hydroxymethyl)aminomethan-Puffer pH 7.2 (Merck 8365)
200 mM $NH_2OH.HCl$ (frisch neutralisiert auf pH 7.2 mit NaOH (Merck 4616)

Das Endvolumen betrug 4 ml.

Zu diesem Testvolumen wurden 0.5 ml Gewebehomogenat zugegeben. Die Reaktion wurde durch Zugabe von 20 mM ATP (Sigma A 3377), neutralisiert auf pH 7.2 mit NaOH (Merck 6495), gestartet. Nach fünfzehnminütiger Inkubation bei $38^{\circ} \pm 1^{\circ}$C wurde die Reaktion durch Zugabe von 0.5 ml 50 %iger Trichloressigsäure (TCA) (Merck 807) gestoppt. Nach dem Abzentrifugieren des denaturierten Proteins wurden 4 ml des Überstandes zur Farbentwicklung (Lipmann & Tuttle 1945) entnommen. Nach Zugabe von 1 ml 3 N HCl (Merck 319) sowie 1 ml 5 % $FeCl_3$ x 6 H_2O (Merck 3943) (in 0.1 N HCl) wurde die Extinktion des Überstandes bei 540 nm gemessen und aus einer Eichkurve der entsprechende Betrag entstandener Hydroxamsäure entnommen.

2.4.3. Glutamat-Dehydrogenase (modifiziert nach Radke 1976)

Die Glutamatdehydrogenase (=GlDH) nimmt bei Amphibien eine Schlüsselstellung im Aminosäurestoffwechsel ein (Balinsky et al. 1970) und liefert ein gutes Beurteilungskriterium für quantitative Veränderungen im Aminosäurestoffwechsel. Sie katalysiert in Verbindung mit der Glutamat-Transaminase die zum Ab- bzw. Aufbau von Aminosäuren (AS) notwendigen Transaminaseschritte:

$$\text{Glutamat} + NAD^{+} \rightleftharpoons NH_4^{+} + \alpha\text{-Ketoglutarat} + NADH + H^{+}$$

Die Rückreaktion ist dabei streng enzymspezifisch und bietet die Möglichkeit einer stöchiometrischen Nachweismethode. Die starke Verdünnung des Lebercytosols (0.01 %) reduziert die Gefahr konkurrierender Enzymreaktionen infolge fehlenden Substratangebotes und erlaubt im vorliegenden Fall eine Aktivitätsbestimmung aus dem $NADH_2$- Verbrauch (im Gegensatz zur Säuger-GlDH ist $NADH_2$ bevorzugter Cofaktor der Amphibien-GlDH, Balinsky et al. 1970). Die reduzierte Verbindung des NAD^+ bildet mit einem Jodnitrotetrazoliumchlorid (=INT)/Phenazinmethosulfat (=PMS)-Gemisch in stark saurem Milieu einen stabilen, rotbraunen Farbkomplex. Die Zugabe von ADP führt zu einer allosterischen Aktivierung der GlDH. Der Zusatz von L-Leucin kompensiert den inhibitorischen Einfluß des $NADH_2$ (Hochachka & Somero 1980).

2.4.3.1. Testverfahren

Die Testlösung bestand aus:

0.5 ml			Triethanol-Ammoniumacetat-EDTA Puffer, pH 8.0
	(50	mM	Triethanolamin (Merck 8379)
	4	mM	EDTA (Merck 8418)
	160	mM	Ammoniumacetat (Merck 1116))
0.1 ml	10	mM	ADP (Sigma A 8146)
0.1 ml	3	mM	$NADH_2$ (Sigma N 8129)
0.05 ml	85	mM	L-Leucin (Merck 5360)
0.05 ml	160	mM	α-Ketoglutarsäure (Sigma K 1750) neutralisiert mit Tris-(hydroxymethyl)aminomethan (Merck 8382)
0.2 ml	0.01 %		Lebercytosol (1:100 mit zweifach destilliertem Wasser verdünnt)

Die Reaktion wurde durch Zugabe der $NADH_2$ -Lösung gestartet. Nach einer fünfzehnminütigen Inkubation bei 38°C (±1°C) erfolgte durch Zugabe von 1 ml Indikatorlösung (4 mM INT, Fluka 58030 und 0.5 mM PMS, Fluka 68600) der Abbruch der Reaktion. Zur Stabilisierung des entstehenden Farbkomplexes wurden 2 ml einer 0.4 N HCl-Lösung zupipettiert und die Extinktion bei 500 nm gegen den Reagentienleerwert (ohne $NADH_2$) gemessen.

2.4.4. Arginase

Die Arginase ist an der Reaktionskette des Krebs-Henseleitzyklus beteiligt (Abb.2.1) und wurde bei Raniden bislang erfolgreich als Indikator für quantitative Veränderungen der Harnstoffsyntheserate herangezogen (Radke 1976, Shoemaker & McClanahan 1982). Der Katalyseschritt besteht aus der irreversiblen Freisetzung von Harnstoff aus Arginin. Das entstehende Ornithin kann nun erneut dem Harnstoffzyklus zugeführt werden (siehe dazu Abb 2.1).

$$\text{Arginin} + H_2O \xrightarrow{Mg^{2+}} \underset{\text{Harnstoff}}{H_2N\text{-}\overset{O}{\overset{\|}{C}}\text{-}NH_2} + \text{Ornithin}$$

Zur Aktivitätsbestimmung diente im vorliegenden Fall das Endprodukt der Katalyse, der Harnstoff.

2.4.4.1. Testverfahren

Zu 2 ml Reaktionsmedium aus 50 mM L-Arginin (Merck 1542) und 0.5 mM Mangandichlorid (Merck 805930), gelöst in Glycinpuffer pH 9.5, wurden 0.2 ml 0.1 %iges Lebercytosol pipettiert und bei 38°C (±1°C) für 15 Minuten inkubiert. Die Reaktion wurde durch Zugabe von 2.5 ml 1 M $HClO_4$-Lösung abgebrochen. 1 ml des Überstandes diente zum Nachweis der gebildeten Harnstoffmenge (siehe Verfahren zur Einzelsubstanzanalyse, 2.10.2.1.).

2.5. Kationenanalyse

Zur Kationenanalyse stehen heute drei gebräuchliche Verfahren zur Auswahl, die Ionenchromatographie mittels HPLC (high pressure liquid chromatography), die Messung über ionenselektive Elektroden sowie die Messung des Emissionsspektrums. Die vorliegenden Kationenanalysen beruhen auf einem flammenphotometrischen Meßverfahren (Beckmann Atomic Spectrophotometer 1233). Die Urinproben (3-50 µl) wurden mit zweifach destilliertem Wasser auf ein Endvolumen von 1 ml aufgefüllt. Da die Urinflüssigkeit weitaus höhere K^+ -Ionen als Na^+ -Ionen aufwies, wurden diesem Endvolumen weitere 100µl entnommen und diese erneut auf 1 ml aufgefüllt. Die beiden Proben (900 µl bzw. 1 ml) wurden direkt zur Ionenanalyse eingesetzt. Das meßtechnische Verfahren beruht auf einer Elektronenanregung in der Atomhülle der Alkalimetalle durch Zufuhr großer Energiemengen. Technisch erfolgt dies durch Einspritzen der Lösung in eine Luft/Acetylen-Flamme. Beim Zurückfallen der Elektronen werden Lichtquanten charakteristischer Wellenlänge abgegeben, die photometrisch bei einer Wellenlänge von 589 nm (Na^+) bzw. 766.5 nm (K^+) erfaßt wurden.

2.6. Aminosäureanalyse

Die Trennung der Aminosäuren erfolgt in der Regel mittels Ionenaustauschchromatographie. Das Säure/Base-Verhalten der Aminosäuren in wässrigen Lösungen stellt den zentralen Punkt des Trennverfahrens dar. Aminosäuren liegen in Lösungen am isoelektrischen Punkt (=pH-Wert, bei dem die Nettoladung aller Moleküle einer Lösung 0 beträgt) als dipolare Ionen vor. Durch Veränderungen des pH-Wertes lassen sich die Ladungsverhältnisse verschieben und damit der Anteil positiv geladener Ionen steuern:

$$\underset{\text{pH 1}}{H_3N^+ - \overset{R}{\overset{|}{CH}} - CO_2H} \rightleftharpoons \underset{\text{pH 6}}{NH_3N^+ - \overset{R}{\overset{|}{CH}} - CO_2^-} \rightleftharpoons \underset{\text{pH 11}}{NH_2N - \overset{R}{\overset{|}{CH}} - CO_2^-}$$

Aminosäuren werden gewöhnlich über einen Kationenaustauscher mit Natrium oder Lithium als Austauscherion getrennt. Die Elution erfolgt über Säurepuffer, die einen positiven Ladungszustand herstellen. Die positiv geladenen Aminosäuren verdrängen das Austauscherion an der Säulenmatrix. Dieser Verdrängungsprozeß beschreibt einen Gleichgewichtszustand, der über die Säure-/Base- Eigenschaft der jeweiligen Aminosäure und der Konzentration des Austauscherions im Elutionsmittel steuerbar ist. Durch Erhöhung des pH-Wertes und der Konzentration des Austauscherions wird der Verdrängungseffekt revertiert und die Aminosäure freigesetzt.

Für komplexe Aminosäuregemische, wie sie in physiologischen Flüssigkeiten zu finden sind, wird als Elutionspuffer gewöhnlich Lithiumcitrat verwendet. Bessere Trenneigenschaften in komplexen Proben-Matrizes werden durch sequentielle Anwendung verschiedener Pufferlösungen mit leicht variierendem pH-Wert und Ionenstärke erreicht. Aminosäuren mit sehr ähnlichen Säure-/Base-Eigenschaften lassen sich unter Umständen über einen Temperaturgradienten trennen. Zudem werden durch Temperaturerhöhung eine Abnahme der Viskosität des Eluents mit entsprechend günstigen Druckverhältnissen und kurzen Retentionszeiten erreicht.

Tab.2.2: Zusammensetzung des Elutionspuffers für die Aminosäureanalyse am Chromakon 500. Die Lithiumcitratpuffer werden über HCl auf den angegebenen pH-Wert eingestellt und kurz vor der Applikation zweimal steril filtriert. Die Applikationssequenz ist in Abb.2.2 wiedergegeben.

Puffer-Nr.	Zusammensetzung	pH-Wert
A	5.05 g LiOH x H_2O (Merck) 17.40 g Citronensäure x H_2O (Merck) 70.00 ml Methanol (Merck) 1.00 ml Phenol (Merck) 9.95 ml HCL Suprapur (Merck)	2.48
B	5.45 g LiOH x H_2O 17.40 g Citronensäure x H_2O 50.00 ml Methanol 1.00 ml Phenol 7.50 ml HCL Suprapur	3.09
C	7.60 g LiOH x H_2O 17.40 g Citronensäure x H_2O 1.00 ml Phenol 8.10 ml HCL Suprapur	3.80
D	8.40 g LiOH x H_2O 17.40 g Citronensäure x H_2O 16.00 g LiCl (Merck) 1.00 ml Phenol 1.30 ml HCl Suprapur	4.35

Tab.2.3: Zuordnung individueller Aminosäuren zu den in Abb.2.2 angegebenen Retentionszeiten.

RT(min)	Aminosäure
4.60	Taurin
22.47	Asparaginsäure
30.40	Threonin
34.23	Serin
40.03	Asparagin
43.33	Glutaminsäure
46.33	Glutamin
66.50	Glycin
67.20	Alanin
68.27	Citrullin
68.67	α-Aminobuttersäure
70.17	Valin
74.67	Methionin
79.27	Isoleucin
81.67	Leucin
84.73	Tyrosin
89.93	Phenylalanin
94.50	β-Alanin
103.83	Tryptophan
122.60	Ornithin
129.10	1-Methyl-Histidin
131.57	Histidin
138.77	3-Methyl-Histidin
140.00	Lysin
145.37	Carnosin
146.90	Anserin
150.50	Arginin

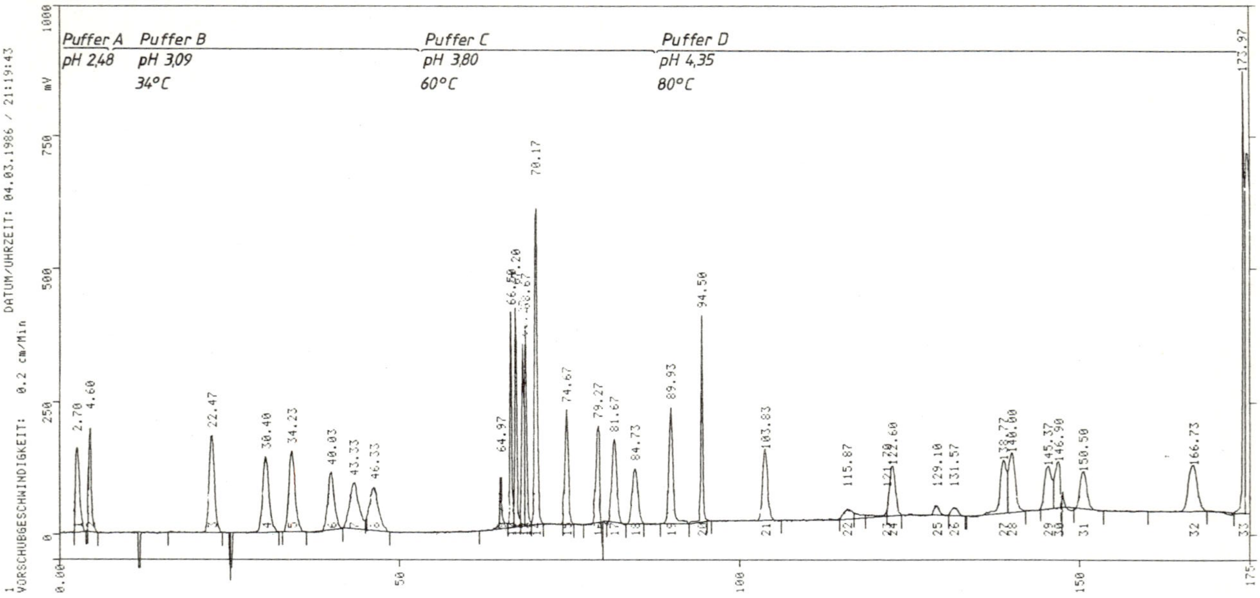

Abb.2.2: Chromatographische Trennung eines Aminosäuregemisches (0.31 mM/l) über Kationenaustauschersäule (Lithium), mit Lithiumcitratpuffer unterschiedlicher Ionenstärke und pH- Werte (Tab.2.1) als Elutionsmittel (Flußrate 0.33 ml/min). Zur besseren Trennung erfolgte die Analyse bei einem Temperaturgradienten von 34 - 80°C. Zur Identifizierung der Aminosäuren über die angegebenen Retentionszeiten siehe Tab.2.3.

Da eine Detektion freier Aminosäuren im Eluent über die klassischen Methoden der UV-Absorption und Messung des Brechungsindex nicht möglich ist, müssen die Aminosäuren zunächst derivatisiert werden. Höchste Sensitivität (Nachweisgrenze 5 pM) läßt sich in der Fluoreszenzanalyse über o-Phthalaldehyd erreichen: hierbei wird das Hintergrundrauschen erheblich minimiert und die Detektion auch kleinster während der Fluoreszenz entstehender Lichtmengen ermöglicht. Die freigesetzte Lichtmenge ist direkt proportional der Aminosäurekonzentration.

Die vorliegenden Aminosäureanalysen wurden am Aminosäureanalysator Chromakon 500 (Fa. Kontron, Eching) durchgeführt. Als stationäre Phase fand eine Kationenaustauschersäule auf Lithiumbasis (Fa. Kontron) Verwendung. Als Eluent dienten Lithiumcitratpuffer unterschiedlicher Ionenstärke und pH-Werte (Tab.2.2.), deren Applikationssequenz in Abb. 2.2. wiedergegeben ist. Die Trennung erfolgte bei einem ebenfalls in Abb. 2.2. wiedergegebenen Temperaturgradienten von 34-80° C und einer Durchflußrate von 0.33 ml/min. Das emittierte Licht wurde bei 520 nm über einen integrierten Fluoreszenzdetektor erfaßt und mittels eines Integrators (Anacomp 220; Fa. Kontron) quantitativ berechnet. Die Detektionsgrenze lag im vorliegenden Fall bei etwa 50 pM. Die Identifizierung der einzelnen Aminosäuren erfolgte durch Vergleich der Retentionszeiten über ein Aminosäurestandardgemisch, das aus Tab.2.3 hervorgeht. Zur Probenvorbereitung siehe Kap. 5.2.2.2.

2.7. Purinanalyse

Zur quantitativen Analyse der Iridophorenpigmente kamen 3 chromatographische Trennverfahren zur Anwendung, die Dünnschichtchromatographie, die Hochdruckflüssigkeitschromatographie sowie die Gaschromatographie.

2.7.1. Dünnschichtchromatographie

Wie alle chromatographischen Verfahren beruht das Trennverfahren auf einer Wechselwirkung zwischen den Lösungsmittelteilchen und einem Sorptionsmittel (stationäre Phase), das bei der DC eine extrem dünne Trennschicht bildet. Durch Applikation eines Eluenten bzw. Eluentengemisches (mobile Phase) wird die reversible Kopplung zwischen Sorptionsmittel und Lösungsteilchen aufgehoben. Die optimalen Trennbedingungen ergeben sich durch das Aufeinanderabstimmen der stationären und mobilen Phase. Die DC-Analyse erlaubt die Verwendung von extrem sauren ($pH < 2$) und extrem basischen ($pH > 10$) Lösungen, die außerhalb des Anwendungsbereichs einer Säulenmatrix stehen. Iridophorenpigmente bisher untersuchter Anurenarten (Bagnara & Stackhouse 1961, Bagnara 1966) bestehen vornehmlich aus Purinen und Purinderivaten, die sich ausschließlich in solch extremen pH-Bereichen vollständig lösen lassen. Die Dünnschichtchromatographie bietet sich somit als Pilot- Methode für die Säulenchromatographie an, da kaum Detektionsprobleme auftreten. Neben Informationen über die Anzahl der im Gemisch enthaltenen Komponenten liefert die DC-Analyse auch wertvolle Hinweise über die Effizienz des geprüften Fließmittels bzw. Fließmittelgemisches und gibt Hinweise auf die erforderliche Trennleistung der Säule. Zum anderen bietet die Dünnschichtchromatographie die Möglichkeit einer verbesserten Auftrennung der Einzelkomponenten durch mehrdimensionale Chromatographieläufe in unterschiedlichen Fließmitteln, ohne dabei die stationäre Phase verändern oder erneuern zu müssen.

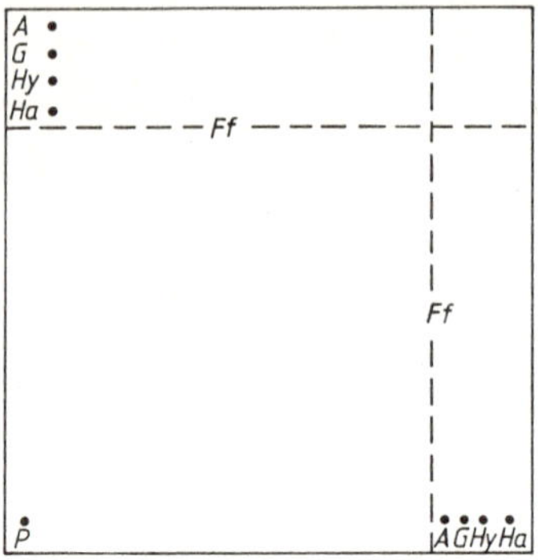

Abb.2.3: Applikationsschema zur dünnschichtchromatographischen Auftrennung der Iridophorenpigmente auf Celluloseplatten. Die zweidimensionale Auftrennung erfolgte nach den Angaben von Stahl (1967). Als Standards dienten Referenzpurine in einer Konzentration von 10 mM (in 10%iger Phosphorsäure) P=Probe, A=Adenin, G=Guanin, Hy=Hypoxanthin, Ha= Harnsäure Ff=Fließmittelfront zum Ende der Entwicklungsphase

Tab.2.4: Rf-Werte von Purinbasen nach zweidimensionaler Auftrennung auf Cellulose-Platten mit Methanol- HCl-Wasser (1. Dimension) und n-Butanol-Methanol- Ammoniumhydroxid (2. Dimension).

Purinbase	Rf_{sauer}	$Rf_{basisch}$
Adenin	0.32 ± 0.02	0.54 ± 0.01
Guanin	0.17 ± 0.02	0.13 ± 0.01
Hypoxanthin	0.34 ± 0.01	0.41 ± 0.02
Harnsäure	0.12 ± 0.02	0.14 ± 0.03

Testverfahren

Stahl (1967, pp. 755-758) beschreibt zur Trennung von Purin- und Pyrimidinbasen sowie Nucleosiden die Verwendung von PP-Cellulose als stationäre Phase mit zweidimensionaler Auftrennung. Als Eluenten finden in der ersten Dimension Methanol (Merck 6002) -HCl (Merck 319)- Wasser (70 + 20 + 10), in der zweiten Dimension n-Butanol (Merck 1993) - Methanol - Wasser - Ammoniumhydroxid (Merck 4616) (60 + 20 + 10 + 1) Verwendung. Ein Probevolumen von 20 µl wurde direkt aus dem saurem Hauthomogenat mittels einer GC-Probenspritze nach dem Schema in Abb. 2.3. auf die Cellulose-Dünnschichtplatte (Merck 5577) aufgetragen. Parallel hierzu erfolgte die Applikation der bisher bei Anuren nachgewiesenen Referenzpurine Adenin (Fluka 01830), Guanin (Fluka 51020), Hypoxanthin (Fluka 56700) und Harnsäure (Fluka 51449) (1 µl einer 10 mM Lösung) nach dem von Kobelt (1981) vorgeschlagenen Schema. Um eine zu starke Spreitung der Probe mit den daraus resultierenden Verfälschungen der Rf-Werte zu vermeiden, wurde die Probe portioniert zu je 1-2 µl aufgegeben und sofort mit einen Fön vorsichtig (=nicht zu heiß) getrocknet. Um eine gleichmäßig verlaufende Fließmittelfront zu erhalten, wurde ein eluentengesättigtes Filterpapier im oberen Abschnitt der Glaskammer angebracht. Durch die Sättigung der Gasphase mit den Pufferkomponenten wird eine nahezu geradlinig verlaufende Fließmittelfront sichergestellt.

Die Folien wurden nach Probenaufgabe zunächst in der sauren Phase entwickelt. Nach Entfernen der Salzsäure durch Exposition der Platten zunächst an kalter, dann an warmer Luft (60-70°C mittels Fön) wurden die Platten der basischen Phase ausgesetzt. Nach dem Trocknen wurden die Celluloseplatten mit dem Licht einer kurzwelligen UV-Lampe (Maximalemission 254 nm) bestrahlt und die sich dunkel hervorhebenden Bezirke schwach mit dem Bleistift umrandet. Über einen Vergleich der Rf-Werte von Probenkomponenten und Referenzpurinen (Tab.2.4) erfolgte die Identifizierung der markierten Probenkomponenten. Nach Stahl (1967) können Purin- und Pyrimidinbasen unmittelbar auf der Cellulose-Schicht durch Fluorimetrie quantitativ bestimmt werden. Zur quantitativen Erfassung der Probekomponenten wurde am Probenstartpunkt eine Konzentrationsreihe der Referenzpurine Hypoxanthin und Guanin aufgetragen und über deren Fluoreszenzstärke eine Eichkurve erstellt. Zur Detektion und Integration der Probenkomponenten fand ein DC-Scanner (Camag DC-Scanner 76500) Verwendung. Die Reproduzierbarkeit der Ergebnisse erwies sich mit 8 % jedoch als äußerst unzureichend. Zudem erschien aus ökonomischen und zeitlichen Gründen für die Routinemessungen die Nutzung eines schnelleren und genaueren Nachweisverfahrens wünschenswert.

2.7.2. Hochdruckflüssigkeitschromatographie (HPLC)

Die HPLC-Analyse beschreibt eine Technik, die auf einem differentiellen Transportprozeß beruht, wobei die Wanderungsgeschwindigkeit der einzelnen Probenkomponenten selektiv über die stationäre Phase gesteuert wird. Diese Trenntechnik macht sich die unterschiedlichen Verteilungskoeffizienten der Probenkomponenten zwischen zwei nicht mischbaren Phasen, der mobilen und der stationären Phase zunutze. Da die Wanderungsgeschwindigkeit eine Funktion der Gleichgewichtsverteilung beschreibt, wandern Komponenten mit höherer Affinität zur stationären Phase langsamer als solche mit höherer Affinität zur mobilen Phase.

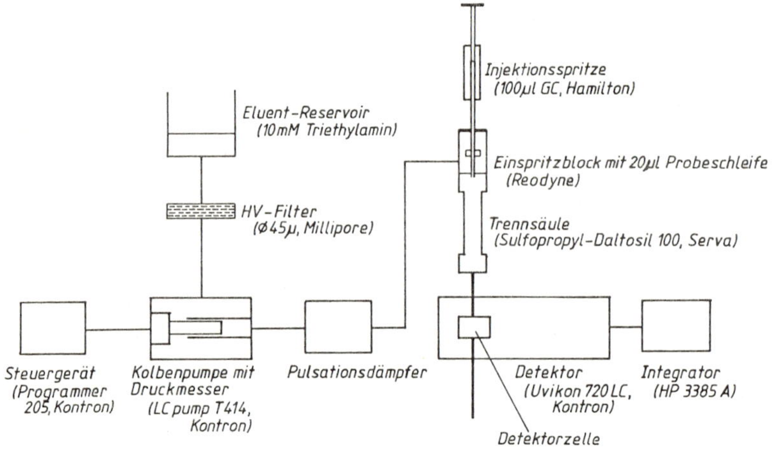

Abb.2.4: Gerätetechnische Zusammensetzung zur Auftrennung und quantitativen Erfassung von Purinkomponenten mittels HPLC.

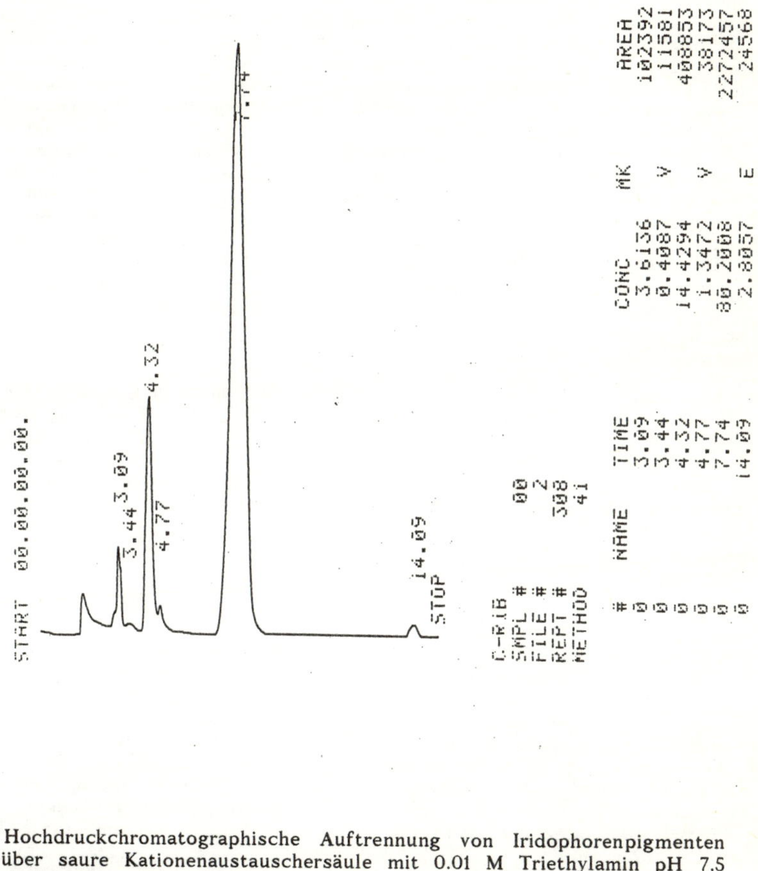

Abb.2.5: Hochdruckchromatographische Auftrennung von Iridophorenpigmenten über saure Kationenaustauschersäule mit 0.01 M Triethylamin pH 7.5 als Elutionsmittel (Flußrate 1ml/min). Originalaufzeichnung einer Probeanalyse mit den Purinkomponenten Hypoxanthin (RT 4.32), Guanin (RT 7.74) und Adenin (RT 14.09).

Zur Lösung des aus der dünnschichtchromatographischen Analyse ersichtlichen Trennproblems der beiden Purinbasen Hypoxanthin und Guanin bietet sich als stationäre Phase die Verwendung kommerziell erhältlicher Ionenaustauschersäulen an. Es handelt sich dabei um chemisch modifizierte Kieselgele, an deren Silanolgruppen apolare, organische Gruppen gebunden werden, die ihrerseits eine weitere chemische Substitution erfahren können. Im vorliegenden Fall erbrachte eine Sulfopropylsäule die höchste Eignung für das anstehende Trennproblem. Diese Säulen zeichnen sich durch eine hohe Toleranz gegenüber niedrigen pH-Werten aus und erfüllen damit eine essentielle Voraussetzung für die nur in starken Säuren löslichen Purinbasen. Saure Kationenaustauschersäulen wie die hier verwandte Sulfopropyldaltosil-Säule (SERVA,Heidelberg) besitzen Sulfatreste, die über Propylgruppen am Trägermaterial fixiert sind. Die Sulfatgruppen trennen die Basen nach ihrer Ladung, so daß Probenkomponenten je nach ihrem Basencharakter mit der Säule in Wechselwirkung treten. Guanin ist infolge seiner Aminogruppe am C_2 -Atom eine stärkere Base als Hypoxanthin und verbleibt bei geeignetem pH-Wert somit länger an der Säulenmatrix. Das Elutionsmittel (mobile Phase) bestimmt über seinen pH-Wert maßgeblich die Ladungsverhältnisse und damit den Basencharakter und die Adhäsion der Probenkomponenten an der Säulenmatrix. Im Ionenaustauschprozeß werden die Probenkomponenten von der Säulenmatrix durch ein entsprechendes Austauscherion in der Elutionslösung verdrängt.

Ein zufriedenstellendes Trennergebnis (Abb.2.5) konnte mit einem 0.01 M Triethylamin (Merck 808352)/Phosphatpuffer bei pH 7.5 erzielt werden. Trennanalysen über Ionenaustauschersäulen werden häufig bei höheren Temperaturen (50-60°C) durchgeführt, um den Teilchentransport zu beschleunigen und die Viskosität der wässrigen Pufferlösungen herabzusetzen. Die hier verwendete Säulenmatrix zeigte jedoch auch bei Raumtemperatur sehr gute Trenneigenschaften.

Analyseverfahren

Die wichtigsten Komponenten des HPLC-Systems sind in Abb. 2.4. dargestellt. 25 µl der filtrierten Probelösung wurden mittels einer Hamilton-Mikroliterspritze in eine 20 µl Probenschleife injiziert. Die Applikation der Probe im Überschuß stellt die vollständige Befüllung der Probenschleife sicher; die überschüssige Fraktion tritt über ein Ventil am Injektorblock aus. Die Probenkomponenten wurden unter Verwendung von 0.01 M Triethylamin/Phosphatpuffer pH 7.5 als Elutionspuffer mit einer Fließgeschwindigkeit von 1 ml/min. über die Trennsäule (Sulfopropyldaltosil 100, SERVA) transportiert. Die Detektion der Probenkomponenten erfolgte bei 254 nm über ein Spektrophotometer (Uvikon 720 LC, Kontron). Die Integration der Peakflächen wurde über einen Integrator (HP 3385 A) vorgenommen.

Die Referenzpurine Guanin (Fluka 51020) und Hypoxanthin (Fluka 56700) wurden in einer einmolaren Stammlösung in 10 %iger Phosphorsäure durch Ultraschallbehandlung gelöst, filtriert und in verschiedenen Konzentrationen zum Erstellen einer Eichkurve injiziert.

Die Retentionszeiten betrugen unter den genannten Bedingungen für Hypoxanthin 4.32 Minuten, für Guanin 7.74 Minuten. Da einige wenige Proben auch Spuren von Adenin (Retentionszeit von 14.09 Minuten) beinhalteten (Abb. 2.5.), wurde der Probelauf auf 15 Minuten ausgedehnt.

2.7.3. Gaschromatographie

Ein weiteres analytisches Trennverfahren mit hoher Auflösung und niedriger Detektionsgrenze stellt die gaschromatographische Analyse dar. Dabei werden die Probenkomponenten bei hohen Temperaturen verdampft und mit Hilfe eines Trägergases (mobile Phase) über eine Kapillarsäule (stationäre Phase) transportiert. Die Trennnung der Stoffkomponenten beruht auf Wechselwirkungen zwischen dem Flüssigkeitsfilm in der Kapillare und den Probekomponenten, wobei diese in Abhängigkeit ihrer Affinität verschieden oft im Flüssigkeitsfilm in Lösung gehen und neuerlich verdampfen. Um große Moleküle wie die hier vorliegenden Purine bei den technisch möglichen Temperaturen überhaupt in die Gasphase überführen zu können, ist zunächst die Anheftung einer hochmolekularen Verbindung mit niedrigem Dampfdruck (Silylierungsprozeß) erforderlich.

Analyseverfahren

Die Proben wurden zunächst in 1 N HCL (Merck 319) durch Homogenisieren und anschließender Ultraschallbehandlung (20 Minuten) aufgeschlossen. Nach 24 Stunden wurde das Homogenat zentrifugiert (5 000 UPM), für 30 Minuten auf 100°C erhitzt, nach Neutralisation mit 1 N NaOH (Merck 6495) über P_2O_5 (Merck 540) entwässert und anschließend unter ständigem Umschwenken mit 0.7 ml wasserfreiem Pyridin (Merck 7463), 0.2 ml N-Methyl-N-trimethyl-silyl-trifluoracetamid (Merck 11805) und 0.1 ml Trimethylchlorsilan (Merck 2333) versetzt. Zur vollständigen Lösung der Purine wurden die Proben für 45 Minuten auf 80°C erwärmt. Nach Zentrifugation wurde der Überstand zur Analyse eingesetzt.

Die gaschromatographischen Analysen wurden an einem HP 5790 mit einem Wasserstoffionisationsdetektor unter Standardbedingungen für Wasserstoff- (30 ml/min), Sauerstoff- (360 ml/min) und Stickstoffdurchfluß (1 ml/min) mit automatisch gesteuertem Temperaturprogramm (100-200°C bei 10°C/min Säulentemperatur, 280°C Detektor- und 250°C Injektortemperatur) vorgenommen. Eine 30 m DB 1701 (G & W) Kapillarsäule (Trägermaterial: 14% Cyanopropylphenyl) diente als stationäre Phase. Die quantitativen Auswertungen erfolgten an einem Spectraphysics SP 4290 Integrator.

Die Kalibrierung mit standardisierten Purinlösungen erbrachte für Guanin gut reproduzierbare Werte, dagegen zeigten die Werte für Hypoxanthin extreme Abweichungen vom berechneten Wert, die in Zusammenhang mit der nur geringen Silylierungsrate dieser Komponente zu sehen sind. Aus diesem Grund wurden die Routinemessungen mittels der HPLC-Analyse durchgeführt.

2.8. Bestimmung der gesamtosmotischen Konzentration

Die Zugabe löslicher Teilchen zu einem Lösungsmittel verändert die freie Energie der Lösungsmittelmoleküle und beeinflußt dadurch in linearer Abhängigkeit Dampfdruck, Gefrierpunkt und Verdampfungspunkt. Die gesamtosmotische Konzentration wird indirekt über einen dieser drei Meßparameter ermittelt. Die vorliegenden Meßdaten über die gesamtosmotische Konzentration beruhen auf der Erfassung der Dampfdruckerniedrigung mittels eines Dampfdruckosmometers (Modell 5100 C Wescor Inc.), das auch bei sehr kleinen Probemengen (3-5 µl) selbst im unteren physiologischen Bereich (150-200 mOsm) noch sehr verläßliche Daten (± 2 %) liefert. Die Probe wird auf eine kleine, lösungsmittelfreie Papierscheibe aufgetragen, die in einen hermetisch abschließenden Reaktionsraum eingebracht wird. Über einen in der Reaktionskammer integrierten Temperaturfühler wird die Taupunktserniedrigung, die eine explizite Funktion des Dampfdruckes darstellt, erfaßt. Die Kalibrierung des Gerätes erfolgte über mitgelieferte portionierte Standardlösungen.

2.9. Kalorimetrisches Meßverfahren

Die Erfassung der Verbrennungswärme organischer Materie erfolgte über ein automatisiertes Verbrennungskalorimeter (MK 200, Morat K 6) mit isoperiboler Meßtechnik. Der bei der Verbrennung entstehende und an die Bauteile des Kalorimeters abgegebene Wärmeanteil wird bei diesem Meßverfahren automatisch korrigiert und direkt in Joule umgerechnet. Die Meßungenauigkeit beträgt unabhängig von der eingesetzten Probenmenge 20 Joule und erlaubte den Einsatz sehr kleiner Probenmengen (Minimum: 10 mg Trockengewicht bei einem maximalen Fehler von 10 %). Die Kalibrierung des Gerätes wurde mittels Benzoesäure (Riedel de Hae'n, 33045; angegebener Brennwert: 26430± 20 J/g) vorgenommen.

2.10. Verfahren zur Einzelsubstanzanalyse

2.10.1. Probengewinnung und Probenaufbereitung

a) Plasma

Zur Gewinnung von Plasmaproben wurde unmittelbar nach dem Abtöten der Versuchstiere durch Genickschnitt das austretende Blut/Lymphe-Gemisch in einer heparinisierten Glaskapillare (Fa. Servoprax) mit einem Probenvolumen von 5 µl aufgenommen. Nach Eröffnen des Herzbeutels wurde eine zweite Kapillare mit Blutflüssigkeit gefüllt. Die Blut/Lymphe-Proben wurden für 2 Minuten scharf zentrifugiert (10 000 g) und die Kapillaren anschließend an der Grenzschicht zwischen Blutpartikel und Serum abgebrochen. Das so gewonnene Plasmavolumen wurde durch Vermessen des verbleibenden Flüssigkeitsfadens bestimmt und unmittelbar auf das Trägermedium (Kap. 2.8.) zur Bestimmung der gesamtosmotischen Konzentration aufgebracht.

b) Urin

Nach der Entnahme der Plasmaproben wurde die Blase durch einen kleinen Schnitt eröffnet und die austretende Flüssigkeit ebenfalls in heparinisierten Glaskapillaren aufgenommen. Zur Bestimmung der gesamtosmotischen Konzentration wurden die Blasenwasserproben direkt auf das Trägermedium aufgegeben. Die übrigen Analysen wurden ebenfalls direkt mit den Originalproben durchgeführt.

c) Kot

Die geringen Kotmengen eines einzelnen Tieres machten ein Zusammenfassen mehrerer Proben gleichartig behandelter Versuchstiere notwendig. Eine Kotabgabe konnte stets nur in Verbindung mit einer Wassergabe beobachtet werden. Es wurden nur solche Kotproben gesammelt, die erst nach dem Absaugen des

Rehydrierungswassers in sauberen Plastikgefäßen abgegeben wurden oder direkt vom Anus abgenommen werden konnten. Zufällige Beobachtungen einer frischen Kotabgabe ermöglichten, wenn die Abnahme des Kotbrockens direkt vom Anus gelang, eine exakte Bestimmung des Wassergehaltes. Die Proben wurden bei 60°C bis zur Gewichtskonstanz getrocknet und in einem Porzellanmörser pulverisiert. Zur Harnstoff- und Harnsäurebestimmung wurde ein definierter Probenanteil zunächst durch Zugabe 1 N $HClO_4$ (Merck 518) vom Proteinanteil befreit. Die anschließende Alkalisierung mit 1 N KOH (Merck 5021) und leichte Erwärmung (60°C) stellten die vollständige Lösung vorhandener Harnsäuremoleküle sicher. Der Rückstand, $KClO_4$-Salz, Chitinreste und denaturiertes Protein, wurde durch Zentrifugation bei 10 000 g für 10 Minuten entfernt und der Überstand direkt zur Analyse eingesetzt (siehe Analyse-Verfahren, Kap. 2.10.2.). Der verbleibende Probenanteil wurde zur Hälfte direkt zur Bestimmung des Gesamtstickstoffgehaltes eingesetzt. Der restliche Anteil diente der Erfassung des Proteingehaltes. Dazu wurden die Kotproben mit zweifach destilliertem Wasser im Gewichtsverhältnis 1:250 homogenisiert und durch Zentrifugieren (10 000 g) von unlöslichen Kotbestandteilen befreit. Der Überstand diente direkt der Proteinbestimmung.

d) Hauthomogenat zur Purinanalyse

Nach Entnahme von Plasmaproben und Leber wurde die Dorsalhaut entlang der Übergangszone zur Ventralhaut von Rücken und Kehlboden abgelöst. Die anschließende Präparation der Ventralhaut wurde so vorgenommen, daß das Stratum argenteum unbeschädigt am Körper verblieb. Die Extremitäten wurden mit Ausnahme der Zehen und der permeablen rotpigmentierten Areale enthäutet. Die Hautproben wurden sorgfältig von anhaftenden Partikeln (u.a. koagulierte Blutpartikel) gesäubert, mit Fließpapier von Kontaktwasser befreit, gewogen und bei 60°C bis zur Gewichtskonstanz getrocknet. Die Aufarbeitung erfolgte in 10 % hochreiner Phosphorsäure (Merck 552) in speziellen Glashomogenisatoren (HOG 1, Vertrieb über Fa. Hartenstein) mit Hilfe von ausgeglühtem Seesand. Nach der mechanischen Zerkleinerung wurde das Homogenat für 60 Minuten mit Ultraschall behandelt. Zum Entfernen der Gewebefraktionen wurde die Probe anschließend für 10 Minuten bei 10 000 g abzentrifugiert. Der Überstand wurde zu je 500µl portioniert und unmittelbar vor der Analyse mit einer gesättigten Na_2HPO_4-Lösung (Merck 6589) auf pH 2 gepuffert. Vor der Applikation der Proben wurden diese über einen Mikrofilter mit einer Porengröße von 0.45 µm (Millex-HV, Millipore) filtriert. Das Filtrat wurde direkt zur HPLC-Analyse eingesetzt.

2.10.2. Analyseverfahren

Für die photometrischen Meßreihen stand ein Spektrophotometer, (Uvikon 720 LC, Fa. Kontron) mit einer spektralen Empfindlichkeit von 180-900 nm zur Verfügung. Unterhalb einer Wellenlänge von 400 nm (Meßintervall der Deuteriumlampe) fanden Quarzglasküvetten, im Meßbereich der Quarz-Halogenlampe (400-900 nm) Polystyrolküvetten (Fa. Plastibrand) Verwendung. Die photometrische Genauigkeit erreichte, bei 1.0 ABS gemessen, 0.004 ABS bei einer Wellenlängengenauigkeit von 0.5 nm.

2.10.2.1. Harnstoff-Analyse

Zur quantitativen Analyse von Harnstoff wurden zwei Nachweisverfahren herangezogen. Zur Bestimmung des Plasma- und Urinharnstoffgehaltes fand ein enzymatisches Testverfahren mit einer zwischen 20 und 400 mM/l angegebenen Genauigkeit von 2 % Anwendung. Aus ökonomischen Gründen diente zum Harnstoffnachweis im Rehydrierungswasser (ca. 2000 Einzelproben) ein kolorimetrisches Testverfahren mit einer Genauigkeit von 5 % im angegebenen Meßintervall. Letzteres wurde ebenfalls zur Erfassung der Enzymaktivität herangezogen, da die Zugabe von Perchlorsäure ins Reaktionsmedium die Anwendung einer enzymatischen Nachweismethode nicht mehr erlaubte.

Enzymatisches Testverfahren

Am Ende der Trockenperiode verfügen die 1.5 - 1.7 cm großen Riedfrösche nur noch über etwa 20 - 30 µl Blutvolumen und zwischen 0 - 20 µl Blasenwasser. Eine reproduzierbare Bestimmung der osmotischen Konzentration setzt ein Mindestvolumen von 3 µl voraus (siehe Punkt 2.8). Da in der überwiegenden Mehrheit der Fälle eine zweite Probe nicht mehr zur Verfügung stand, wurde zum Harnstoffnachweis auf das Trägermedium der Plasma- bzw. Urinprobe zurückgegriffen. Nach Bestimmung der osmotischen Konzentration wurde das Filterplättchen (=Trägermedium der Probe, siehe Punkt 2.8) in 0.8 ml zweifach destillierten Wassers überführt. Der Reaktionsraum wurde zweimal mit jeweils 0.1 ml bidestilliertem Wasser nachgespült und die Spüllösung dem Probenvolumen (0.8 ml) zugeführt. Kontrollversuche mit unterschiedlich konzentrierten Standards (20,60,100,150,200,300 und 500 mM Harnstoff, Fluka 51459) ergaben einen prozeßabhängigen Maximalverlust von 6 % der eingesetzten Harnstoffmenge unter Einbeziehung der Meßungenauigkeit des enzymatischen Testverfahrens. Das enzymatische Testverfahren (Sigma, diagnostic kit No. 66-UV) beruht auf einer quantitativen Spaltung von Harnstoff in seine anorganischen Endprodukte NH_3 und CO_2 :

$$H_2N-\overset{O}{\overset{\|}{C}}-NH_2 \xrightarrow{\text{Urease}} 2\,NH_3 + CO_2$$

Der freiwerdende Ammoniak wird dann in einer nachgeschalteten, $NADH_2$ -abhängigen Reaktion zu Glutamat umgesetzt:

$$NH_3 + \text{2-Oxoglutarat} + NADH_2 \xrightarrow{\text{GLDH}} \text{Glutamat} + NAD^+$$

Die Abnahme der $NADH_2$ -Menge wird über die Extinktionsmessung bei 340 nm erfaßt und zur freigesetzten NH_3 -Menge in Beziehung gesetzt.

Kolorimetrisches Testverfahren

1-Phenylpropandion-(1,2)-oxim-(2) reagiert direkt mit Harnstoff unter Bildung eines roten Farbkomplexes. Die Extinktion, die bei 540 nm gemessen wird, ist direkt proportional der Harnstoffkonzentration. Eine Proteinfällung war für die zu untersuchenden Lösungen (säurebehandeltes Reaktionsmedium für Arginase, verbleibende Rehydrierungsflüssigkeit) nicht eigens notwendig. Da genügend Probenmaterial zur Verfügung stand, wurden jeweils Doppelbestimmungen durchgeführt.

Testverfahren

Zu einer definierten Probenmenge (1 ml) wurden 5 ml einer Säuremischung (1.7 M Schwefelsäure, Merck 731/4.7 M Phosphorsäure, Merck 573) und 0.5 ml einer dreiprozentigen alkoholischen 1-Phenyl-1,2-Propandion-2-oxim-Lösung (Merck 821011) zugegeben. Nach gründlichem Vermischen wurde die Lösung für 60 Minuten in einem Metallblockthermostaten (Liebisch CHL-12-36-16) auf 100°C erhitzt. Nach einer Abkühlungsphase von 30 Minuten konnte die Extinktion der Lösung bei 540 nm gemessen werden. Da die Bildung des Farbkomplexes durch Lichteinfall beeinträchtigt werden kann (Radke 1976), wurden Inkubation und Abkühlung unter Lichtausschluß vorgenommen.

2.10.2.2. Harnsäure-Bestimmung

Das Nachweisverfahren zur Harnsäurebestimmung beruht auf einer enzymatischen Umsetzungsreaktion, die als fertiges Diagnose "kit" kommerziell erhältlich ist (Sigma, diagnostic kit No. 292-UV). Uricase setzt Harnsäure (Absorptionsmaximum bei 292 nm) zu Allantoin (keine Absorption bei 292 nm) um. Die Absorptionsabnahme bei 292 nm ist direkt proportional der Harnsäurekonzentration in der Probenlösung.

2.10.2.3. Ammoniak-Bestimmung

Ammoniak läßt sich ebenfalls gut über einen spezifischen Katalyseschritt quantitativ erfassen (Sigma, diagnostic kit No. 170- UV). Die reduktive Aminierung von α-Ketoglutarat erfolgt durch die L-Glutamat-Dehydrogenase (GLDH) nach folgendem Schema (siehe auch enzymatischer Harnstoffnachweis):

$$\text{2- Oxoglutarat} + NH_3 + NADH_2 \xrightarrow{\text{GLDH}} \text{Glutamat} + NAD^+$$

Die Abnahme der Lösungsabsorption bei 340 nm (Absorptionsmaximum von $NADH_2$) ist dem Ammoniakgehalt der Probenlösung direkt proportional.

2.10.2.4. Gesamtstickstoffbestimmung an Kotproben (nach Kjehldahl)

Das Verfahren zur Bestimmung des Gesamtstickstoffanteils beruht auf der oxidativen Zerstörung der organischen Verbindungen und der Überführung des enthaltenen Stickstoffs in Ammoniumsulfat (Aufschluß). Durch einen anschließenden Alkalisierungsschritt wird NH_3 freigesetzt.

Testverfahren

Zu einem Probenanteil von 10 mg Kottrockengewicht wurden 0.1 g KCl (Merck 4936) und 0.9 g $CuSO_4$ (Merck 2791) zugegeben. Nach Versetzen mit 3 ml konzentrierter Schwefelsäure (Merck 731) wurde die Lösung in Meßkolben für 60 Minuten bei 300° C hydrolysiert und in CO_2, H_2O und NH_3 zerlegt. Nach dem Abkühlen wurden 10 ml zweifach destilliertes Wasser zugegeben und die Lösung mit 30 %iger KOH-Lösung (Merck 5021) neutralisiert. Die Farbänderung von blau nach dunkelbraun im Umschlagspunkt erübrigte den Zusatz eines pH-Indikators. Anschließend wurde die Lösung mit destilliertem Wasser auf 50 ml Gesamtvolumen aufgefüllt und je 1 ml direkt zur Bestimmung des NH_3 -Anteils eingesetzt. (siehe 2.10.2.3 Ammoniak-Bestimmung).

2.10.2.5 Proteinbestimmung in Flüssigkeitsproben (nach Lowry et al. 1951)

Das Verfahren beruht auf der Reduktion des Folin-Reagenz durch aromatische Aminosäuren, die gewöhnlich einen relativ konstanten Anteil in tierischen Proteinfraktionen beschreiben.

Testverfahren:

Zu 0.5 ml Probevolumen wurden 5 ml einer frisch angesetzten Pufferlösung, bestehend aus jeweils 4.8 ml 2 %iger Na_2CO_3-Lösung (in 0.1 N NaOH) (Merck 6392), 0.1 ml 0.5 %iger $CuSO_4$-Lösung (Merck 2791) und 0.1 ml 1 %iger K^+/Na^+ -Tartrat-Lösung (Merck 8087) hinzupipettiert. Nach 15 Minuten wurde die Lösung mit 0.5 ml Folinreagenz (Merck 9001) mit einer Säurestärke von etwa 1 N gut vermischt. Nach exakt 30 Minuten wurde die Extinktion der Lösung bei 750 nm gegen den Reagentienleerwert vermessen. Zur Erstellung einer Eichkurve dienten Lösungen unterschiedlicher Konzentrationen an Rinderserum-Albumin (lyophilisiert, über P_2O_5 getrocknet) (Serva, 11920).

2.10.2.6 Lactat-Bestimmung

Die Lactat-Dehydrogenase katalysiert die Umsetzungsreaktion von L-Lactat zu Pyruvat unter Reduktion eines äquivalenten NAD^+ - Betrages (Sigma, diagnostic kit Nr. 826-UV).

$$\text{Lactat} \xrightarrow{NAD^+ \quad NADH_2} \text{Pyruvat}$$

Die Zunahme der Lösungsabsorption bei 340 nm (Absorptionsmaximum des $NADH_2$) ist dem Lactatgehalt der Probelösung direkt proportional.

2.11. Analyse zur stofflichen Zusammensetzung der Körpergewebe (nach v. Beurden, 1980)

Zur Analyse ihrer stofflichen Zusammensetzung wurden die Froschkörper bei 50°C bis zur Gewichtskonstanz getrocknet. Ein Zerkleinern oder die Eröffnung des Thorax wurde nicht vorgenommen, da durch die Entnahme der Haut und Leber ein hinlänglicher Angriffspunkt für die Lösungsmittel vorgegeben war. Der Lipidanteil wurde durch kontinuierliches Schwenken der Probe (50 mal/min. Schüttelwasserbad SSB 4, Grant Instr.) in 5 ml einer Chloroform (Merck 2445)/Methanol (Merck 6002)-Lösung (2:1) über 24 Stunden extrahiert. Dabei

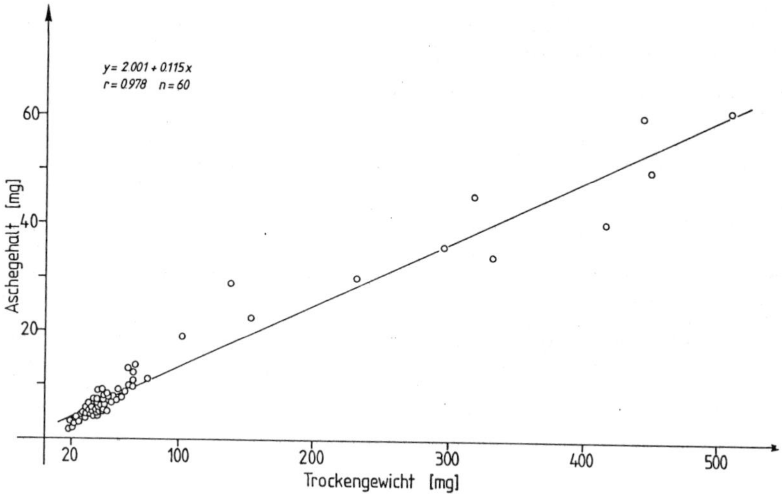

Abb.2.6: Änderung des Ascheanteils juveniler H.v.taeniatus in Abhängigkeit vom Trockengewicht. Die Tiere wurden nach der Entnahme von Haut und Leber bei 600°C verascht.

wird auch ein geringer Teil an Proteinen extrahiert (Folch et al. 1957). Da diese im Chloroform/Methanol-Gemisch denaturieren, dürfte dieser Fehler durch die anschließende Zentrifugation (3 600 UPM) größtenteils kompensiert werden.

Der Anteil freier Kohlehydrate wurde durch Verdauung in 5 % iger Perchlorsäure (Merck 518) von der verbleibenden Körpersubstanz getrennt.

Der restliche Trockengewichtsanteil wurde bei 600°C in einem Muffelofen verascht. Die Differenz zwischen dem eingewogenen Trockengewicht und dem verbleibenden Ascheanteil beschreibt den Proteingehalt des Froschkörpers.

Van Beurden (1980) setzt den nach der Verbrennung verbleibenden Ascheanteil mit der Gesamtaschefraktion der anfänglichen Probe gleich, gibt aber keine quantitativen Zahlenangaben wieder. Ein Vergleich meiner Werte mit vorhandenen Analysedaten (Documenta Geigy 1960) wies einen deutlichen Fehlbetrag auf, der sich auf die Perchlorsäurebehandlung zurückführen ließ. Selbstverständlich gehen freie, ehemals in der Körperflüssigkeit gelöste Teilchen wie auch die kalzifizierten Skeletteile beim Abziehen des Lösungsmittels verloren. Aus der von van Beurden selbst angegebenen Primärliteratur (Shibko et al. 1967) geht dieses Faktum ebenfalls deutlich hervor. Eine Aufbereitung des Lösungsmittels in der von Shibko et al. (1967) beschriebenen Form war infolge der geringen Substanzmengen wenig erfolgversprechend. Um dennoch verwertbare Aussagen über den Glycogengehalt der Tiere zu erhalten, wurde eine Eichkurve zur größenabhängigen Änderung des Aschegehaltes unter Verwendung der unbehandelten Kontrolltiere ermittelt (Abb. 2.6.) und die sich nach Abzug des nach der Verbrennung verbleibenden Ascheanteils ergebende Aschefraktion von der Glycogenmenge subtrahiert.

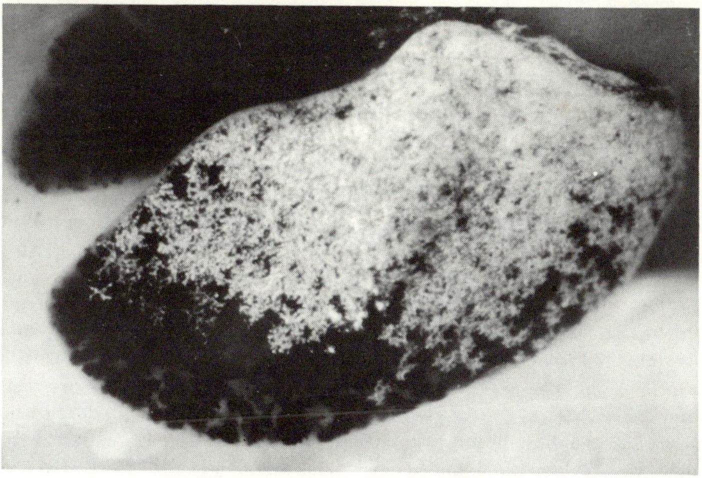

Das Leberepithel eines juvenilen H.v.nitidulus nach mehrtägiger Trockenzeit ist dicht mit Iridophoren, stickstoffhaltigen Körperpigmenten, überzogen. Diese Form der Stickstoffspeicherung entlastet den in der Trockenzeit extrem angespannten Wasserhaushalt der Tiere.

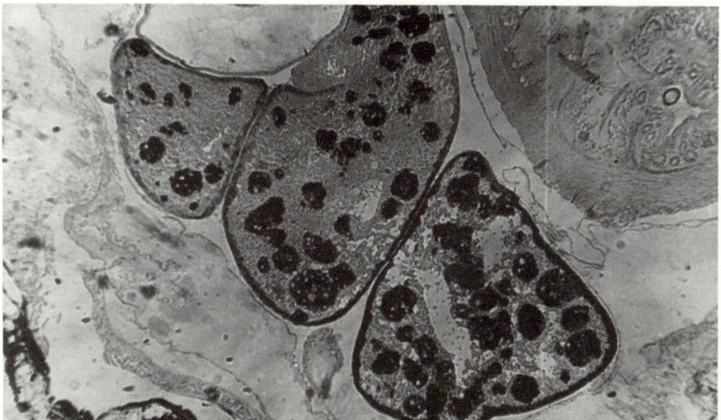

Lichtmikroskopischer Querschnitt durch die 3 Leberlappen eines juvenilen H.v.nitidulus nach einer dreimonatigen Trockenperiode im Freiland. Die vorgenommene Kontrastierung läßt die Iridophoren tiefschwarz hervortreten. Leber und Ventralhaut (untere Bildhälfte) sind dicht mit Iridophoren ausgekleidet. Bei den kugelförmigen Gebilden in den Leberlappen handelt es sich um Melanophoren.

3. Energieallokation und Stickstoffexkretion in der aquatischen Entwicklungsphase

Die Erschließung und effiziente Nutzung der zugänglichen Energieressourcen ist eine Grundaufgabe, die jedes Lebewesen lösen muß. Die Evolution und Beibehaltung komplexer Lebenszyklen von Anuren, die in ihrer Ontogenese einen Wechsel zwischen aquatischem und terrestrischem Lebensraum zeigen und sich damit zwei unterschiedliche Habitate erschließen, wird u.a. mit dem hohen Selektionsvorteil begründet, den die aquatischen Larvalstadien mit der Nutzung der Primärproduktion in temporären Gewässern erreichen (Wilbur und Collins 1973, Wassersug 1975, Wilbur 1980). Innerhalb der habitatabhängigen physiologischen Bandbreite der Entwicklungsrate (Smith-Gill & Berven 1979) muß die Verweildauer und Nutzungsweise der im Laufe von komplexen Lebenszyklen genutzten Habitate im Sinne einer Optimierung des Gesamtreproduktionserfolges ausbalanciert werden. Die Bandbreite, innerhalb der das geschehen kann, wird zunächst durch die artspezifische genetische Variabilität vorgegeben. Vor allem bei Unvorhersehbarkeit im Wandel der Lebensbedingungen im aquatischen wie im terrestrischen Habitat ist die Evolution adaptiver Variationen der Lebenszyklusstrategien zu erwarten. Die letztlich verwirklichte Strategie wird das Ergebnis einer sich nach aktuellen Gegebenheiten richtenden, phylogenetisch vorprogrammierten Nutzen-Kosten-Analyse sein, in der die Vorteile aus der Ressourcennutzung gegen die Risiken, die sich dabei aus Räuberdruck, Austrocknungsgefahr und intraspezifischer Konkurrenz ergeben, verrechnet werden (Brockelman 1969, Wilbur 1980, Low 1976, Berven & Chadra 1988). Verweildauer der Anurenlarven im Gewässer sowie Metamorphosegröße sind dabei als Variablen anzusehen, die durch die Summe dieser Faktoren bestimmt werden, und interindividuell stark variieren können.

Qualität und Dauer der Nutzungsmöglichkeit temporärer Gewässer sind in der Regel nicht vorhersagbar. Ihr Bestehen hängt u.a. unmittelbar von Niederschlagsfrequenz und Evaporation ab. Ein bislang in diesem Zusammenhang nur wenig berücksichtigter Faktor sind Exkretstoffe und organische Abbauprodukte, die sich mit Bestehen des Gewässers anreichern und noch vor der kritischen Austrocknung nachteilige, unter Umständen sogar letale Konzentrationen erreichen können. Hier sei insbesondere Ammoniak als Hauptausscheidungsprodukt der meisten aquatischen Organismen genannt, dem wegen seiner hohen Toxizität (Visek 1972) eine erhebliche Bedeutung zukommen dürfte.

Im folgenden werden Energieallokation und adaptive Metamorphosestrategien zweier Riedfroscharten untersucht. Durch Aufzucht unter verschiedenen Bedingungen wurde die physiologische und verhaltensökologische Reaktionsfähigkeit der Tiere analysiert. Riedfrösche der Art Hyperolius viridiflavus besiedeln die tropischen Savannengebiete Afrikas. Sie nutzen die Zeit maximaler Niederschläge und damit sicherer Ressourcen zur Fortpflanzung. Die Larvalstadien metamorphosieren nach einer durchschnittlichen Entwicklungsdauer von 6-8 Wochen. Für die Larven sind Bestand des Laichgewässers sowie Zeitpunkt des Beginns der Trockenperiode nicht vorhersagbar.

Die optimale Nutzung dieser ökologischen Nische wird maßgeblich von der Fähigkeit bestimmt, Schwankungen der abiotischen Faktoren durch geeignete physiologische Anpassungsreaktionen soweit zu kompensieren, daß die Stoffwechselvorgänge möglichst wenig beeinflußt werden. Meine Untersuchungen der physiologischen Begrenzungsfaktoren konzentrierte ich auf die Frage, ob und wie einem Anstieg des cytotoxisch wirkenden NH_4^+ im Plasma entgegengewirkt wird. Anpassungsleistungen des Exkretionssystems werden als Parameter ökologischer Potenz gegenüber fluktuierenden Umweltparametern diskutiert (Hochachka & Somero 1980).

Die physiologische Prädisposition zum Zeitpunkt der Metamorphose kann für H. viridiflavus spp. von ausschlaggebender Bedeutung sein. So wäre die Einstellung der Physiologie auf Trockenheit schon im aquatischen Milieu dann vorteilhaft, wenn die Metamorphose in den Zeitraum nach Ende einer Regenperiode fällt. Möglicherweise können die Larven die von der Niederschlagsfrequenz abhängige Konzentration von Exkretstoffen und Abbauprodukten als Meßparameter zur Beurteilung der aktuellen Klimabedingungen im terrestrischen Habitat verwenden. Ich untersuchte deshalb die mögliche Signalwirkung sich ändernder Wasserqualität auf die physiologische "Erwartungshaltung" der Tiere zum Zeitpunkt der Metamorphose.

In vielen Untersuchungen wurde ein enger Zusammenhang zwischen Osmoregulation und Stickstoffhaushalt bei adulten Anurenarten nachgewiesen (Janssens 1964, Balinsky et al. 1967, Harpur 1968, Homann 1968, Ackrill et al. 1969, Colley et al. 1972, Funkhouser & Goldstein 1973, Romspert 1976, Lee et al. 1982, Yancey et al. 1982). Danach führt eine Erhöhung der Ionen- Außenkonzentration über eine Urinrestriktion (Kirschner et al. 1971, Reboreda et al. 1987) zunächst zu einem Anstieg der internen NH_4^+ -Konzentration, der einen Anstieg der Harnstoffsynthese nach sich zieht. Auch von Larven der Arten R. cancrivora und B. viridis ist eine hohe Salztoleranz bekannt (Gordon et al. 1961, Gordon 1962 und 1965, Gordon & Tucker 1968, Bentley 1971); ferner berichtet Hagström (1981) von Erdkrötenlarven, die sich in Brackwasserhabitaten entwickeln können. Im Rahmen meiner Untersuchungen versuchte ich die Frage zu klären, ob mit der Fähigkeit zur Detoxifizierung von Ammonium auch eine höhere Toleranz gegenüber steigenden Ionenkonzentrationen im Außenmedium verbunden ist, also ein gemeinsamer Mechanismus zugrunde liegt, oder ob hier vielmehr die Entwicklung einer spezifischen Toleranz gegenüber steigenden Natriumplasmawerten angenommen werden muß.

3.1 Energieallokation im Entwicklungsverlauf

3.1.1. Wachstumsverlauf und Energieallokation bei geringer Populationsdichte

Spezielle Methodik

Pro Ansatz (n=3) wurden je 50 Larven des Riedfrosches H.v.taeniatus ab Stadium 23 in Glasaquarien (40x25x25 cm) mit 10 Liter Füllmenge bei 28°C und 13 h

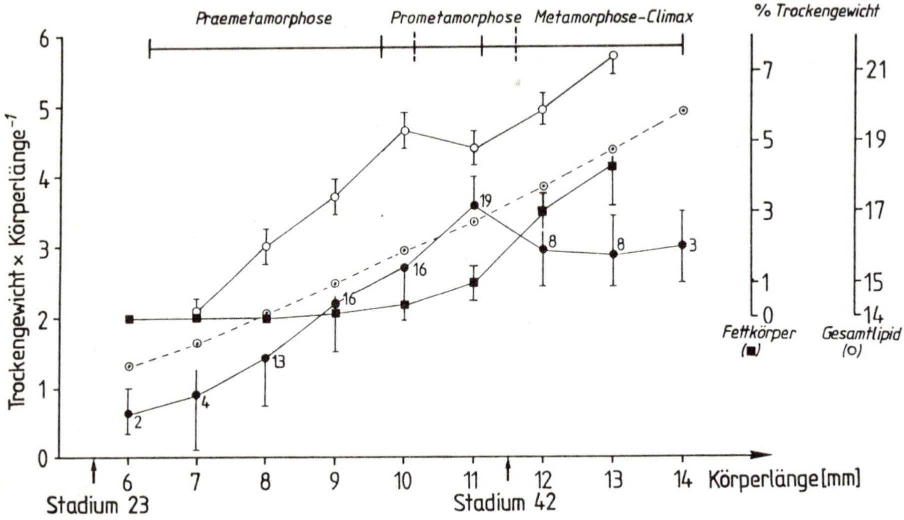

Abb.3-1: Wachstumsallometrie (Gewichtszunahme pro mm Körperlänge) der Larvenstadien des Riedfrosches H.v.taeniatus unter ad libitum-Fütterung. Das betrachtete Zeitintervall umfaßt die Entwicklungsdauer mit Beginn der aktiven Nahrungsaufnahme (Stadium 23) bis zum Verlassen des Laichgewässers (Stadium 44/45). Die gestrichelten Linien in der oben eingezeichneten Entwicklungsskala geben die maximale Dauer bis zum Erreichen dieses Entwicklungsabschnittes wieder. Die gestrichelte Kurve bezeichnet den Verlauf einer streng allometrischen Wachstumskurve, die nach der Wachstumsallometrie von Juveniltieren in der postmetamorphotischen Wachstumsphase der nah verwandten Art H.v.nitidulus berechnet wurde (Kobelt 1987). Die Vertikallinien geben die Standardabweichung, die Zahlen oberhalb der eingezeichneten Mittelwerte die Stichprobengröße wieder.

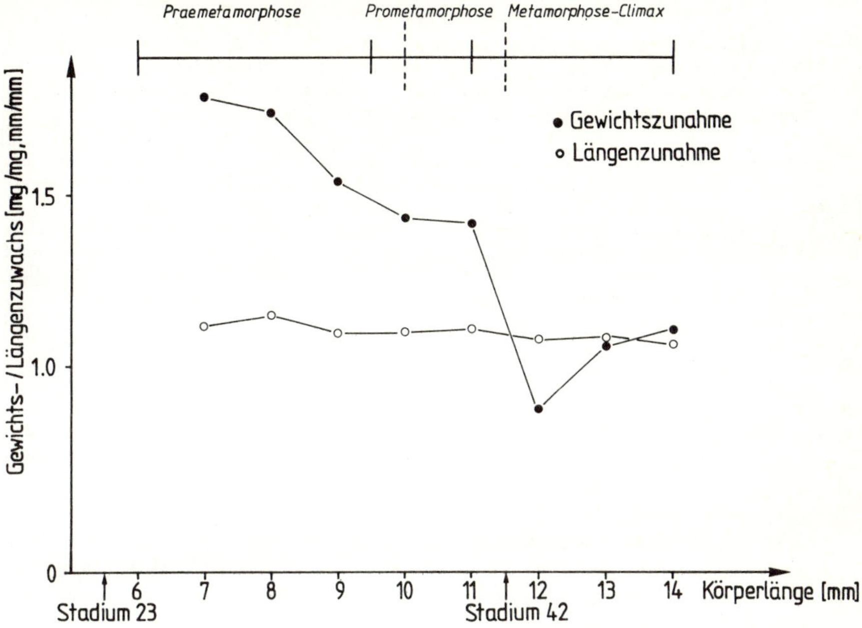

Abb.3-2: Zuwachsraten von Körpergewicht und Körperlänge der Larvenstadien des Riedfrosches H.v.taeniatus unter ad libitum-Fütterung. Das betrachtete Zeitintervall umfaßt die Entwicklungsstadien (nach Gosner 1960) 23 bis 44/45.

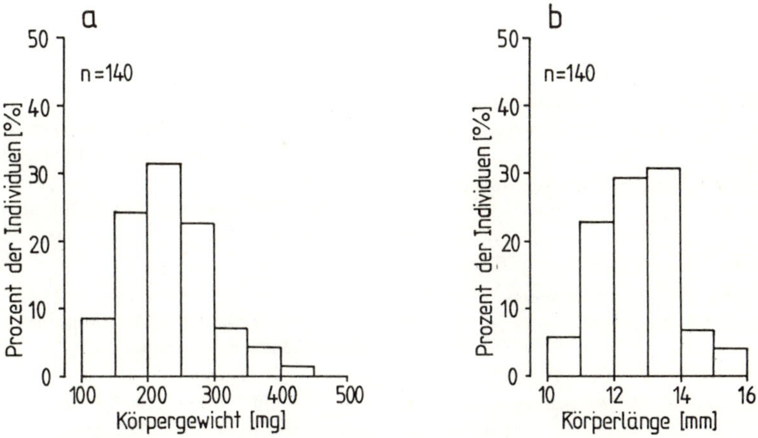

Abb. 3-3: Gewichts- und Größenverteilung (Gewicht 3-3a, Länge 3- 3b) von H.v.taeniatus unmittelbar nach der Metamorphose

Lichtphasenlänge aufgezogen (5 Larven pro Liter). Als Nahrung wurden Futtertabletten (Tetrawerke, Melle) und Salat gegeben; zusätzlich fraßen die Tiere von dem reichlich vorhandenen Algensubstrat, so daß sichergestellt war, daß Futter abwechslungsreich und quantitativ unbegrenzt zur Verfügung stand.

In viertägigem Abstand wurden aus jedem Ansatz 3 Tiere zufallsmäßig entnommen (das Becken wurde dazu einmal in Längsrichtung mit dem Käscher durchzogen und die ersten 3 Larven, die vom Käscher abgestreift werden konnten, für die Untersuchung herangezogen), Entwicklungsstadium und Körperlänge bestimmt und bei 60°C bis zur Gewichtskonstanz getrocknet. Die entnommenen Larven wurden nicht ersetzt, um die Biomasse (g Larven/l) auf etwa gleicher Höhe zu halten und so die Ammoniumkonzentration auf maximal 3 mg/l zu begrenzen.

Ergebnisse

Der Wachstumsverlauf der Larvenstadien von H.v.taeniatus ab Beginn der aktiven Nahrungsaufnahme (= Stadium 23) ist in Abb. 3- 1 dargestellt. Die Wachstumsfaktoren für Länge und Gewicht zeigen, daß im Prämetamorphosezeitraum bis zu einer Größe von 10-11 mm das Gewicht gegenüber der Länge überproportional stark (allometrisch) zunimmt. Die hohe Gewichtszunahme mit ausgehender Prometamorphose ist vermutlich als ein Indiz für verstärkte Muskelbildung, vor allem an den Hinterextremitäten, anzusehen. In der Metamorphoseklimax nehmen Länge und Gewicht mit nahezu identischen Faktoren zu (= isometrisches Wachstum; s. Abb. 3-2). Der Fettanteil am Trockengewicht nimmt in diesem Fall während der Larvalentwicklung kontinuierlich zu. Der starke Zuwachs an Körpersubstanz mit Ausgang der Prometamorphose (Zuwachs an Muskelmasse mit fortschreitender Entwicklung der Extremitäten) führt zu einer Minderung des relativen Lipidanteils am Trockengewicht, bei konstantem oder leicht steigendem Absolutgehalt.

Abdominale Fettkörper, die als reine Energiespeicher anzusehen sind, werden erst beim Übergang des allometrischen zum isometrischen Wachstum angelegt; gleichzeitig wird das Längenwachstum stark reduziert: im Bereich 6-10 mm erfolgt ein Längenzuwachs von ca. 93% innerhalb von 14 Tagen; ab 10 mm sinkt der Zuwachs im gleichen Zeitraum auf etwa 25% ab. Unter ad libitum Bedingungen werden mit Beginn dieses Entwicklungsstadiums offenbar verstärkt Nährstoffe bzw. die in der Metamorphoseklimax anfallenden Baustoffe, die durch Resorption des Schwanzgewebes freigesetzt werden, in Speicherlipide überführt. Gerade in dem Größenbereich, wo eine Veränderung der Wachstumscharakteristik mit einer verstärkten Energieallokation in Fettreserven einhergeht, werden die Tiere prinzipiell metamorphosefähig. In Abb.3-3 ist das Spektrum von Metamorphosegrößen dargestellt, das an Tieren aus unterschiedlichsten Haltungsbedingungen beobachtet wurde. Die Mindestmetamorphosegröße (siehe auch Wilbur und Collins 1973) scheint - wie oben angedeutet - im Bereich 10-11 mm zu liegen; in unseren Massenzuchten erwiesen sich Tiere mit dieser Größe nach der Metamorphose als gerade noch überlebensfähig (siehe dazu auch Abb.3-4).

Tab. 3-1: Entwicklungsgeschwindigkeit und Metamorphosegröße des Riedfrosches H.v.taeniatus in Abhängigkeit von den Dichteverhältnissen im Laufe der Postembryonalentwicklung

Zahl der untersuchten Gruppen	Anzahl Individuen pro Gruppe	Summe der erfolgreichen Metamorphosen
3	20	47
2	60	74

Entwicklungsdauer (d)	p≤ (U-Test)	Metamorphosegröße (mm)	P≤ (U-Test)
46.5 ± 8.5	0.001	12.8 ± 1.5	n.s.
63.0 ± 10.5		12.2 ± .7	

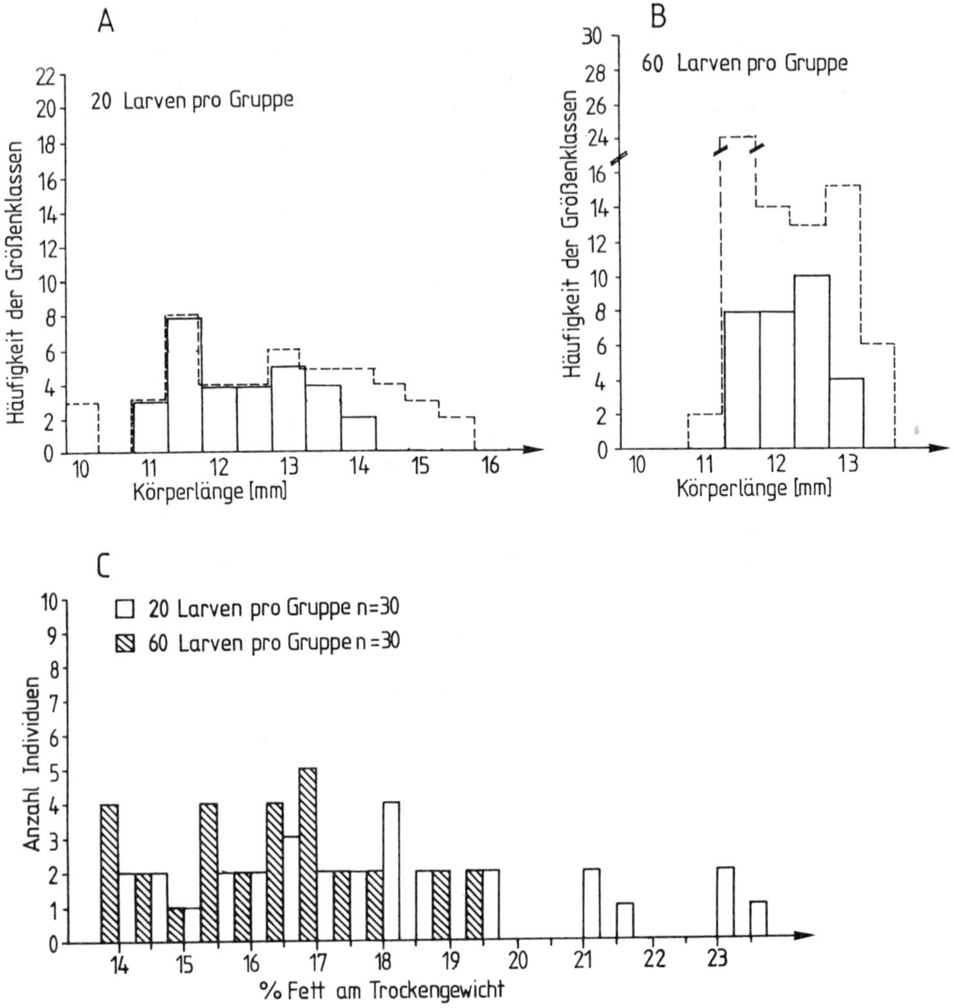

Abb. 3-4: Körperlänge frisch metamorphisierter H.v.taeniatus unter Bedingungen geringer (4 Larven/l) (A) und hoher (12 Larven/l) (B) Populationsdichte im Verlauf der Larvalentwicklung. Die gestrichelte Linie bezeichnet das Größenspektrum aller Individuen einer bestimmten Populationsdichte (n=47 für 20 Ind./Gruppe, n=74 für 60 Ind./Gruppe), die durchgezogene Linie die auf ihren Lipidgehalt analysierte Stichprobengröße. Die Auswahl dieser Stichprobe erfolgte nach dem Kriterium eines vergleichbaren Größenspektrums beider Behandlungsgruppen. Bei geringer Populationsdichte(A) ist eine gegenüber hoher Populationsdichte (B) signifikante ($p \leq 0.01$; K-S-Test). Zunahme der Varianz festzustellen. Abbildung C gibt den Gesamtlipidgehalt beider Behandlungsgruppen zum Zeitpunkt der Metamorphose wieder.

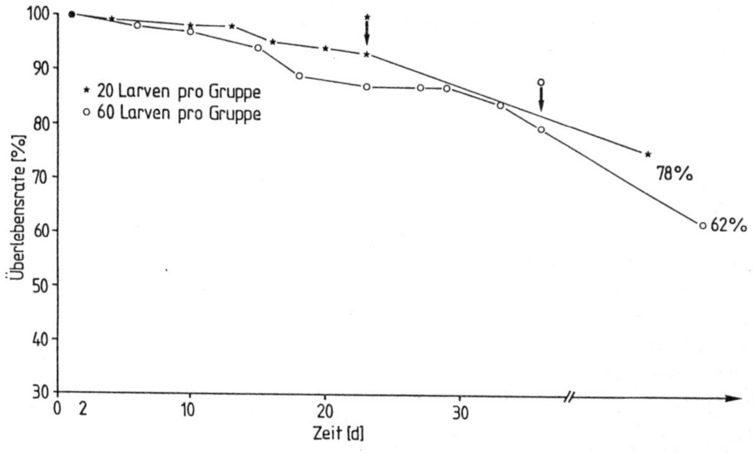

Abb. 3-5: Entwicklungsverlauf und Überlebensrate von H.v. taeniatus unter unterschiedlichen Populationsdichten. Am Tag 0 hatten alle Larven das Entwicklungsstadium 23 (nach Gosner 1960) erreicht. Die Pfeile markieren den Zeitpunkt der ersten Metamorphose, die bei niedriger Dichte deutlich früher erfolgt (siehe Symbole). Die Kurven geben die Überlebensrate aller Individuen gleicher Gruppendichte wieder. Die angegebenen Zahlenwerte geben den prozentualen Anteil erfolgreicher Metamorphosen aller Versuchsansätze wieder (n=3 Wiederholungen für 20 Larven/Ansatz, n=2 Wiederholungen für 60 Larven/Ansatz)

3.1.2. Wachstumsverlauf und Energieallokation in Abhängigkeit von der Populationsdichte

Spezielle Methodik

Die Auswirkung unterschiedlicher Populationsdichten wurde in halbierten Becken des oben genannten Gefäßvolumens mit je 20 (4 Larven pro Liter) bzw. 60 (12 Larven pro Liter) H.v.taeniatus - Larven, beginnend mit dem Stadium 23, untersucht. Wie oben wurde bei gleicher Temperatur und Lichtphasenlänge ad libitum gefüttert. Die Tiere wurden hinsichtlich der Wahl ihres Metamorphosezeitpunktes und der Metamorphosegröße miteinander verglichen. Wegen der geringen Anfangsmortalität (weniger als 15% in beiden Gruppen) wurden keine ausgefallenen Tiere während des Versuchs ersetzt. Auch Tiere, die kurz vor der Metamorphose verendeten (ab Stadium 42 erfolgte ein sprunghafter Anstieg der Mortalität) oder die Metamorphose vollzogen, wurden nicht ersetzt. Da ab Stadium 42 keine starken Änderungen in Größe und Gewicht mehr auftraten, sind eventuelle Effekte auf das weitere Wachstum durch die zu diesem Zeitpunkt eintretende Mortalität sicherlich vernachlässigbar. Das Haltungswasser wurde in den Becken höherer Populationsdichten 2-3x wöchentlich, in den Becken niedriger Populationsdichten 1-2x wöchentlich gewechselt, um vergleichbare maximale Schadstoffkonzentrationen in beiden Ansätzen sicherzustellen. Im angegebenen Zeitraum überstieg der NH_4^+ -Gehalt niemals 3 mg/l. Unmittelbar nach Verlassen des Laichgewässers wurden die Tiere mit Hilfe einer Schublehre auf 0.1 mm genau vermessen (Kopfspitze bis Kloakenöffnung) und wie oben beschrieben auf ihre Lipidanteile hin analysiert.

Ergebnisse

Unter hoher Populationsdichte ergibt sich eine im Mittel stark verzögerte Entwicklungsrate (Tab.3-1). Die bei der Metamorphose erreichte Körperlänge unterschreitet in keinem Fall die oben definierte Mindestgröße von 10.0 mm (Abb.3-4). "Übergrößen" (Körperlängen, die deutlich über der durchschnittlichen Metamorphosegröße liegen) werden nur unter geringen Populationsdichten erreicht; hier ist gleichzeitig eine signifikante ($p \leq 0.01$; K-S-Test) Erhöhung der Varianz der Metamorphosegrößen zu verzeichnen. Der Gesamtlipidgehalt ist bei geringer Dichte, vor allem bei den Übergrößen, deutlich höher als bei Individuen der hohen Populationsdichten. Dies ist sicher maßgeblich auf die verstärkte Anlage abdominaler Fettdepots zurückzuführen (Abb.3-1). Nur im unteren Größenbereich besteht die Tendenz zu vergleichbaren Fettanteilen unter beiden Versuchsbedingungen (Abb.3-4). Die Sterblichkeit während der Larvalentwicklung ist zunächst dichteunabhängig. Sie steigt in beiden Gruppen ab Stadium 42 (= Einleitung der Metamorphose) sprunghaft an und ist in Ansätzen mit hoher Populationsdichte gegenüber den 20er Gruppen signifikant erhöht ($p \leq 0.03$; χ^2-Test) (Abb.3-5). Der geringe Anteil von 62% erfolgreicher Metamorphosen in der 60er Gruppe ist auf die hohe Sterblichkeit vor allem der kleineren Individuen zurückzuführen. Dies erklärt hinreichend das Fehlen dieser Größenklasse bei der Grössenverteilung unter hoher Dichte.

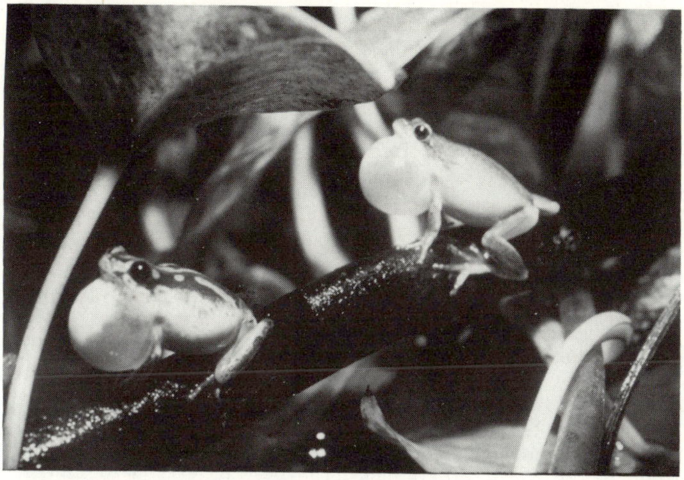

Rufende H.v.taeniatus-Männchen. Die Männchen der Riedfrösche H.v.taeniatus bilden 2 Farbmorphen aus. In der linken Bildhälfte ist ein Männchen mit adulttypischer Pigmentierung, im rechten Bildteil ein Männchen mit juveniltypischer Pigmentierung zu sehen.
(Foto: Strohm)

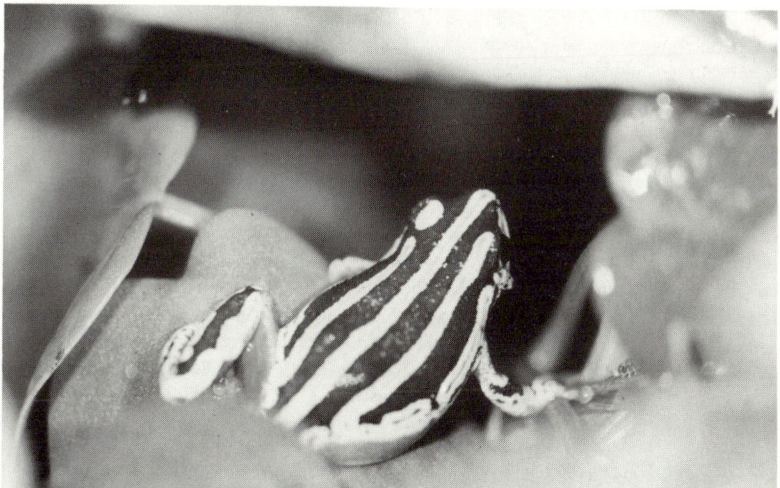

H.v.taeniatus-Weibchen. Die Wasseraufnahme erfolgt bei Riedfröschen über spezialisierte Hautbezirke, die in der Innenseite der Oberschenkel gelegen sind. Nach einem Regenfall spreizen die Tiere daher ihre Hinterbeine vom Körper ab und exponieren die roten, wasserpermeablen Hautpartien.

3.2. Stickstoffexkretion und Osmoregulation in Abhängigkeit von der Gewässerbelastung

3.2.1 Änderung der gesamtosmotischen Konzentration sowie des NH_4^+- Gehaltes einheimischer, mit Erdkrötenlarven besetzter Kleingewässer im Verlauf einer niederschlagsarmen Periode

Zunächst mußte die Frage geklärt werden, ob Ammoniak unter natürlichen Verhältnissen infolge seines Gleichgewichts zwischen gasförmigen und gelöstem Zustand im aquatischen Milieu überhaupt eine stoffwechselrelevante Größenordnung erreichen kann. In Ermangelung entsprechender Daten über die Entwicklung des Ammoniakgehaltes temporärer Gewässer in afrikanischen Savannengebieten wurde ersatzweise auf einheimische Kleingewässer zurückgegriffen.

Spezielle Methodik

Die Änderung der Ammoniumkonzentration eines Kleingewässers (ca. 2 m^2 mit 20 cm Wassertiefe), das dicht mit Erdkrötenquappen besetzt war (15-20 Larven/ l), wurde mehrfach im Verlauf eines vierwöchigen, niederschlagsfreien Zeitraums bestimmt. Desweiteren wurden zu Beginn und am Ende dieses niederschlagsfreien Intervalls jeweils 10 Larvenstadien (Stadium 30 und Stadium 40 nach Gosner 1960) entnommen und im Labor -wie unten beschrieben- auf etwaige Harnstoffsynthese hin untersucht.

Ergebnisse

Natürliche Laichgewässer der heimischen Erdkröten weisen in Zeiten regelmäßiger Niederschläge osmotische Konzentrationen von weniger als 20 mOsm auf. Selbst bei extremer Austrocknung (ca.70 % des Ausgangsvolumens) erreichen mit Erdkrötenquappen besetzte Kleingewässer lediglich osmotische Konzentrationen von maximal 57 mOsm. Die Laichgewässer der hier untersuchten Wüstenanuren weisen eine geringe Leitfähigkeit auf (Linsenmair,mündlich), wodurch der Austrocknungseffekt eine vergleichbar geringe Wirkung auf deren osmotische Konzentration ausüben dürfte. Durch Austrocknung, Exkretion und vor allem Abbau organischen Materials sind die NH_4^+- Konzentrationen solcher Kleingewässer weitaus dramatischeren Schwankungen unterworfen. So stieg die NH_4^+ -Konzentration des oben genannten Erdkröten-Laichgewässers in einer ca. 4-wöchigen Trockenperiode von weniger als 0.1 mg/l auf bis zu 3.4 mg/l. Sehr hohe Werte (bis zu 5.7 mg/l) fanden sich auch in Wasserproben von dicht mit Riedfroschlarven besetzten Laborbecken (15 - 25 Larven/ l).

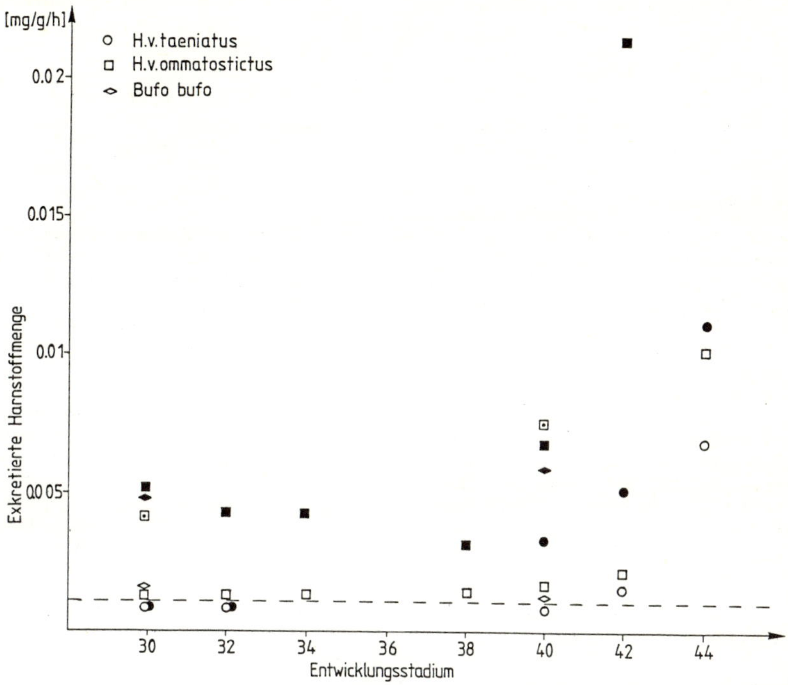

Abb. 3-6: Veränderung der Harnstoffexkretanteile von Larvenstadien verschiedener Anuren nach Akklimation in frischem Leitungswasser (≤1mg NH_4^+/l; offene Symbole), in zuvor dicht mit Larven besetztem Haltungswasser (≥5 mg NH_4^+/l) (ausgefüllte Symbole) und in frischem Leitungswasser, dem 5 mg $(NH_4)_2CO_3$/l zugesetzt war (Symbole mit eingezeichnetem Punkt). Die gestrichelte Linie gibt die Nachweisgrenze für Harnstoff wieder. Die Einteilung der Entwicklungsstadien erfolgte nach Gosner (1960).

3.2.2 Änderung der Harnstoffsynthese in Abhängigkeit von der Gewässerbelastung

Spezielle Methodik

Larvenstadien von H.v.taeniatus und H.v.ommatostictus wurden zu etwa 150 Individuen in Wasser (10 l) unterschiedlicher Qualität gehalten und ad libitum mit Futtertabletten und Salat versorgt. Je nach Ansatz wurde das Wasser alle 24 h erneuert (Kontrollansatz) bzw. bis zum Erreichen einer Ammoniakkonzentration von 5 mg/l im Becken belassen. Um die mögliche Induktionswirkung einer erhöhten NH_4^+-Konzentration auf die Harnstoffbildung zu untersuchen, wurden zusätzlich zwei Gruppen von je 5 H.v.ommatostictus -Larven der Stadien 30 und 42 über 2 Tage in 25 ml Leitungswasser, dem 5 mg $(NH_4)_2CO_3$ /l zugesetzt war, gehalten. Das geringe Wasservolumen stellte sicher, daß der als NH_3 abdiffundierende Ammoniakanteil über die Exkretion der Tiere kompensiert wurde. Eine Akkumulation von Exkretstoffen anderer Natur wurde über einen zweimal täglich erfolgenden Wasserwechsel unterbunden.

Zur Messung des ausgeschiedenen Harnstoffs wurde pro Ansatz (n=3) eine dem Frischgewicht von 2 g äquivalente Anzahl an Larven eines definierten Entwicklungsstadiums (Stadium 30 - 44, nach Gosner 1960) in 20 ml H_2O bidest. überführt. Bei diesem Volumen stellen Harnstoffkonzentrationen, die unter der Nachweisgrenze liegen, Exkretionsraten von weniger als 0.3 μM Harnstoff/g Körpergewicht dar und dürften vernachlässigbar sein. Dem Haltungswasser waren einige Tropfen Chloramphenicol zugesetzt, um einen bakteriellen Abbau des exkretierten Harnstoffanteils zu unterbinden. Nach 24 Stunden wurde dieses Haltungswasser auf seinen Harnstoffgehalt hin untersucht. Um festzustellen, ob der gemessene Harnstoffanteil dem Purinstoffwechsel entstammt oder auf einem Anschalten bzw. einer Aktivitätserhöhung des Harnstoffzyklus beruht, wurden pro Entwicklungsstadium 3 Tiere direkt aus dem Ansatzbecken entnommen und deren hepatäre Arginase-Aktivität untersucht.

3.2.2.1 Harnstoffsynthese bei gleichbleibend gering belasteten Laichgewässern

Unterhalb einer Ammoniakkonzentration von 1 mg/l lassen sich bis zur Metamorphoseklimax (Abb.3-6) bei H.v.ommatostictus und Bufo bufo nur geringe Mengen an ausgeschiedenem Harnstoff nachweisen. Die Werte für H.v.taeniatus lagen unterhalb der Nachweisgrenze von 2 μg/ml. Ebenfalls unterhalb der Nachweisgrenze lagen die Harnstoffkonzentrationen in der Körperflüssigkeit. Mit Eintritt in die Metamorphoseklimax ist bei allen 3 Arten ein starker Anstieg sowohl des Plasmaharnstoffgehaltes (Schmuck et al. 1988) wie auch der Harnstoffsynthese (Abb.3-7) zu verzeichnen. Kurz vor Verlassen des Laichgewässers (Stadium 44) wechselt der Ausscheidungsmodus von Ammonotelismus zu Ureotelismus (Abb.3-6) über. Einen analogen Verlauf zeigt die Aktivitätskurve des Harnstoffzyklus-Enzyms Arginase (Abb.3-7).

3.2.2.2 Änderungen der Harnstoffsynthese bei stark belasteten Laichgewässern

Bei stark belasteten Gewässern (hohe Individuendichte bzw. Austrocknung des

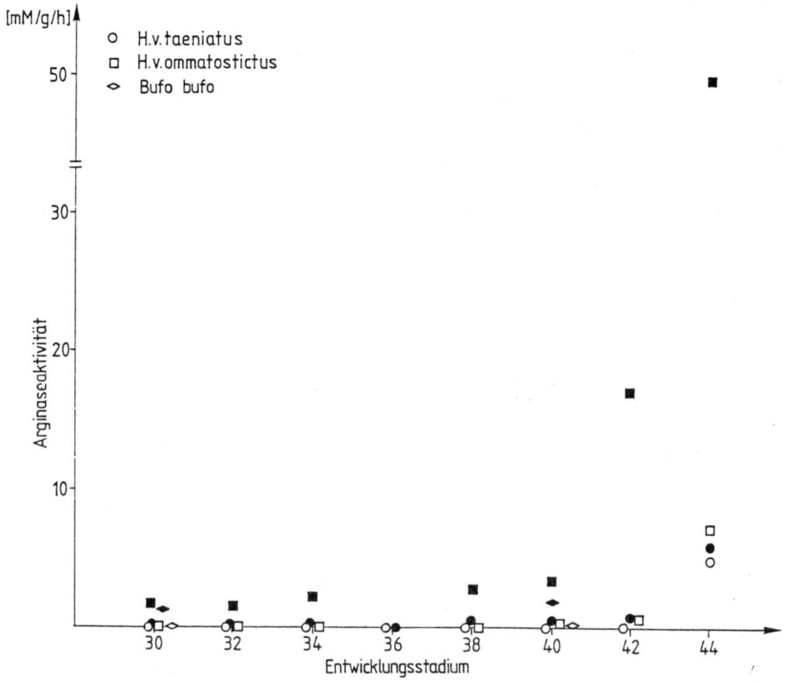

Abb. 3-7: Änderung der hepatären Arginaseaktivität verschiedener Anurenarten nach Akklimation in frischem Leitungswasser (≤ 1 mgNH_4^+/l; offene Symbole) und in zuvor dicht mit Larven besetztem Haltungswasser (≥5 mg NH_4^+/l; ausgefüllte Symbole). Die Symbole geben Mittelwerte von je 3 Individuen wieder. Aus Gründen der Übersichtlichkeit wurde die Standardabweichung nicht eingezeichnet. Die Einteilung der Entwicklungsstadien erfolgte nach Gosner (1960).

Laichgewässers) reagieren bereits sehr frühe Larvenstadien der Erdkröte sowie des Riedfrosches H.v.ommatostictus mit einem deutlichen Anstieg der Harnstoffsynthese (Abb.3-7). H.v.ommatostictus stellt unter diesen Bedingungen bereits vor Eintritt der Metamorphoseklimax (Stadium 42) unter der Annahme einer konstant bleibenden Gesamtstickstoffexkretionsrate (Abb.3-6) auf ureotelische Exkretion um. Die nahverwandte Riedfroschart H.v.taeniatus hingegen bleibt in frühen Larvalstadien auch in extrem belasteten Laichgewässern (≥5 mg NH_4^+/l) unter der Nachweisgrenze. Erst mit der ausgehenden Prometamorphose läßt sich Harnstoff im Haltungswasser nachweisen. Allerdings bleibt der Plasmaharnstoffgehalt aller 3 Arten bis zum Stadium 42 noch unterhalb der Nachweisgrenze. Der Versuchsansatz mit frischem Leitungswasser, das mit 5 mg NH_4^+/l versetzt war, macht deutlich, daß dieser Effekt allein mit NH_4^+ hervorgerufen werden kann (Abb.3-6). Die Veränderung in der Aktivität der Arginase (Abb.3-7) stellt klar, daß die erhöhte Harnstoffsynthese auf einem Anstieg im Krebs-Henseleit-Cyclus beruht und keinen Anstieg im Purinstoffwechsel darstellt.

3.3 Physiologische Anpassungen an steigende Ionenkonzentrationen im Außenmedium

Bei Erhöhung der Außenkonzentration reduziert sich der passive Wassereinstrom über die Haut. Dies führt u.a. zu einer Reduktion der Urinmenge (Kirschner et al. 1971, Reboreda et al. 1987). Bei Erreichen einer osmotischen Grenzkonzentration ist es Tieren im aquatischen Milieu ferner nicht mehr möglich, im Austausch gegen Na^+ das NH_4^+ über die Haut auszuschleusen. Beide Reaktionen führen als Antwort auf steigende Außenkonzentrationen zu einer NH_4^+-Konzentrierung im Innenmilieu. In ihrer Toleranz gegenüber hohen Ionenkonzentrationen scheinen nun Arten im Vorteil zu sein, die NH_4^+ über die Harnstoffsynthese entgiften können. Die beobachteten Unterschiede in der Fähigkeit zur Harnstoffsynthese bei H.v.taeniatus und H.v.ommatostictus bieten die Gelegenheit, prinzipiell zu prüfen, inwieweit diese Hypothese zutrifft, bzw. andere Mechanismen als Salzanpassung wirksam werden. Zur Klärung der Frage, ob mit steigender Außenkonzentration ein Anstieg im Plasmaammoniumspiegel verbunden ist, der wiederum ähnliche physiologische Reaktionen hervorruft wie ein extern erhöhter Ammoniumspiegel, wurden je 15 Individuen einer Art für 8 Tage in 100 mM NaCl bzw. 200 mM Saccharoselösung akklimatisiert und die Aktivität der hepatären Arginase bestimmt.

Spezielle Methodik

H.v.taeniatus und H.v.ommatostictus -Larven unterschiedlicher Entwicklungsstadien wurden schrittweise mit jeweils 36 stündiger Akklimationsdauer an eine ansteigende Salzreihe (50,75, 100mM) adaptiert. Da K^+-Ionen in der Lage sind, die toxischen Stoffwechseleffekte von Na^+ teilweise zu kompensieren (Bianco 1951), wurde die Salzlösung aus jeweils 97 % NaCl, 2.9 % KCl, 0.05 % $CaCl_2$ und 0.05 % $MgCl_2$ zusammengestellt. Die hohe Na^+ und Cl^-- Absorptionsrate aller bisher untersuchten Anurenlarven sowie die Verwendung beider Ionen zur Osmo-

Tab 3-2: Änderung der hepatären Arginaseaktivität in Abhängigkeit von Konzentrationsänderungen im externen Medium. Als osmotisch aktive Substanzen fanden eine 100 mM NaCl-Mischung (97% NaCl, 2.9% KCl, 0.05% $CaCl_2$, 0.05% $MgCl_2$) sowie eine 200 mM Saccharose-Lösung Verwendung. Die angegebenen Zahlenwerte stellen Mittelwerte aus jeweils 3 Individuen dar. n.n = nicht nachweisbar

Osmotische Konzentration im Außenmedium	Arginaseaktivität (mM/g/h)					
	H.v.taeniatus			H.v.ommatostictus		
	Nr.	Stadium[1]	Arginase-aktivität	Nr.	Stadium[1]	Arginase-aktivität
100 mM NaCl	1	36	n.n.	1	36	0.64±0.37
	2	38	n.n.	2	38	n.n.
	3	38	n.n.	3	38	n.n.
	4	40	n.n.	4	40	0.79±0.42
	5	42	0.80±.48	5	42	5.32±2.71
200 mM Sacch.	1	36	n.n.	1	36	1.64±1.08
	2	38	n.n.	2	38	.47±0.32
	3	38	n.n.	3	38	.83±0.54
	4	40	n.n.	4	40	1.01±0.62
	5	42	1.90±1.12	5	42	1.82±1.00
Leitungs-wasser	1	36	n.n.	1	36	n.n.
	2	38	n.n.	2	38	n.n.
	3	38	n.n.	3	38	n.n.
	4	40	n.n.	4	40	0.42±0.17
	5	42	n.n.	5	42	1.14±0.79

[1] nach Gosner (1960)

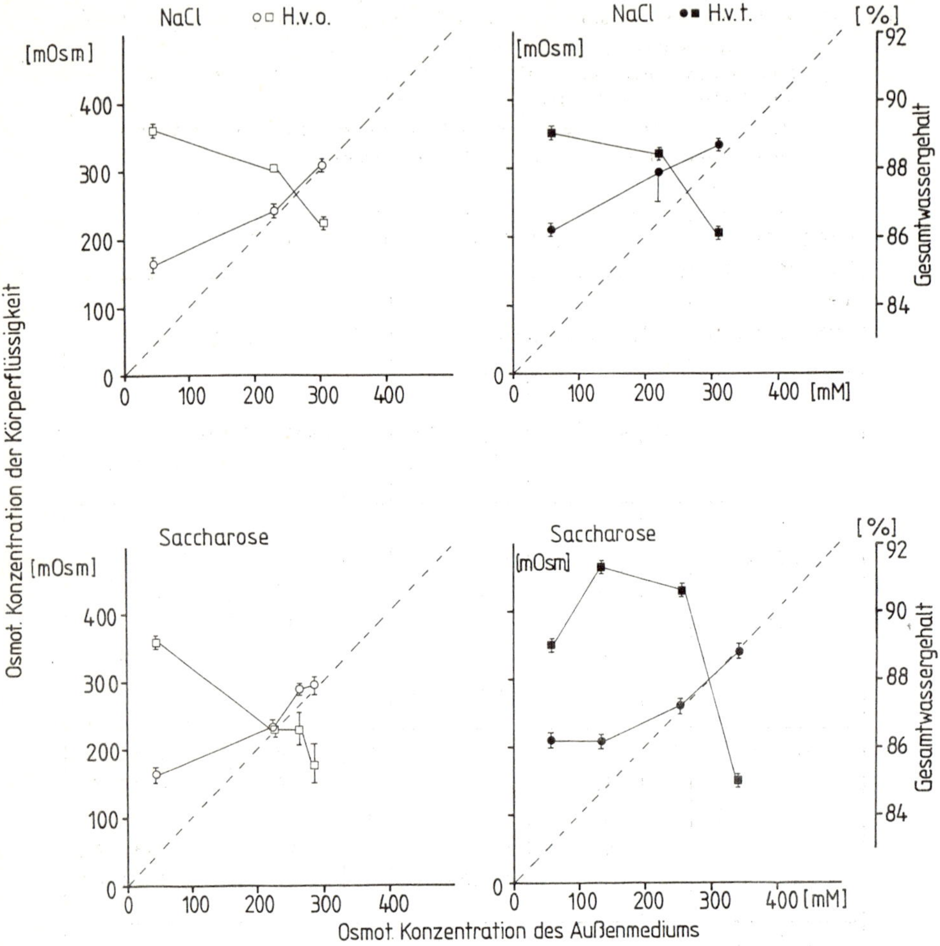

Abb. 3-8: Änderung der osmotischen Konzentration der Körperflüssigkeit (o) und des Gesamtwassergehaltes (□) zweier Arten von Riedfroschlarven in Abhängigkeit von der osmotischen Konzentration des Außenmediums. Die Symbole geben Mittelwerte von je 5 Individuen wieder. Die vertikalen Linien bezeichnen die Standardabweichung. Die gestrichelte Linie stellt die isoosmotische Linie dar.

regulation durch salzwasseradaptierte Anuren wirft die Frage nach Regulationsmöglichkeiten gegenüber höhermolekularen, schlechter diffusiblen Lösungsteilchen auf. Daher wurde ein weiterer Ansatz in der oben beschriebenen Weise mit Saccharose-Lösung durchgeführt. Abhängig von der jeweiligen Fragestellung wurden die Versuchstiere nach unterschiedlicher Adaptationsdauer entnommen, die Aktivität der hepatären Arginase von je 3 Individuen eines definierten Entwicklungsstadiums bestimmt und die osmotischen Konzentrationen in den Körperflüssigkeiten sowie die Harnstoffanteile im Plasma von je 5 Individuen/Konzentration determiniert.

Ergebnisse

Die Ergebnisse aus Tab.3-2 liefern ein der Abb.3-7 sehr ähnliches Bild. Auch im vorliegenden Fall ist bei H.v.taeniatus vor Erreichen der Metamorphoseklimax (Stadium 42) keine Arginaseaktivität zu verzeichnen, wohingegen H.v.ommatostictus bereits in der Prämetamorphose eine gesteigerte Harnstoffsynthese als Reaktion auf steigende osmotische Konzentrationen im Außenmedium erkennen läßt. Unabhängig von der Art der eingesetzten Lösungsteilchen zeigen beide Riedfroscharten bis zu ihrer Toleranzgrenze eine Hypertonieregulation (Abb.3- 8). Oberhalb einer osmotischen Konzentration von 300 mOsm steigt innerhalb weniger Stunden die Mortalitätsrate steil an. Interspezifische Unterschiede zeichnen sich zum einen im Grad der Hypertonieregulation, zum anderen im physiologischen Prozeß der Osmoregulation ab. H.v.ommatostictus reguliert offensichtlich seine Plasma-Konzentration auf niedrigerem Niveau ($p \leq 0.05$; U-Test) und kann damit den energetischen Aufwand der Hypertonieregulation in hypotonen Medien reduzieren. Oberhalb einer Außenkonzentration von 200 mOsm lassen sich artspezifische Unterschiede jedoch nicht mehr nachweisen. Während H.v.ommatostictus seinen Gesamtwassergehalt mit zunehmender Konzentrierung des Außenmediums stets reduziert, weist H.v.taeniatus im Saccharosemedium in einem weiten Konzentrationsbereich (bis 280 mM) einen gegenüber den Frischwasserkontrollen deutlich erhöhten Wassergehalt auf ($p \leq 0.05$; U-Test).

3.4 Signalwirkung sich verschlechternder Wasserqualität auf die physiologische Disposition zum Zeitpunkt der Metamorphose

Larven in der Metamorphoseklimax könnten durch Messung der Wasserqualität ihre physiologische Disposition beim Übergang zum Landleben modifizieren. So könnte z.B. die Zunahme der Ammoniakkonzentration ein Indikator für den Beginn einer Trockenperiode sein. Frühzeitig an solche Bedingungen angepaßte Individuen könnten unmittelbar nach Abschluß ihrer Metamorphose das vorhandene Ressourcenangebot nutzen, während falsch adaptierte Konkurrenten zunächst energie- und zeitaufwendige Umstellungsprozeße durchführen müßten.

Spezielle Methodik

8 verschiedene H.v.ommatostictus -Gelege wurden unmittelbar nach Entnahme aus dem Zuchtbecken in kleine Glasaquarien (40x25x25 cm) mit ca. 10 Liter

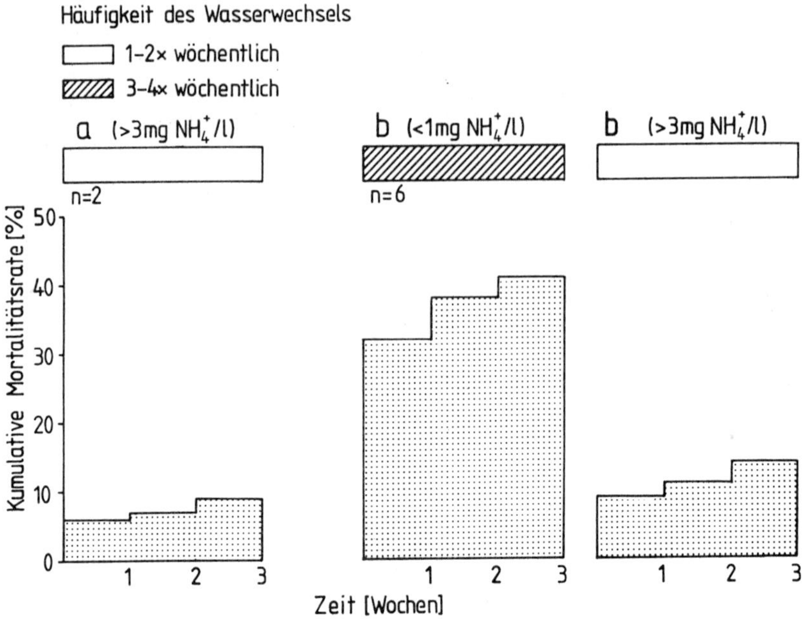

Abb 3-9: Überlebensrate frisch metamorphisierter H.v. ommatostictus in Abhängigkeit von der Exkretstoffbelastung des Laichgewässers während der Larvalentwicklung. Die prozentualen Mortalitätsangaben beziehen sich auf je 80 Tiere pro Ansatz. Für jede Behandlungsgruppe wurden 2 Ansätze durchgeführt, d.h. je 2 Terrarien mit je 80 Tieren besetzt.

Leitungswasser überführt. Bei 2 Ansätzen (Behandlungsgruppen a) wurde das Haltungswasser lediglich 1-2 x wöchentlich gegen frisches Leitungswasser ausgetauscht. In den übrigen 6 Ansätzen (Behandlungsgruppen b) erfolgte der Wasserwechsel alle 1-2 Tage. Nach Abnahme der Populationsdichte durch die Metamorphose auf etwa 50% der Ausgangsgröße wurde der Wasserwechsel auch in den 6 restlichen Ansätzen auf 1-2x wöchentlich reduziert. Die frisch metamorphosierten Tiere aller Behandlungsgruppen wurden innerhalb von 24 h nach der Metamorphose in Haltungsbecken mit simulierten Übergangsbedingungen (niedrige Luftfeuchte, Wassergabe nur 3x wöchentlich) überführt und ihr Verhalten beobachtet.

Ergebnisse

Während bei den Tieren der ersten beiden Zuchtansätze und denen der übrigen sechs Ansätze in der letzten Zuchtphase die Mortalitätsrate unter Übergangsbedingungen mit weniger als 15% über 3 Wochen gering ausfiel, wiesen unter diesen Bedingungen die der mittleren Phase erhebliche Mortalitätsraten auf (mehr als 40%; Abb.3-9). Die Tiere verkrochen sich zumeist unter im Becken befindliche Tontöpfe oder in Erdspalten. Dieses Verhalten, das in den beiden anderen Phasen nicht oder nur ausnahmsweise zu beobachten war, änderte sich auch bei reduzierter Lufttemperatur (Neonröhren statt HQL-Lampen) nicht. Erst nach mehrmaligem Abfangen, Wässern und Einzelhaltung in kleinen Gläschen unter höheren Luftfeuchten erholten sich die Tiere und ließen sich nach einigen Tagen allmählich an die Übergangsbedingungen akklimatisieren. Im Gegensatz zu ersteren wiesen diese Tiere sehr hohe Evaporationsverluste auf, die auf eine schlecht an die herrschenden Außenbedingungen angepaßte physiologische Disposition hindeuten.

3.5 Diskussion

3.5.1 Dichteabhängigkeit

Zur Nutzungsoptimierung von Nahrungsressourcen sind im Verlauf der Evolution die unterschiedlichsten Strategien und Taktiken entworfen worden. Der komplexe Lebenszyklus der Anuren ist wegen seines Wechsels von aquatischer zu terrestrischer Lebensweise, verbunden mit einer Umstellung von einer oft herbivoren auf eine carnivore Ernährung, besonders spektakulär. Die Primärproduktion temporärer Gewässer erlaubt in vielen Fällen hohe Produktionsraten. Allerdings unterliegen solche Kleingewässer oft der Gefahr einer Austrocknung, eines akuten O_2 -Mangels oder der Ansammlung kritischer Schadstoffmengen, die auch unterhalb der Letalgrenze durch Reduktion von Produktionsraten zu Beeinträchtigungen von Wachstum und Entwicklung führen können. Zu gleichen Beeinträchtigungen kann es durch die intensive Nutzung solcher Habitate durch Artgenossen und verwandte Arten kommen (Brockelman 1969; Gromko et al. 1973). Noch ehe sich Nahrungskonkurrenz auswirkt, scheint es durch "sozialen Streß" zu negativen Effekten zu kommen (siehe z.B. Adolph 1931, Alford & Crump 1982). Diese könnten z.B. infolge erhöhter Interaktionen zu einer Steigerung der Bewegungsaktivität führen. Die damit erhöhten Stoffwechselraten verbrauchen einen Teil der Energie, der ansonsten in Wachstum, Speicherung bzw. Differenzierung hätte gelenkt werden können. Shvarts & Pyastolova (1970) beschreiben bei Rana arvalis -Larven eine direkte Einflußnahme auf Wachstums- und Differenzierungsprozeße ihrer Artgenossen durch Freisetzung spezifischer Inhibitorsubstanzen. Dichte führt also zu deutlichen Änderungen der Produktions- und Differenzierungsrate und beeinflußt maßgeblich Mindestentwicklungsdauer und Metamorphosegröße (Modell bei Wilbur und Collins 1973).

Wie auch meine Untersuchungen belegen, benötigen die Larven bei hohen Dichten wesentlich länger bis zum Erreichen der Mindestmetamorphosegröße und die Zeitverläufe sind weniger einheitlich, wie die höhere Varianz der Entwicklungszeiten zeigt (Wilbur 1980). In Übereinstimmung mit Befunden an anderen Anuren (Gromko et al. 1973, Wilbur 1977, Crump 1981) ist die maximale Metamorphosegröße von H.v.spp. unter hohen Populationsdichten geringer gegenüber Kontrolltieren unter geringer Populationsdichte. Die Larven beenden vergleichsweise bald nach Erreichen der Mindestgröße ihren Aufenthalt unter den schlechten Bedingungen. Dagegen leiten bei geringer Dichte nicht alle Tiere unmittelbar nach Erreichen der Mindestgröße die Metamorphose ein. Die höhere Variationsbreite in der Größenverteilung gerade unter günstigen Wachstumsbedingungen deutet auf die Ausprägung unterschiedlicher Metamorphosestrategien hin. Kaplan und Cooper (1984) zeigten, daß sich aus Sicht der Elterntiere in variabler, nicht voraussagbarer Umwelt ein Fortpflanzungsmuster stabilisieren kann, bei dem immer nur ein Teil der Nachkommen optimal an die gerade aktuellen Bedingungen angepaßt ist. So ist vielleicht das Auftreten kleiner Individuen selbst unter Bedingungen zu erklären, wo gute Wachstumsbedingungen für alle bestanden. Rasche Larvalentwicklung, Metamorphose mit geringer Größe und wenig ausgeprägter Energiespeicherung kann Ausdruck einer Risikostreuung sein, die der potentiellen Gefährdung durch die sich oftmals unerwartet ändernden abiotischen Lebensbedingungen (Doetsch 1949, Dodd & Dodd 1976) und einem eventuell vorhandenen Räuber- und Parasitendruck Rechnung trägt. Ein früher Metamorphosezeitpunkt wäre auch dann von Vorteil, wenn im aquatischen Habitat der Konkurrenzdruck relativ höher, an Land aber geringer ist und dort die abiotischen Bedingungen rascheren Energiegewinn ermöglichen.

Eine höhere Metamorphosegröße und Anlage von Energiespeichern, u.U. durch Inkaufnahme einer längeren Entwicklungszeit, wäre vor allem für solche Individuen vorteilhaft, die am Ende einer Vegetationsperiode metamorphosieren und deren Überlebenswahrscheinlichkeit wesentlich durch die im Larvalstadium akkumulierten Energiereserven bestimmt wird. So ist zu Beginn einer Trockenzeit von erheblich schlechteren Ernährungsbedingungen als in der Regenzeit auszugehen (siehe Kap. 4.2). Zum anderen ist H.viridiflavus spp. unter bestimmten klimatischen Konstellationen in der Lage, durch vorrangige Allokation verfügbarer Energiequellen in Längenwachstum und Gonadenreifung noch in der Laichperiode der Elterngeneration zur Fortpflanzung zu gelangen und damit einen enormen

Fitneßgewinn zu erzielen (Geise 1987). Die Häufigkeit, mit der diese alternative Fortpflanzungsstrategie verwirklicht wird, ist positiv mit der Körpergröße zum Zeitpunkt der Metamorphose korreliert. Unter ungünstigen Wachstumsverhältnissen im Wasser sollte der Übergang zum terrestrischen Habitat zum frühest möglichen Zeitpunkt, der ein Überleben an Land noch sicherstellt, erfolgen, um die bis zum Eintritt der Trockenperiode noch verbleibende, ernährungsphysiologisch günstige Zeit des terrestrischen Habitats optimal nutzen zu können. Sterblichkeit während der Larvalentwicklung scheint bis zum Beginn der Metamorphoseklimax unter den getesteten Bedingungen nicht dichteabhängig zu sein. In der Metamorphose jedoch machten sich die Auswirkungen der experimentell gewählten hohen Dichte in einer doppelt so starken Sterblichkeit bemerkbar. Ähnliches beschreibt Wilbur (1977) für Larven von Bufo americanus. Die Klimax stellt sicherlich eine sehr kritische Entwicklungsphase dar. Die Belastung des Organismus mit Abbauprodukten unterschiedlichster Art ist begleitet von einer stark eingeschränkten Verfügbarkeit renaler und extrarenaler Sekretionsmechanismen. In dieser physiologisch angespannten Lage kommen die Effekte des sozialen Stresses besonders stark zum Tragen.

Neben einer Optimierung der Energieaufnahmerate im aquatischen Habitat dürfte ebenfalls die Optimierung der zur Nahrungsaufnahme an Land zur Verfügung stehenden Zeitdauer ein entscheidendes Kriterium für die Lebenszyklusstrategie von Amphibien darstellen, die aride Gebiete besiedeln. In der vorliegenden Studie konnte gezeigt werden, daß die Riedfrösche zum Zeitpunkt der Metamorphose unterschiedliche physiologische Dispositionen aufweisen, die in enger Beziehung zu den Haltungsbedingungen während der aquatischen Entwicklung stehen. Demzufolge scheinen sie die aktuellen Klimaverhältnisse im terrestrischen Lebensraum gut abschätzen zu können, indem sie den zeitlichen Verlauf in der Konzentrationveränderung bestimmter, sich im Wasser akkumulierender Stoffe als Kriterium heranziehen. Aus den Konzentrationsschwankungen könnten, unabhängig von der Produktionsrate und damit der aktuellen Besatzdichte eines solchen Habitats, Rückschlüsse auf die Niederschlagshäufigkeit gezogen werden. Spezifische physiologische Dispositionen, wie sie für Regen - bzw. Trockenperiode erforderlich sind, können so schon vor der Metamorphose eingestellt werden. So erlaubt eine der Situation im terrestrischen Lebensraum gut angepaßte physiologische "Erwartungshaltung" eine sofortige Nützung des Ressourcenangebotes, ohne auf durch die neuen Bedingungen erst induzierte, energie- und zeitaufwendige Umstellungsprozeße warten zu müssen.

3.5.2 Physiologische Begrenzungsfaktoren

Zur Optimierung der Nahrungsaufnahmerate unter den variablen und unvorhersagbaren Klimabedingungen von Kleingewässern müssen die Bewohner eine Reihe physiologischer Adaptationen erworben haben, die ihnen ein Abpuffern der starken Umweltfluktuationen z.B. der Temperatur, des pH-Wertes, des O_2-Partialdruckes als auch der Schadstoffkonzentration im internen Milieu ermöglichen.

Die Wirkung erhöhter Evaporation auf die osmotische Konzentration des aquatischen Lebensraums ist infolge der anfänglich geringen, osmotisch aktiven Teilchenkonzentration nur schwach ausgeprägt. Wesentlich dramatischer stellt sich der Anstieg in der Konzentration von Exkretstoffen und von organischem Abbaumaterial dar. Dies ist vor allem in eutrophen Kleingewässern der Fall, die ja auf der anderen Seite aufgrund ihrer hohen Primärproduktion den heranwachsenden Anurenlarven hervorragende Nahrungsressourcen bieten. In heimischen Kleingewässern steigt die Ammoniakkonzentration im Verlauf einer niederschlagsarmen Periode auf Werte von mehr als 3 mg/l an, einem für die meisten Fische stark toxischen Konzentrationsbereich (Thomas et al. 1976). Fromm & Gillette (1968) konnten in ihrer Studie über physiologische Reaktionsmechanismen der Regenbogenforelle gegenüber einer steigenden Ammoniumkonzentration im Aussenmedium eine direkte lineare Korrelation zwischen internem NH_4^+ -Gehalt des Plasmas und externem Ammoniumspiegel aufzeigen. Dabei fanden sie einen um den Faktor 10 gegenüber der externen Ammoniumkonzentration erhöhten Plasmawert. Als physiologische Reaktion auf diesen Anstieg der Blutammoniumkonzentration erhöhen die Regenbogenforellen vermutlich den Aminosäuregehalt am Gesamtstickstoffexkret.

Einen sehr ähnlichen Lösungsweg, die Detoxifizierung des NH_4^+ durch Überführung in ungiftige, höhermolekulare Verbindungen, weisen auch die hier untersuchten Erdkröten- und H.v.ommatostictus-Larven auf, die mit steigender NH_4^+ -Belastung des Laichgewässers eine Erhöhung der Harnstoffsyntheserate vornehmen und auf diesem Wege eine weitere Akkumulation von Ammoniak in der Körperflüssigkeit verhindern können. Diese Fähigkeit ist jedoch in Analogie zu Befunden an Scaphiopus couchii- und S.multiplicatus -Larven (Jones 1980 a) artspezifisch unterschiedlich ausgeprägt und abhängig vom Entwicklungsstadium und der Akklimationsvorgeschichte. H.v.taeniatus zeigt diese physiologische Regulationsfähigkeit in meßbaren Größenordnungen erst mit Eintritt in die Metamorphoseklimax. Dies läßt nun zwei Interpretationsmöglichkeiten offen. Zum einen könnte diese Art über eine hohe Toleranz gegenüber erhöhten NH_4^+-Werten im internen Milieu verfügen, wie sie für Rana temporaria und R.catesbeiana-Larven beschrieben ist (Candelas & Gomez 1963, Harpur 1968) und die primär auf einer Toleranz gegenüber niedrigen pH-Werten basiert. Niedrige pH-Werte halten die Konzentration des ungeladenen Moleküls niedrig, das in erster Linie infolge seiner hohen Diffusionskapazität für die Ausprägung der cytotoxischen Effekte verantwortlich ist. Neben einer Absenkung des pH- Wertes könnte auch eine Detoxifikation des NH_4^+ über eine gesteigerte Aminosäuresynthese, wie von Fromm & Gillette (1968) für Forellen vorgeschlagen, zu einer hohen Toleranz gegenüber steigenden NH_4^+ -Konzentrationen des Außenmediums führen. Zum anderen könnte H.v.taeniatus solche Habitate von seiner Nutzung ausschließen und nur größere Wasseransammlungen zur Fortpflanzung nutzen. Auf klärende LD_{50} -Versuche wurde infolge des hohen hierfür notwendigen Versuchstierbedarfs verzichtet, da diese Frage leicht durch entsprechende Freilanderhebungen zur Verbreitungsökologie dieser Art geklärt werden könnte, die zudem zu weit aussagekräftigeren Ergebnissen führen dürfte. Im Gegensatz zu

H.v.taeniatus zeigen die Larvalstadien von H.v.ommatostictus und Bufo bufo bereits im Vorfeld des Klimaxgeschehens die Fähigkeit, einen weiteren Anstieg in der NH_4^+-Konzentration des Plasmas durch eine gesteigerte Harnstoffsynthese zu verhindern. Diese physiologische Adaptation ermöglicht ihnen, auch bei hohen Schadstoffkonzentrationen den Verdauungsprozeß aufrechtzuerhalten und die damit verbundene NH_4^+ -Freisetzung zu tolerieren, ohne sich dadurch selbst zu vergiften. Möglicherweise stellt dies den wesentlichen Vorteil gegenüber H.v. taeniatus dar, der zwar etwa gleiche NH_4^+ -Konzentrationen zu tolerieren vermag, bis zur Ausdünnung durch Regenfälle aber möglicherweise eine Periode ohne Energiegewinn überdauern muß.

Auch Wasserrestriktion sollte über den dadurch bedingten Anstieg des NH_4^+ -Gehaltes in den Körperflüssigkeiten einen Übergang von ammonotelischer zu ureotelischer Ausscheidung bewirken, falls diese Umschaltreaktion primär einer Kontrolle durch die NH_4^+- Konzentration unterliegt. Larvale Stadien von Leptodactylus bufonius, deren Entwicklung sich zeitweise in von freiem Wasser unabhängigen Schaumnestern vollzieht, weisen einen ureotelischen Exkretionsmodus auf (Shoemaker & McClanahan 1973). Auch andere Leptodactyliden, die im Laufe ihrer Entwicklung zeitweilig einer Wasserrestriktion unterliegen, bilden vornehmlich Harnstoff (Leptodactylus albilabris Candelas & Gomez 1963; Crinia victoriana Martin & Cooper 1972). Nach Überführung in offenes Wasser reduzieren Leptodactylus bufonius -Larven ihren Harnstoffanteil am Gesamtstickstoffexkret wieder und werden zeitweilig sogar ammonotelisch (mit ca.60%igem NH_4^+ -Anteil).

Obgleich steigende Ionen-Außenkonzentrationen im Umgebungsmedium durch Beeinflußung des Na^+/NH_4^+-Austausches ähnliche Effekte auf den internen NH_4^+ -Spiegel wie steigende Ammoniumkonzentrationen hervorrufen, scheint die Besiedlung salzbelasteter Habitate noch andere Anpassungsmechanismen wie eine hohe Toleranz gegenüber steigenden Natriumplasmawerten vorauszusetzen, wie dies z.B. für die salzwassertoleranten Larvenstadien von Rana cancrivora beschrieben ist (Gordon & Tucker 1965, Bentley 1971, Balinsky 1981). Zwar führt der Anstieg des Plasmaammoniumspiegels als Folge eines Anstiegs der Außenkonzentration bei den Larvenstadien von H.v.ommatostictus zu einer auch für Xenopus laevis (Seiter et al. 1978) beschriebenen, verstärkten Harnstoffbildungsrate, doch läßt sich letzterer offensichtlich nicht wie bei adulten Anurenarten zu osmoregulatorischen Zwecken heranziehen. Zu ähnlichen Resultaten gelangten Shoemaker & McClanahan (1973) bei ihren Untersuchungen zur Salztoleranz der hypertonietoleranten Leptodactyliden-Larven, die zwar bis 400 mM Harnstoff tolerieren, diesen aber offensichtlich nicht als Osmotikum bei Salzstress einsetzen können. Dies mag vornehmlich in der Bedeutung der Körperoberfläche für verschiedenste essentielle Austauschprozesse liegen, welche eine Akkumulation frei diffusibler Moleküle wie Harnstoff unterbinden. So tolerieren trotz der unter Ausschluß freien Wassers gut ausgeprägten Harnstoffspeicherfähigkeit auch Leptodactyliden-Larven NaCl nur bis zu einer maximalen Konzentration von 150 mM.

4) Energieallokation und Osmoregulation in der postmetamorphotischen Wachstumsphase

Nach Abschluß der Metamorphose verfügt der Riedfrosch H.v.spp. über alle physiologischen, biochemischen, morphologischen und strukturellen Voraussetzungen für eine voll terrestrische Lebensweise. Bis zum Eintritt der Geschlechtsreife meidet er offene Gewässer und deckt seinen Wasserbedarf ausschließlich über Regen oder Taubildung. Je nach saisonalem Zeitpunkt verfügt er nun über zwei Muster der Energieallokation. Fällt der Metamorphosezeitpunkt in eine frühe Phase der Regenperiode, erfolgt bei einem Teil der Individuen (10-30 %) die Energieallokation vorrangig in Richtung Körperwachstum und Gonadendifferenzierung (Geise 1987). Als steuernde Faktoren dieser Entwicklungsstrategie erwiesen sich neben hoher Luftfeuchte (wesentlichster Steuerungsfaktor für H.v.ommatostictus), eine lange Photoperiode (13 h) (wesentlicher Steuerungsfaktor für H.v.taeniatus) sowie Rufinduktion durch die Elterngeneration. Die Ausprägung dieser Entwicklungsstrategie findet sich vornehmlich bei Individuen mit überdurchschnittlicher Metamorphosegröße.

Infolge der unvorhersehbaren Dauer der Regenperiode sowie der unsicheren Bestimmung des eigenen Metamorphosezeitpunkts verfolgt jedoch auch unter diesen Bedingungen der überwiegende Anteil juveniler Frösche sowie alle Individuen, deren Postmetamorphoseentwicklung unter Kurztagbedingungen bei niedriger Luftfeuchte erfolgte, eine Strategie simultaner Energieallokation in Grössenzunahme und Reservestoffspeicherung.

Die Überlebenswahrscheinlichkeit in der bevorstehenden Trockenperiode wird maßgeblich durch die in der Übergangsphase zur Trockenzeit akkumulierten Energiereserven bestimmt. Je nach Metamorphosezeitpunkt bieten die abiotischen Bedingungen des terrestrischen Habitats zeitlich nur eng begrenzte Möglichkeiten einer Energieaufnahme. So ist das Klima in der Übergangsphase zur Trockenperiode durch in der Zeitdauer variable, niederschlagsarme Zwischenphasen mit geringer Beutedichte geprägt (Linsenmair, mündl.Mitt.). Ein daraus resultierender Selektionsdruck stellt die Optimierung der Energieaufnahmerate dar. Dazu müssen, ähnlich wie in der aquatischen Lebensphase, Schwankungen im externen Milieu durch geeignete physiologische Reaktionsmechanismen im internen Milieu gedämpft werden. Vorrangige Bedeutung dürfte dabei die Wasserhaushaltsregulierung einnehmen, da die Beutefangaktivität eng mit dem Hydrierungszustand der Tiere gekoppelt ist (Geise 1987).

Im nachfolgenden Kapitel sollen Energieakkumulationsraten sowie physiologische Anpassungen der Osmoregulation im Vorfeld der allmählich eintretenden Trockenperiode näher untersucht werden.

4.1. Energieakkumulation in Vorbereitung auf die Trockenphase

Das Energieallokationsmuster der Postmetamorphose wird in der Übergangsphase zur Trockenzeit vornehmlich durch die Selektionsdrücke der bevorstehenden Trockenperiode geprägt. Ein Überleben der Trockenperiode ist allerdings nicht allein von der gespeicherten Energiemenge abhängig, sondern wird darüberhinaus wesentlich von der aktuellen Wasserhaushalts- und osmotischen Situation beeinflußt. Geise (1987) errechnete in diesem Zusammenhang eine Mindestgröße, bis zu der durch stete Optimierung des Oberfächen-/Volumen-Verhältnisses ein deutlicher Rückgang der Wasserverlustraten stattfindet. Da unterhalb dieser Mindestgröße aufgrund drohender letaler Wasserdefizite ein Überdauern längerer Trockenphasen nicht möglich erscheint, ist in der ersten Phase der Postmetamorphoseentwicklung mit einer vorrangigen Investition in Körperwachstum zu rechnen. Da ein wesentlich über diese Körpergröße hinausgehendes Längenwachstum jedoch keinen entscheidenden Einfluß mehr auf die Wasserverlustreduktion ausübt, dürfte mit Erreichen dieser Körpergröße die Speicherung von Energiereserven die vorrangige Bedeutung erlangen. Letzteres bestimmt dann maßgeblich die maximale Überlebensdauer in der von Energiemangel gekennzeichneten Trockenperiode.

Ein sehr auffälliges Verhalten der Postmetamorphosestadien ist das Bestreben, im Aufzuchtbecken bevorzugt Stellen höherer Temperatur aufzusuchen. Dieses Verhalten könnte neben einer Abwehr von Ektoparasiten (Cagle 1950) und Pathogenen (Kluger 1977 und 1978) auch eine Möglichkeit darstellen, durch gezielte Erhöhung der Körpertemperatur die Verdauungseffizienz und/oder Verdauungsrate (Freed 1980) zu erhöhen. Mit Hilfe geeigneter Klimakonstellationen wurde daher untersucht, welchen Einfluß eine Zunahme der Körpertemperatur auf die Assimilationseffizienz ausübt.

Von entscheidender Bedeutung für Wachstum und Energiespeicherung ist jedoch nicht die Verdauungseffizienz, sondern der vom Gesamtdurchsatz assimilierte Teil der Nahrung. Die gegenüber endothermen Organismen deutlich höheren Nettoproduktionsraten vieler Ektothermer (nach Wieser (1986) gilt diese Aussage nur für einen Vergleich zwischen heranwachsenden Organismen, die noch nicht die volle Adultgröße erreicht haben) sind vorrangig das Ergebnis maximaler Energieeinsparung während der Ruhephasen (Pough 1980, Seale 1988). Durch Bestimmung von Energieaufnahme und -ausgabe unter kontrollierten Bedingungen soll daher im folgenden die Nettoproduktionsrate während der Übergangsphase erfaßt werden.

Spezielle Methodik

Die Zuwachsrate in der Körperlänge unter Übergangsbedingungen wurde durch Längenmessungen von je 50 Individuen aus drei verschiedenen Haltungsbecken in vierwöchigen Abständen ermittelt. Die Individuen eines Haltungsbeckens unterschieden sich in ihrem Alter, beginnend mit der Metamorphose, um höchstens 14

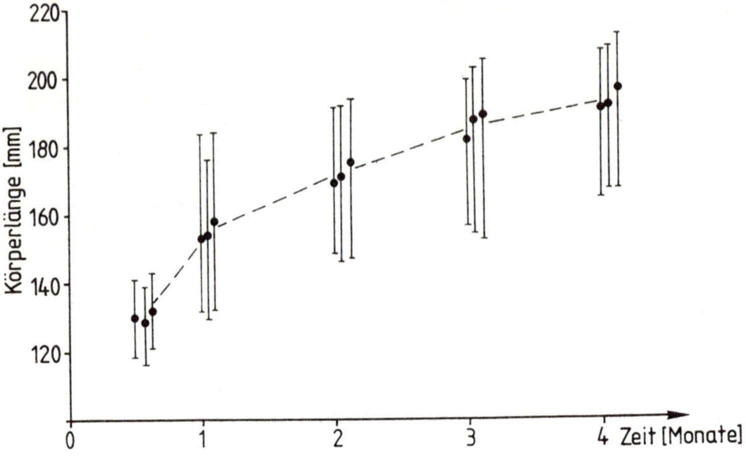

Abb.4.1: Längenzuwachs juveniler H.v.taeniatus unter Übergangsbedingungen (30°/20°C, 30-50% r.F., 11/13h L/D). Die in jeder der drei Gruppen zusammengefaßten 50 Frösche unterschieden sich in ihrem Postmetamorphosealter um maximal 14 Tage. Die Tiere wurden während ihres ersten Lebensmonats jeden zweiten Tag mit kleinen Fruchtfliegen (Drosophila) ad libitum versorgt. Mit Beginn des 2. Lebensmonats nach der Metamorphose wurden in ebenfalls zweitägigem Abstand Stubenfliegen (Musca domestica) ad libitum gefüttert. Unmittelbar vor Fütterungsbeginn wurden die Becken ausgiebig besprüht.

Tage. Zur Erfassung größenabhängiger Änderungen des Energieallokationsmusters wurden juvenile H.v.taeniatus im Alter zwischen 5 und 12 Wochen aus den Haltungsbecken entnommen und nach Entfernen von Haut und Leber (um Vergleichbarkeit mit den Versuchstieren sicherzustellen, siehe unten) auf ihren Gehalt an Lipid, Glycogen und Protein untersucht. Die resultierenden Regressionsgeraden wurden zur Ermittlung der Nettoproduktionsrate herangezogen.

Zur Erfassung einer temperaturabhängigen Änderung der Assimilationseffizienz wurden je 15 8-10 Wochen alte juvenile H.v.taeniatus bei 25°/15°C, 30°/20°C und 35°/25°C (Tag/Nacht- Rhythmus) unter Kurztagbedingungen (11/13 h LD) in herkömmlichen Weckgläsern (Rauminhalt 1 dm^3) über 32 Tage kontrolliert mit je 15 Stubenfliegen/Tag (dies entspricht der bei ad libitum-Fütterung maximal aufgenommenen Nahrungsmenge juveniler H.v.spp.) versorgt. Kurz vor Fütterungsbeginn (ca. 10 Minuten vor Beginn der Dunkelphase) wurde den Tieren durch Besprühen der Haltungsgefäße die Ergänzung ihres Wasserverlustes ermöglicht. Unter den gewählten Nachttemperaturen blieben auch in der 35° /25°C -Gruppe für mindestens 30 Minuten sichtbare Wassertropfen verfügbar. Zu Beginn der nachfolgenden Lichtphase (innerhalb der ersten 60 Minuten) wurden die überzähligen Fliegen sowie der anfallende Kot entfernt. Zur Bestimmung der aufgenommenen Energiemenge wurde täglich eine Stichprobe (3 x 50 Fliegen) aus den Futtertieransätzen entnommen und deren Gesamtenergiegehalt kalorimetrisch (Morat MK 200) bestimmt. Aus der Differenz zwischen der aufgenommenen Energiemenge und dem Brennwert von Urin und Faeces ließ sich die Assimilationseffizienz der unterschiedlichen Behandlungsgruppen errechnen.

Die Berechnung der Nettoproduktionsrate über Gasstoffwechselmessungen stellt infolge der mit unseren Methoden (O_2 - Analyzer; Applied Electrochemistry Inc.) nur gruppenweise erfaßbaren O_2 - Verbrauchsrate (Geise 1987) und des für Beutefang nur näherungsweise abschätzbaren Energieaufwandes einen relativ groben Schätzwert dar. Es wurde daher versucht, über eine direkte Bestimmung der Stoffzuwachsrate die Nettoproduktionsrate zu ermitteln. Um die Zahl abzutötender Tiere möglichst gering zu halten, wurden die Versuche zur Nettoproduktionsrate im Kontext weiterer Fragestellungen (Purinsynthese, Enzymaktivitätsmuster, Wassergehalt, N_2 -Exkretionsverhalten) bearbeitet. Deshalb standen zur Stoffanteilsbestimmung nur die enthäuteten Tiere nach Entnahme von Haut und Leber zur Verfügung. Da bei den hier untersuchten Riedfröschen keine subkutanen Fetteinlagerungen zu beobachten sind (Kobelt, mündl. Mitteilung) und die Leber nur geringe Energiereserven im Vergleich zu Fettkörper und Muskelmasse enthält, dürfte die Entnahme von Haut und Leber nur geringen Einfluß auf die so ermittelten Ergebnisse ausüben. Der Trockengewichtsanteil der entnommenen Organe lag zwischen 10 und 15% des Gesamttrockengewichts. Die Tiere wurden zu Versuchsbeginn voll hydriert und Länge sowie Maximalgewicht bestimmt. Der Anteil der Stoffkomponenten Fette, Proteine, Kohlenhydrate und Feststoffe zu Beginn des Versuchsansatzes wurde der oben erwähnten Eichkurve entnommen und vom Anteil der Einzelkomponenten am Ende des Versuchs subtrahiert. Die Differenz wurde als Zuwachsrate bezeichnet und auf ihren energetischen Brennwert hin umgerechnet. Die Ermittlung der Nettoproduktionsrate erfolgte an Tieren der Behandlungsgruppe 30°/20°C, die vergleichbar hohe Nahrungsaufnahmeraten wie die Tiere in den Haltungsbecken erreichten.

4.1.1 Größenabhängige Änderung des Energieallokationsmusters

Die Abbildung 4.1 läßt eine intensive Größenzunahme innerhalb der ersten Wochen nach der Metamorphose erkennen. Nach Erreichen einer mittleren Körpergröße von 16.0 mm ist ein starker Rückgang des Längenwachstums zu verzeich-

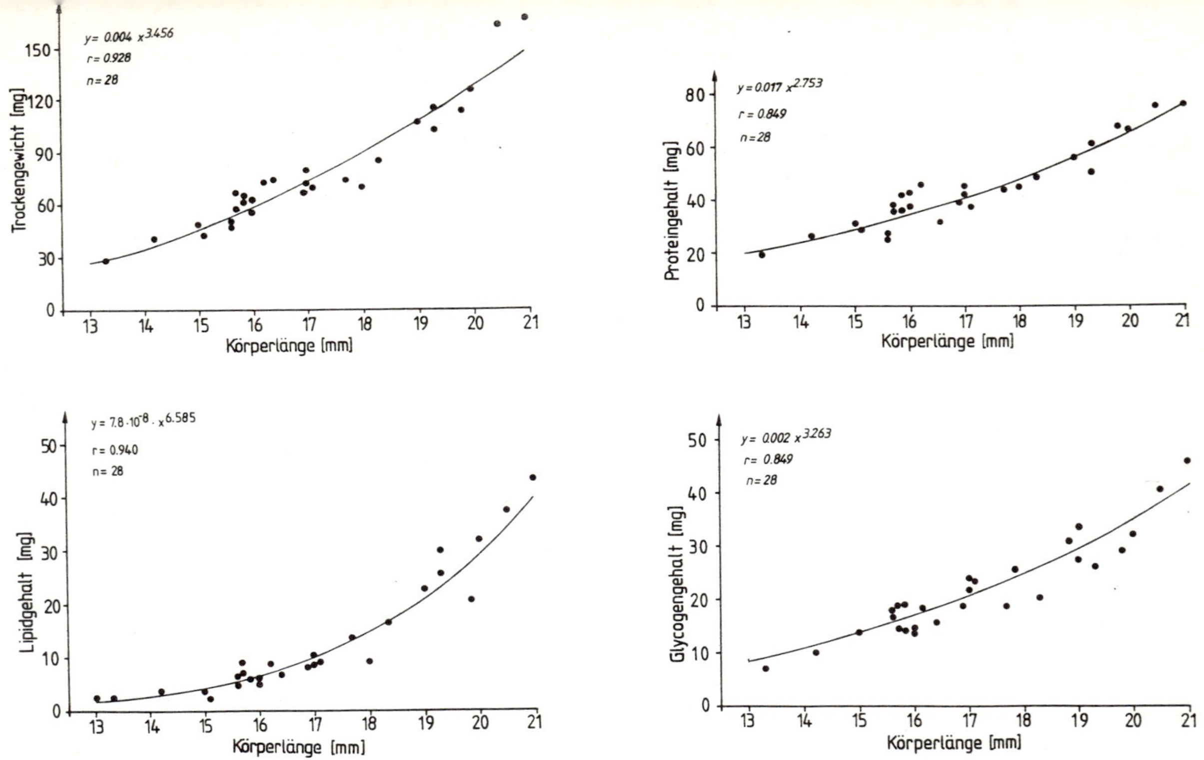

Abb.4.2: Änderung des Trockengewichts sowie der Stoffkomponenten Lipid, Protein und Kohlenhydrat juveniler H.v.taeniatus mit der Körperlänge. Die Tiere wurden unter Übergangsbedingungen (30°/20°C, 30–50% r.F., 11/13hL/D) gehalten und zu unterschiedlichen Zeitpunkten ihrer Entwicklung direkt aus den Haltungsbecken entnommen (Fütterungsregime siehe Text). Um die Werte direkt zur Erfassung von Nettoproduktionsrate und Energiebilanz (Kap.5.1) verwenden zu können, wurden den Tieren in Analogie zu den Versuchstieren in Kap.5 vor der Analyse Haut und Leber entfernt.

nen. Wie aus Abb. 4.2 hervorgeht, wachsen die Protein-, Lipid- und Kohlenhydratanteile exponentiell mit der Körperlänge. Die entsprechenden Regressionskurven, welche die längenabhängige Änderung der einzelnen Stoffanteile beschreiben, lauten für

Trockengewicht:	$y = 0.004$	$x^{3.456}$	n=28	r=0.928
Lipid :	$y = 7.8\ 10^{-8}$	$x^{6.585}$	n=28	r=0.940
Protein :	$y = 0.017$	$x^{2.753}$	n=28	r=0.849
Kohlenhydrate :	$y = 0.002$	$x^{3.263}$	n=28	r=0.849

Mit Überschreiten einer Körperlänge von 16.0 mm ist ein im Vergleich zu den Protein - und Glycogenanteilen überproportionaler Anstieg der Lipidreserven gekoppelt. Dieser Größenbereich scheint den Umschaltpunkt zu enthalten, an dem das Energieallokationsmuster von Größenwachstum in Richtung Reservestoffspeicherung umgeschaltet wird.

4.1.2 Temperaturabhängigkeit der Assimilationseffizienz

Eine Zunahme der Assimilationseffizienz mit steigender Körpertemperatur ließ sich nicht feststellen. Zwischen 20° und 25°C mittlerer Haltungstemperatur ließ sich keine signifikante Änderung der Assimilationseffizienz nachweisen (p 0.05; U-Test, Tab. 4.1). Bei einer Haltungstemperatur von 35/25°C nahm die Assimilationseffizienz sogar signifikant ab (p 0.05; U-Test). Die bei einem Temperaturmittel von 30° C feststellbare Abnahme der Assimilationseffizienz dürfte auf einer unter diesen Temperaturbedingungen deutlich beschleunigten Darmpassage und einer damit verbundenen Verringerung der Verdauungseffizienz beruhen. Unter Übergangsbedingungen erfolgt sowohl in den Haltungsbecken als auch unter den hier gewählten Klimaschrankbedingungen eine Exkretabgabe nur in Verbindung mit der Gabe von freiem Wasser. Eine exakte zeitliche Bestimmung des Nahrungsdurchsatzes war daher im vorliegenden Versuchsrahmen nicht möglich. Dennoch deutet die bei einer mittleren Temperatur von 25°C mit 295.1±76.9 J/g/d gegenüber 157.3±39.4 J/g/d bei einem Temperaturmittel von 20°C signifikant (p 0.01; U-Test) gesteigerte Nahrungsaufnahmerate darauf hin, daß der Durchsatzgeschwindigkeit die wesentliche Bedeutung bei der Optimierung der Energieumsatzrate zukommt. Die bei 35/25°C herabgesetzte Beutefangaktivität (174.6±31.4 J/g/d) ist vermutlich im Zusammenhang mit dem temperaturbedingten Anstieg der Evaporationsrate zu sehen. Die unter diesen Bedingungen gehaltenen Individuen zeigten mit 18.3± 10.7 % (n=10) Körpergewichtsverlust nach 24 h signifikant (p 0.01;U-Test) höhere Wasserverlustraten als die unter 25° (9.7±4.3%;n=10) bzw. 20°C (7.1±4.5%;n=10) gehaltenen Frösche.

Tab.4.1: Die Assimilationseffizienz juveniler <u>H.v.taeniatus</u> in Abhängigkeit von der Haltungstemperatur (Tag/Nacht) unter Kurztagbedingungen (11h L/13h D). Den Tieren wurden täglich mit dem Ende der Lichtphase 15 Stubenfliegen angeboten, deren Brennwert durch 3 Stichproben von je 50 Fliegen aus demselben Zuchtansatz ermittelt wurde. Kurz vor der Fütterung wurde den Tieren ausreichend Gelegenheit zur Rehydrierung gegeben. Zur Ermittlung der Assimilationseffizienz wurden nur solche Individuen herangezogen, die im Mittel mindestens 2 Fliegen/Tag erbeutet hatten.

Temperatur	Brennwert der erbeuteten Fliegen (J)	Brennwert d.Exkrete (J)	Assimilationseffizienz (%)	Spezif.Brennwert Kot (J/mg)
25°/15°C	2 104	396	81.2	17.9
	3 266	640	80.4	17.6
	2 844	503	82.3	17.0
	2 164	415	80.8	17.1
	2 208	481	78.2	19.1
$\bar{x}$	2 517 ±514		80.6 ±1.5	17.7 ±0.8
30°/20°C	4 500	797	82.3	19.6
	2 464	411	83.3	18.4
	5 060	1 022	79.8	17.7
	3 205	567	82.3	17.1
	3 617	658	81.8	17.7
	5 336	1 137	78.7	16.7
	5 787	1 337	76.9	17.9
	3 558	673	81.1	17.3
	3 425	634	81.5	18.6
	6 427	1 427	77.8	18.1
$\bar{x}$	4 338 ± 1 281		80.6 ±2.1	17.9 ±0.8
35°/25°C	3 556	714	79.9	19.8
	2 858	620	78.3	19.4
	2 382	598	74.9	19.7
	2 177	507	76.7	18.5
	2 946	645	78.1	19.9
	2 850	639	77.6	18.7
$\bar{x}$	2 795 ± 482		77.6 ±1.7	19.3 ±0.6

Tab.4.2: Nettoproduktionsrate juveniler <u>H.v.taeniatus</u> unter Übergangsbedingungen (30°/20°C, 30-50% r.F., 11/13h L/D). Den Tieren wurden täglich mit dem Ende der Lichtphase 15 Stubenfliegen angeboten, deren Brennwert durch 3 Stichproben von je 50 Fliegen aus demselben Zuchtgefäß ermittelt wurde. Kurz vor der Fütterung wurde den Tieren ausreichend Gelegenheit zur Rehydrierung gegeben. Die angegebenen Assimilationseffizienzen sind der Tabelle 4.1 entnommen.

Ind. Nr.	Länge	Maximalgewicht	Zuwachs							Assimilierte Energie	Nettoproduktionsrate
			Fett		Protein		Kohlenh.		Σ		
	(mm)	(mg)	(mg)	(J)	(mg)	(J)	(mg)	(J)	(J)	(J)	(%)
1	17.4	495.5	13.6	534	10.4	187	9.2	162	883	3 704	23.8
2	16.0	385.7	-2.5	-98	26.1	469	11.5	202	573	2 053	27.9
3	16.3	438.4	14.4	566	12.3	221	8.8	155	942	4 038	23.3
4	16.1	427.3	6.1	240	15.6	280	2.9	51	571	2 638	21.6
5	17.4	516.7	6.6	259	16.7	300	5.9	104	663	2 959	22.4
6	16.7	459.1	17.5	688	29.6	532	12.1	213	1433	4 199	34.1
7	17.5	516.2	21.9	861	37.6	676	6.8	119	1656	4 451	37.2
8	16.2	352.9	8.0	314	16.5	297	9.4	165	776	2 886	26.9
9	17.3	511.9	10.1	397	18.3	329	8.1	142	868	2 792	31.1
10	16.9	482.7	17.5	688	21.5	387	12.1	213	1288	5 000	25.8
$\bar{x}$											27.4 ±5.2

Tab.4.3: Prozentualer Anteil der einzelnen Stoffkomponenten Lipid, Protein und Kohlenhydrat an der Gesamtnettoproduktion juveniler H.v.taeniatus unter Übergangsbedingungen (30°/20°C, 30-50% r.F., 11/13h L/D) während einer 32tägigen Fütterungsperiode. Die experimentellen Daten sind den Tabellen 4.1 und 4.2 entnommen. Mit Ausnahme von Individuum Nr.2 übertrafen alle Versuchstiere die Mindestgröße von 16.0 mm. Da diese Körpergröße einen Schwellenwert zwischen verschiedenen Energieallokationsmustern darstellt, wurde dieser Frosch nicht in die untenstehende Berechnung mit einbezogen.

Ind. Nr.	Länge (mm)	Maximal-gewicht (mg)	Lipid (%)	Protein (%)	Kohlenhydrate (%)
1	17.4	495.5	60.6	21.1	18.3
3	16.3	438.4	60.1	23.5	16.4
4	16.1	427.3	42.0	49.1	8.9
5	17.4	516.7	39.1	45.3	15.6
6	16.7	459.1	48.0	37.1	14.9
7	17.5	516.2	52.0	40.8	7.2
8	16.2	352.9	40.5	38.2	21.3
9	17.3	511.9	45.7	37.9	16.4
10	16.9	482.7	53.4	30.0	16.6
$\bar{x}$			49.0 ± 8.0	35.9 ± 9.4	15.1 ± 4.4

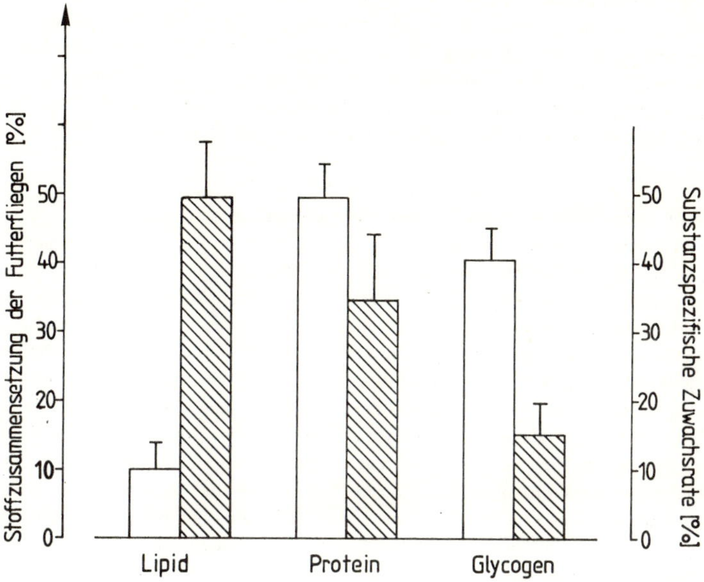

Abb.4.3: Relative Zuwachsrate der Stoffanteile Lipid, Protein und Kohlenhydrat an der Gesamtnettoproduktion juveniler H.v.taeniatus unter Übergangsbedingungen (schraffierte Säulen) im Vergleich zur Stoffzusammensetzung der verwertbaren Futtertieranteile (Musca domestica) (helle Säulen). Zur Ermittlung der Stoffzusammensetzung der Futtertiere wurden 3x je 100 Fliegen durch Gefrieren abgetötet, anschließend bis zur Gewichtskonstanz getrocknet und danach demselben Analyseverfahren wie die Versuchstiere unterworfen. Der verwertbare Anteil der Nahrung wurde aus der Differenz des Trockengewichtes der über 32 Tage erbeuteten Fliegen und des im selben Zeitraum anfallenden Kots ermittelt.

4.1.3 Nettoproduktionsrate

Die Nettoproduktionsrate lag unter den vorgegebenen Bedingungen zwischen 22 und 37% ($\bar{x}$= 27.4±5.2%; n=10) (Tab.4.2). Die größte Zuwachsrate entfiel mit 49.0± 8.0% der Gesamtnettoproduktion auf die Reservelipide, gefolgt von einer Zunahme der Proteinmenge um 35.9± 9.4% und der Kohlenhydratmenge um 15.1±4.4% (Tab.4.3).

Ein Vergleich der relativen Stoffanteile des Körpersubstanzzuwachses mit den verwertbaren relativen Stoffanteilen (i.e. 80.6± 2.1% des Trockengewichtes) der Futterfliegen (Abb. 4.3) macht deutlich, daß die Riedfrösche nach Überschreiten einer Körpergröße von 16.0 mm zusätzlich zu den Nahrungsfetten Lipide aus Protein- und Kohlenhydratanteilen ihres Nahrungssubstrates neu synthetisieren. Eine solche de novo-Synthese steht in Einklang mit der überproportionalen Steigerungsrate der Lipidanteile mit zunehmender Körperlänge (Abb. 4.2). Die starken Streuungen im prozentualen Anteil der einzelnen Energiespeicherstoffe Lipid, Glycogen und Muskelmasse ließen sich weder mit der Körperlänge noch mit der allgemeinen Kondition der Tiere bei Versuchsende (signifikante Abweichungen zu den Werten in der Eichkurve) korrelieren. Ein Grund für die unterschiedlichen Glycogenspeichermengen könnte in einer individuell unterschiedlichen "Beurteilung" der zukünftigen Klimaentwicklung liegen. Individuen, die mit günstigen Feuchteverhältnissen und einer damit verbundenen hohen Beutedichte "rechnen", könnten eine höhere Beutefangkapazität durch Bevorzugung der Glycogenspeicherung erreichen, da der Beutefangerfolg vermutlich mit der anaeroben Kapazität der Tiere korreliert ist (siehe dazu Kap.6.1).
Die Differenz zwischen Assimilations- und Nettoproduktionsrate spiegelt die Kosten für Erhaltungsstoffwechsel und Beutefangaktivität wieder. Bei einem zugundezulegenden mittleren Körpergewicht von 0.46 g errechnet sich eine über das Meßintervall gemittelte O_2 -Verbrauchsrate von 355 µl O_2/g/h.

4.2. Physiologische und ethologische Anpassungsreaktionen an eine variable Niederschlagsfrequenz -Übergangsphase von Feucht-zu Trockenzeitbedingungen-

Die Übergangsphase zur eigentlichen Trockenperiode ist durch einen Wechsel von Trocken- und Regenphasen gekennzeichnet. Der Eintritt der eigentlichen Kerntrockenzeit ist für die Tiere nicht vorhersagbar. Nach Induktion der Trockenzeitphysiologie sollte daher ein Verhalten selektiert werden, das eine stete Verfügbarkeit hinreichend großer Wasserreserven sicherstellt.

Der Beutefang ist mit hohen Wasserverlustraten gekoppelt und es ist daher anzunehmen, daß er nur oberhalb einer kritischen, durch den Wasserbedarf in der Trockenperiode definierten Wasserverlustgrenze möglich sein sollte. Diese Verlustgrenze sollte infolge der großen Bedeutung des in der Trockenperiode verfügbaren Wasservolumens einen kritischen Wassergehalt nahe der maximalen Wasserspeicherkapazität festlegen. Eine Optimierung der Energiebilanz sollte daher auf Mechanismen abzielen, die 1) das Erreichen der kritischen Wasserverlustgrenze verzögern und 2) nach Überschreiten dieser Wasserverlustgrenze auch kurzfristig verfügbare Wasserressourcen durch eine beschleunigte Aufnahmerate erschließen.

Die Regulation des Körperwassergehaltes nahe der Kapazitätsgrenze setzt andererseits Anpassungsmechanismen voraus, die im Fall kurzfristig aufeinanderfolgender Niederschläge oder längerfristig verfügbaren Wassers (Taubildung) eine Hyperhydrierung verhindern (Canziani & Cannata 1980).

Somit werden in der Übergangsphase zur Trockenperiode drei zum Teil sehr gegensätzliche Forderungen an die osmoregulatorischen Fähigkeiten der Riedfrösche gestellt, die in direkter Abhängigkeit zur aktuellen Wasserhaushaltssituation stehen:

1) Vermeiden einer Hyperhydrierung oberhalb der kritischen Wasserverlustgrenze
2) Beschleunigen der Wasseraufnahmerate nach Überschreiten der kritischen Wasserverlustgrenze
3) Sicherstellen hinreichender Wasserreserven bei Eintritt der Trockenperiode

4.2.1 Mechanismen zur Vermeidung einer Hyperhydrierung:

Auch unter den natürlichen Verhältnissen nachgestellten Bedingungen im Haltungsbecken übertrifft bei geringen Wasserverlusten die nach einem Niederschlag aufgenommene Wassermenge den erlittenen Wasserverlust bei weitem. Das überschüssige Wasser muß über die Exkretionsorgane entfernt werden, wobei der renalen Ausscheidung die dominierende Rolle zukommen dürfte. Die Amphibien, die aride Lebensräume besiedeln, scheiden jedoch den Urin nicht quantitativ aus, sondern speichern einen großen Teil dieses Harns in ihrer Blase, deren Aufnahmekapazität bis zu 50% des Körpergewichts erreichen kann (Bentley 1966b, Mayhew 1968). Erfolgt allerdings innerhalb kurzer Zeit ein erneuter Niederschlag, muß die Harnblase entleert und mit dem nun einströmenden Wasser erneut aufgefüllt werden. Das ins Nierengewebe sekretierte Primärfiltrat enthält noch große Mengen an wertvollen Nährstoffen (Aminosäuren und Zucker) und Salzen, die über sehr effektive und vermutlich kostenintensive Reabsorptionsmechanismen zurückgewonnen werden müssen (Penzlin 1977). Sowohl die mit der Resorption verbundenen, wahrscheinlich hohen Energiekosten wie auch der mit dem Harn ausgeschiedene Anteil an Nährstoffen und Salzen sollten einen starken Selektionsdruck gegen einen allzu hohen Wasserdurchsatz ausüben. Die Wasseraufnahmerate stellt bei terrestrischen Amphibien eine Funktion der Plasmakonzentration dar (Warburg 1972). Das Entfernen osmotisch aktiver, nicht an regulativen Prozeßen beteiligter Lösungsteilchen aus dem Kör-

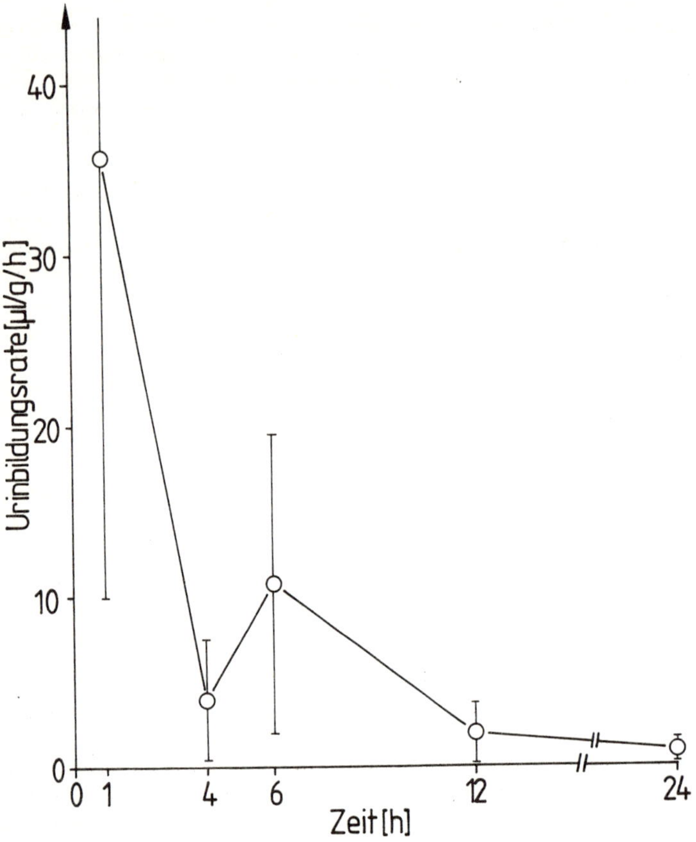

Abb.4.4: Zeitlicher Verlauf der Urinbildungsrate juveniler H.v.taeniatus nach einer 45minütigen Rehydrierung. Die gebildetete Urinmenge wurde durch wiederholtes Auspressen des Blaseninhaltes 8 verschiedener Individuen in den oben eingetragenen Zeitabständen ermittelt. Die angegebenen Mittelwerte beziehen sich auf jeweils 8 Individuen, die vertikalen Linien geben die Standardabweichung wieder.

perkreislauf würde daher den passiven Anstieg der Wasseraufnahmerate dämpfen und darüberhinaus noch Möglichkeiten eines regulativen Einsatzes dieser Teilchen eröffnen. Ein solcher Mechanismus sollte in erster Linie auf eine effektive Kompartimentierung der sich aus dem Protein- und Nukleotidstoffwechsel ergebenden N_2 -Abfallprodukte abzielen.

Tatsächlich ist bis zum wasserverlustabhängigen Unterdrücken der Beutefangaktivität (unter den gewählten Bedingungen 48-72 h ohne Wassergabe) nur eine geringfügige Zunahme der Plasmaharnstoffkonzentration feststellbar (30±12 mM - 45±21 mM; n = 10) (Schmuck & Linsenmair 1988). Da Amphibien im Gegensatz zu Säugetieren keinen hypertonen Harn bilden können, wäre mit einer effektiven Harnstoffexkretion ohne einen selektiven Anreicherungsmechanismus wiederum ein hoher Wasserdurchsatz verbunden. Es ist daher ein spezieller Harnstoffexkretionsmechanismus zu erwarten, der zu einer deutlichen Verringerung des exkretorischen Wasserbedarfs führt. Ein solcher Mechanismus sollte sich in der zeitlichen Veränderung der Harnstoffkonzentration des Blasenwassers wiederspiegeln.

4.2.1.1 N_2 -Kompartimentierung und funktionelle Bedeutung des Blasenwasserspeichers im Anschluß an eine Wassergabe

Spezielle Methodik

Zur Erfassung des zeitlichen Verlaufs der Urinbildungsrate wurden 8 trockenadaptierte H.v.taeniatus für 45 Minuten in 500 µl zweifach destilliertem Wasser auf ihr Maximalgewicht rehydriert. Anschließend wurde die Blase wiederholt durch Massage des Hinterleibs in festen zeitlichen Abständen (1,4,6,12 und 24 Stunden nach der Rehydrierung) entleert. Kathederisierungsversuche erwiesen sich infolge der geringen Körpergröße der Tiere und der leichten Verletzbarkeit der extrem dünnwandigen Blasenmembran als ungeeignet. Der Blaseninhalt wurde in 20 µl Glaskapillaren (Fa. Servoprax) aufgenommen und über Vermessen der Flüssigkeitssäule quantitativ erfaßt. Parallel hierzu wurde die zeitliche Änderung der gesamtosmotischen Konzentration sowie des Harnstoffgehalts im Blasenwasser nach einer 45minütigen Rehydrierungsphase bestimmt. Da eine mehrfache Probenentnahme sicherlich einen Einfluß auf die Entwicklung der osmotischen Verhältnisse ausübt, wurde zur Bestimmung der einzelnen Meßwerte jedes Versuchstier nur einmal vor und nach der Rehydrierung herangezogen. Eine unterschiedliche Toleranz gegenüber Wasserstreß, wie sie für H.v.nitidulus , H.v.ommatostictus und H.v.taeniatus bereits gezeigt worden sind (Geise 1987), könnten in einer artspezifisch unterschiedlichen Wasserkompartimentierung begründet sein. Daher wurde dieser Versuchsansatz parallel an mehreren Hyperolius -Arten durchgeführt.

Ergebnisse

Die höchste Urinbildungsrate erfolgt innerhalb der ersten 60 Minuten während und nach der Wasseraufnahme (Abb.4.4). Die gesamtosmotische Konzentration

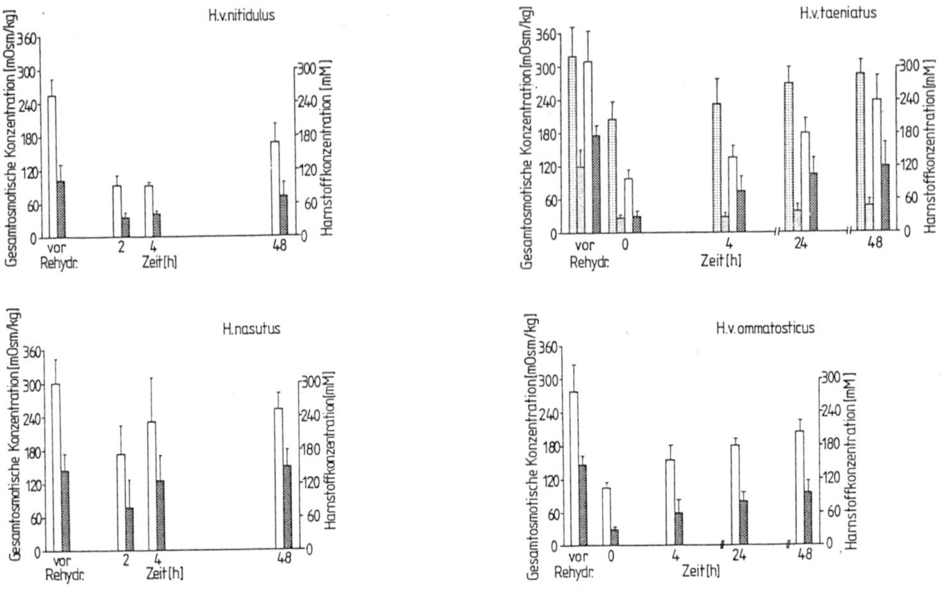

Abb.4.5: Änderung der osmotischen Konzentration des Blasenwassers juveniler H.spp. nach einer 45minütigen Rehydrierung. Die hellen Säulen geben die gesamtosmotische Konzentration, die schraffierten Säulen den Anteil des Harnstoffs an der gesamtosmotischen Konzentration wieder. Für H.v.taeniatus ist neben dem Verlauf der Urinosmolarität (helle Säulen) die Änderung der Plasmakonzentration (gepunktete Säulen) wiedergegeben. Die jeweils rechte Säule (gerastert bzw. schraffiert) stellt den osmotischen Anteil des Harnstoffs an der Gesamtosmolarität dar. Vertikale Linien bezeichnen die Standardabweichung. Die angegebenen Mittelwerte beruhen auf jeweils 5 Messungen. Jede Individuengruppe (n=5) wurde nur einmal vor bzw. einmal nach der Rehydrierung herangezogen, d.h. für jede Art wurden 20 bzw. 25 Versuchstiere untersucht.

Tab.4.4: Anstiegsraten der gesamtosmotischen Konzentration und des Harnstoffgehalts im Blasenwasser trockenadaptierter H.spp. in unterschiedlichen Zeitabschnitten nach einer 45minütigen Rehydrierungsphase. Die der Tabelle zugrunde liegenden Originaldaten sind in Abb.4.5 dargestellt.

Artname	Zeitabschnitt nach Rehydrierung	Steigerungsrate (%/h)	
		Gesamtosmot. Konzentration	Harnstoff-Konzentration
H.v.taeniatus	0 - 4 h	9.25	36.50
	4 - 24 h	1.60	2.20
	24 - 48 h	1.46	0.54
H.v.ommatostictus	0 - 4 h	12.25	27.00
	4 - 24 h	0.80	1.80
	24 - 48 h	0.54	0.71
H.v.nitidulus	2 - 4 h	1.00	10.00
	4 - 48 h	1.68	1.64
H.nasutus	2 - 4 h	16.50	31.00
	4 - 48 h	0.20	0.41

Tab.4.5: Hepatäre und renale Arginaseaktivität trockenadaptierter juveniler H.v. taeniatus nach einer 15-minütigen Rehydrierungsphase. Die Versuchstiere waren vor der Wassergabe einer 30tägigen Trockenphase unterworfen.

Ind. Nr.	Zeitpunkt der Probeentnahme	Maximalgewicht (g)	Austrocknungsgrad (%)	Exkretierte Harnstoffmenge (mg)	Harnstoffkonz. in der Blase (mM)	Arginaseaktivität (U/g/h)	
						Leber	Niere
1	vor Rehydr.	0.304	30.2	-	162	11.9	0
2		0.402	24.8	-	212	2.8	0
3	unmittelbar nach Rehydr.	0.307	30.1	0.886	28	24.8	0
4		0.363	27.3	0.096	31	18.7	0
5	2h nach Rehydr.	0.418	28.1	0.710	74	0	0
6		0.318	24.8	0.248	56	16.4	0
7	4h nach Rehydr.	0.518	39.5	0	153	36.8	0
8		0.348	26.3	0.547	67	21.7	0

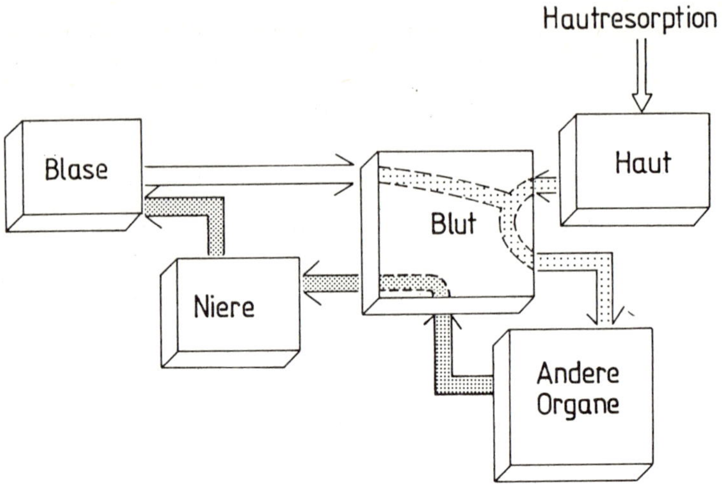

Abb.4.6: Schematische Darstellung der Kompartimentierung der N_2-Endprodukte nach einer Wassergabe. Die Pfeile geben die hauptsächlichen Transportwege wieder. Das über die Haut absorbierte Wasser wird über die Niere ins Blasenlumen transportiert und von dort über die Blasenmembran reabsorbiert. Das so zurückgewonnene Wasser wird erneut dem renalen Wasserkreislauf zugeführt. Die Dichte der Punktierung steht für die relative Höhe der Harnstoffkonzentration.

des Blasenwassers sowie die Harnstoffkonzentration sinken in dieser Zeitspanne stark ab. (Abb.4.5). Innerhalb der folgenden Stunden wird die Urinbildungsrate deutlich reduziert und kommt nach 24 Stunden fast gänzlich zum Erliegen (Abb.4.4). Im selben Zeitraum steigt sowohl die gesamtosmotische Konzentration des Blasenwassers wie auch die Harnstoffkonzentration steil an. Dabei kristallisieren sich erhebliche quantitative Unterschiede zwischen den untersuchten Hyperolius -Arten heraus. Während H.nasutus , H.v. taeniatus und H.v. ommatostictus vergleichbare Änderungen aufweisen, zeichnet sich H.v.nitidulus durch einen sehr geringen Anstieg der gesamtosmotischen Konzentration sowie der Harnstoffkonzentration im Blasenwasser aus. Allen Arten gemeinsam ist jedoch ein im Vergleich zur gesamtosmotischen Konzentration überproportional anwachsender Harnstoffanteil in den ersten 4 Stunden nach einer Rehydrierung (Tab.4.4), der nur durch einen substanzspezifischen Anreicherungsprozeß zu erklären ist.

4.2.1.2 Welche Mechanismen führen zu der beobachteten Harnstoffakkumulation im Blasenwasser?

Der überproportionale Anstieg der Harnstoffkonzentration ließe sich mit einer aktiven Harnstoffsekretion in den Nierentubuli erklären. Schmidt-Nielsen & Shrauger (1963) sowie Carlisky et al. (1968) beschreiben bei Anuren, die aktiv Harnstoff sekretieren, eine erhöhte renale Arginase-Aktivität. Dagegen fanden sie bei Anuren, die dazu nicht in der Lage waren, keinerlei Arginaseaktivität.

Um die Frage einer eventuell vorhandenen Harnstoffsekretion im vorliegenden Fall zu klären, wurden 8 trockenadaptierte juvenile Tiere zu unterschiedlichen Zeiten nach einer 15minütigen Rehydrierungsphase auf ihre renale und hepatäre Arginase-Aktivität hin untersucht.

Die Ergebnisse dieses Versuchs sind in Tabelle 4.5 wiedergegeben. Auch bei einer sehr hohen Harnstoffexkretionsrate (ca. 900 µg Harnstoff in 15 Minuten) war weder unmittelbar nach der Rehydrierung noch in den darauffolgenden 4 Stunden eine Arginaseaktivität im Nierengewebe festzustellen. Demnach beruht der Anstieg der gesamtosmotischen Konzentration sowie der Harnstoffkonzentration des Blasenwassers nicht auf speziellen renalen Sekretionsmechanismen. Ein mit der zeitlichen Veränderung der Urinharnstoffkonzentration (Abb. 4.5) in Einklang stehendes Modell bietet ein weitaus kostengünstigeres System eines Wasserkreislaufs in Verbindung mit Reabsorptionsmechanismen, wie es schematisch in Abb 4.6 dargestellt ist. Das während der Rehydrierung aufgenommene Wasser wird dabei, mit Harnstoff aus der Körperflüssigkeit angereichert, zum größten Teil über die Blutbahn zur Niere transportiert und ins Blasenlumen geleitet. Von dort würde das Wasser, weitestgehend von Stoffwechselendprodukten befreit (Sammelleiter und Blase sind bei terrestrischen Anuren relativ impermeabel für Harnstoff, Schmidt-Nielsen 1972), über die Blasenmembran reabsorpiert und erneut, beladen mit weiteren Stickstoffendprodukten aus dem Körperkreislauf, über die Niere in die Blase sekretiert. Durch dieses Kreislaufsystem ließe sich eine Konzentrierung des Harnstoffs in der Blase auch ohne spezielle renale Sekretionsmechanismen erreichen. Die Harnstoffanreicherung sollte in der Folge zu einem raschen Anstieg der osmotischen Konzentration des Blasenwassers führen. Tatsächlich ist bereits innerhalb kurzer Zeit nach einer Wasseraufnahme ein starker Anstieg der osmotischen Konzentration im Urin zu verzeichnen (Schmuck & Linsenmair 1988). Dadurch sinkt das Konzentrationsgefälle zwischen Urin- und Plasmaflüssigkeit ab und reduziert damit die Rate der Wasserrückresorption. Mit Abnahme der passiven Wasserrückgewinnung steht nun immer weniger Wasser für diesen Kreislauf zur Verfügung und die Urinbildung sollte zum Erliegen kommen. Die in der Abb. 4.4 dargestellten Ergebnisse verifizieren diese Annahme.

4.2.2 Morphologische Grundlagen der Wasserabsorption und physiologische Mechanismen zur Beschleunigung der Wasseraufnahmeraten

Niederschlagsereignisse werden in der Übergangsphase zur Trockenperiode zunehmend seltener und, bei kurzen Regenfällen oder Taubildung, die zeitliche Verfügbarkeit freien Wassers geringer. Eine rasche Wasserabsorptionsrate würde den Riedfröschen auch kurzfristige Niederschläge zur Wasserversorgung erschließen und so die für Beutefangaktivitäten erforderlichen Wasserreserven sicherstellen. Die Wasseraufnahmerate erfolgt bei allen bisher untersuchten Anuren (mit Ausnahme einer Anpassung an saline Umgebungsmedien, Gordon et al. 1961, Bentley & Schmidt-Nielsen 1971, Bentley & Yorio 1979) über die Körperoberfläche. Diese sollte zum einen eine effiziente Austauschdynamik besitzen, zum anderen aber auch eine Transportkontrolle ermöglichen (Salz/Wassertransport zwischen Innen- und Außenmedium). Die Realisation einer einseitig richtungsorientierten Membranpermeabilität ist aber bisher nur in Verbindung mit aktiven Transportprozessen beschrieben worden (Bentley 1966a, Bentley 1971). Die Wasseraufnahmerate terrestrischer Anuren dagegen beruht in der Hauptsache auf hormonell beeinflußten Diffusionsprozessen entlang dem osmotischen Konzentrationsgefälle. Die Wasseraufnahmerate ist daher primär von der Fläche wasserpermeabler Hautpartien limitiert, deren Ausdehnung entsprechend den erhöhten Anforderungen im terrestrischen Habitat erhöht werden sollte. Gleichzeitig setzt eine weiterführende Anpassung an terrestrische Lebensbedingungen eine zunehmende Reduktion der Evaporationsverluste und damit der wasserpermeablen Hautpartien voraus. Diesen beiden entgegengesetzten Selektionsdrücken wurde von terrestrischen Anuren durch die morphologische Differenzierung der Haut in funktionell unterschiedliche Hauttypen Rechnung getragen (Kobelt & Linsenmair 1986). Der gegenüber dem dorsalen Hauttyp gut abgrenzbare wasserdurchlässige ventrale Hauttyp kann durch entsprechende Sitzpositionen gut gegen die Umwelt abgedichtet werden. Die Wasseraufnahmerate terrestrischer Anuren wird damit in der Hauptsache von folgenden Faktoren beeinflußt:

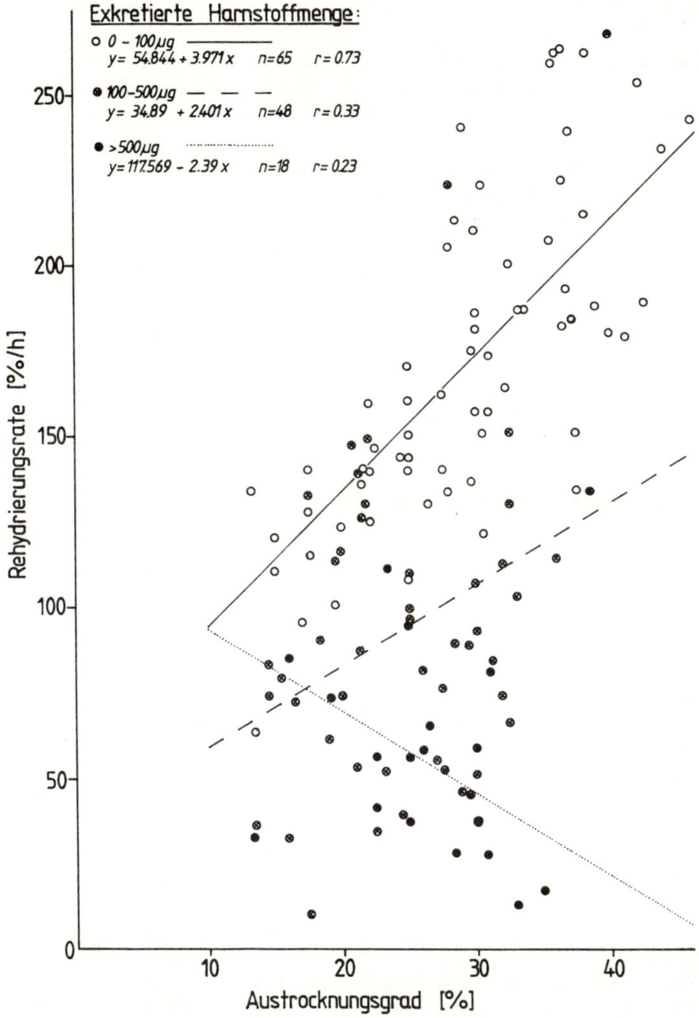

Abb.4.7: Rehydrierungsraten frisch metamorphisierter H.v.taeniatus nach unterschiedlich starker Austrocknung in Abhängigkeit von der im Verlauf der 15minütigen Wasseraufnahme exkretierten Harnstoffmenge. Zum Erstellen der Regressionsgeraden wurden die Tiere neu entsprechend der exkretierten Harnstoffmenge gruppenweise zusammengefaßt. Andere, möglicherweise bestimmende Parameter blieben hier unberücksichtigt (siehe Text).

1) Absorptionsfläche - Fläche des wasserdurchlässigen Hautbereichs

2) Plasmakonzentration - Osmotisches Konzentrationsgefälle zwischen Innen- und Außenmedium, regulierbar z.B. durch Harnstoffexkretion und -Retention

3) Temperatur - Beeinflussung der Diffusionsgeschwindigkeit und eventuell des Diffusionswiderstandes

4) Hormonelle Regulation - Erweiterung der wasserdurchlässigen Hautporen bzw. Änderung des Wasserpotentials an der Absorptionsfläche (Tracy & Rubin 1978)

5) Verhaltensgesteuerte Regulation - Exponierung wasserpermeabler Hautpartien

Im nachfolgenden Kapitel sollen der Einfluß dieser Einzelfaktoren auf die Wasseraufnahmerate unter Berücksichtigung artspezifischer Unterschiede und die Möglichkeit einer wasserverlustabhängigen Steuerung der Wasseraufnahmerate näher untersucht werden.

4.2.2.1 Abhängigkeit von der Absorptionsfläche

Wachstumsprozesse führen unabhängig von der Form eines Körpers zu einer steten Abnahme seines Oberflächen/Volumenverhältnisses. Unter der Voraussetzung eines konstanten relativen Anteils ventraler Hautpartien würde sich daraus eine gewichtsbezogene Abnahme der Wasseraufnahmerate mit zunehmender Körpergröße ergeben. Zur Überprüfung dieser Schlußfolgerung wurde folgender Versuch durchgeführt.

Spezielle Methodik

Verschiedene Hyperolius-Arten unterschiedlichen Größenspektrums wurden für eine Zeitdauer von 15 Minuten rehydriert. Um den Einfluß anderer Faktoren auf die Wasseraufnahmerate zu minimieren, wurden die Tiere um vergleichbare Verlustraten dehydriert (20±1% des Maximalgewichtes). In den bisherigen Untersuchungen zur Wasseraufnahmerate blieb der Umstand, daß Anuren noch während der Rehydrierung beachtliche Mengen Urin abzugeben imstande sind, stets außer acht (Geise 1987). Dies führt jedoch zu einer enormen Schwankungsbreite der Meßwerte, wie Abb. 4.7 deutlich macht. Individuelle Streuung und artspezifische Unterschiede im Modus der Wasserkompartimentierung bzw. N_2-Endprodukteliminierung können daher bei interspezifischen Vergleichen der Rehydrierungsrate zu artifiziellen Unterschieden führen. In der vorliegenden Studie wurde daher die Urinabgabe über eine Messung des Harnstoffgehaltes im verbleibenden Rehydrierungswasser kontrolliert und Individuen, deren Harn-

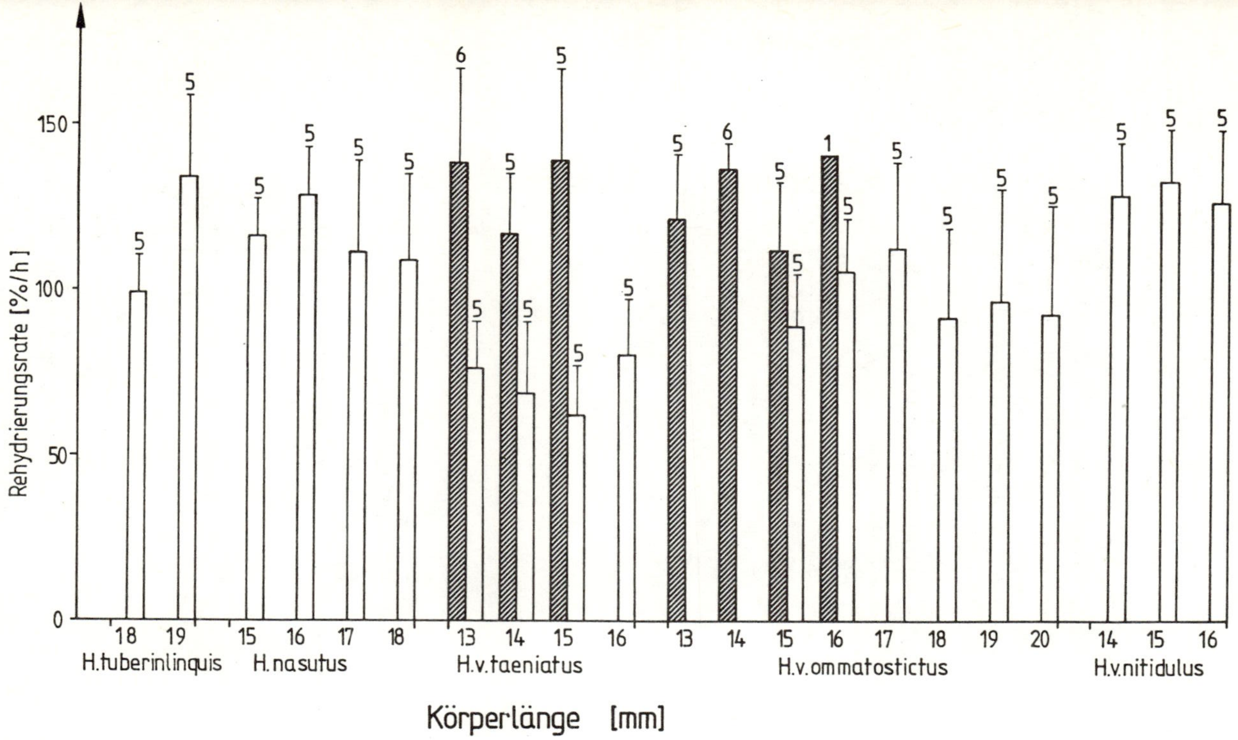

Abb.4.8: Wasseraufnahmerate juveniler <u>Hyperolius spp.</u> unterschiedlicher Größenklassen. Den zuvor auf 20± 1% ihres Maximalgewichtes dehydrierten Tieren standen für 15 Minuten 500 µl zweifach destilliertes Wasser zur Verfügung. Die Versuchstemperatur betrug 25± 0,5° C. Die schraffierten Säulen stellen Werte frisch metamorphisierter Stadien dar, die hellen Säulen die Rehydrierungsrate juveniler Tiere (Mindestalter 6-8 Wochen). Die vertikalen Linien geben die Standardabweichung, die Zahlen über der Säule die Stichprobengröße wieder.

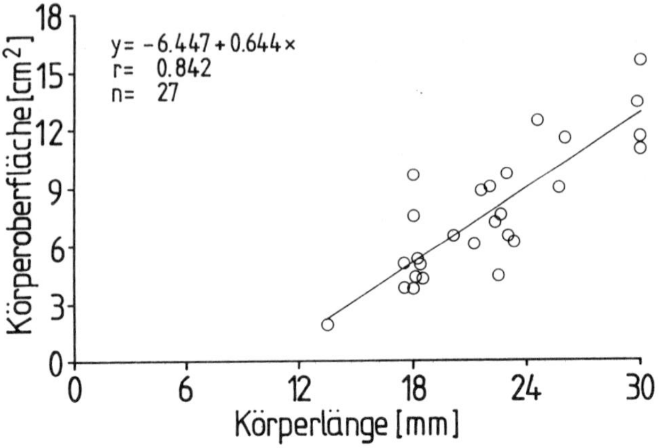

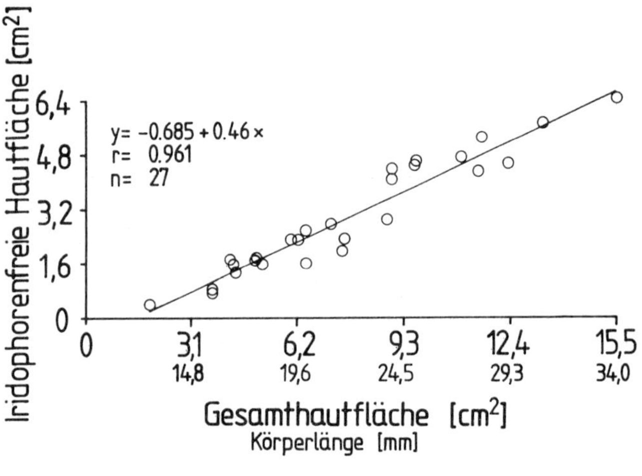

Abb.4.9: Änderung der Gesamtoberfläche und des relativen Anteils der beiden Hautqualitäten "dorsaler" und "ventraler Hauttyp" mit zunehmender Körperlänge bei H.v.taeniatus. Als Unterscheidungskriterium der beiden Hautqualitäten wurde die spezifische Pigmentausstattung beider Hauttypen herangezogen.

stoffabgaberate 0.5 mg/g Körpergewicht übertraf, von der Wertung ausgenommen. Die Wasseraufnahmerate wurde bei einer Temperatur von 25±0.5°C bestimmt.

Ergebnisse

Eine größenabhängige Änderung der Wasseraufnahmerate ließ sich für keine der getesteten Riedfroscharten feststellen (Abb.4.8). Auch fanden sich keine signifikanten artspezifischen Unterschiede in der Rehydrierungsrate in Abhängigkeit von der Habitatpräferenz der getesteten Riedfrösche. Lediglich juvenile H.v.taeniatus wiesen eine gegenüber allen übrigen Arten einschließlich ihrer eigenen frisch metamorphisierten Stadien signifikant geringere Rehydrierungsraten auf ($p \leq 0.05$, U-Test).
Die Größenunabhängigkeit der Wasseraufnahmerate ließe sich über zwei Modellvorstellungen erklären: durch einen mit wachsender Körpergröße zunehmenden Anteil wasserdurchlässiger Hautpartien oder mit der größenabhängigen Änderung in der Dichte wasserdurchlässiger Hautporen.

Zur Erfassung quantitativer Änderungen der beiden Hautqualitäten wurden tote, juvenile H.v.taeniatus verschiedener Größenklassen und Entwicklungsstadien im Kontext der Untersuchungen zur Purinsynthese (Kap. 5) mit Ausnahme der Zehen enthäutet, die Haut möglichst dehnungsfrei aufgespannt und mittels eines Zeichenspiegels (Fa. Wild, Typ 256575) auf ein Zeichenblatt projiziert. Die markierte Konturenfläche wurde ausgeschnitten und die Fläche gravimetrisch bestimmt. Die Unterscheidung beider Hautqualitäten erfolgte durch Unterteilung der Gesamthaut in gut unterscheidbare iridophorenfreie und iridophorenhaltige Hautpartien. Nach den morphologischen Untersuchungen von Kobelt (1981) ist ein wesentliches Kennzeichen wasserpermeabler Hautbezirke deren spezifische Pigmentausstattung, welche zum einen durch das Fehlen von Iridophoren, zum anderen durch eine hohe Erythrophorendichte ausgezeichnet ist.

Ergebnisse:

Mit zunehmender Ausdehnung der Gesamtoberfläche nimmt der Anteil iridophorenfreier Hautbezirke prozentual stark zu (Abb.4.9). Der relative Anteil dieses Hauttyps steigt linear von 15.6 % bei der kleinsten betrachteten Körperlänge (1.35 cm; 2.25 cm^2 Gesamtfläche, 0.35 cm^2 iridophorenfreie Hautfläche) auf 40.7 % bei der größten betrachteten Körperlänge (3.00 cm; 12.87 cm^2 Gesamtfläche; 5.24 cm^2 iridophorenfreie Hautfläche). Die Zunahme wasserpermeabler Hautpartien bewirkt ein nahezu konstantes Flächen/Volumenverhältnis K:

1.35 cm = 0.2097 g	0.35 cm^2	K = 1.67 cm /g
3.00 cm = 3.1730 g	5.24 cm^2	K = 1.65 cm /g

und erklärt hinreichend die größenunabhängige Wasseraufnahmerate.

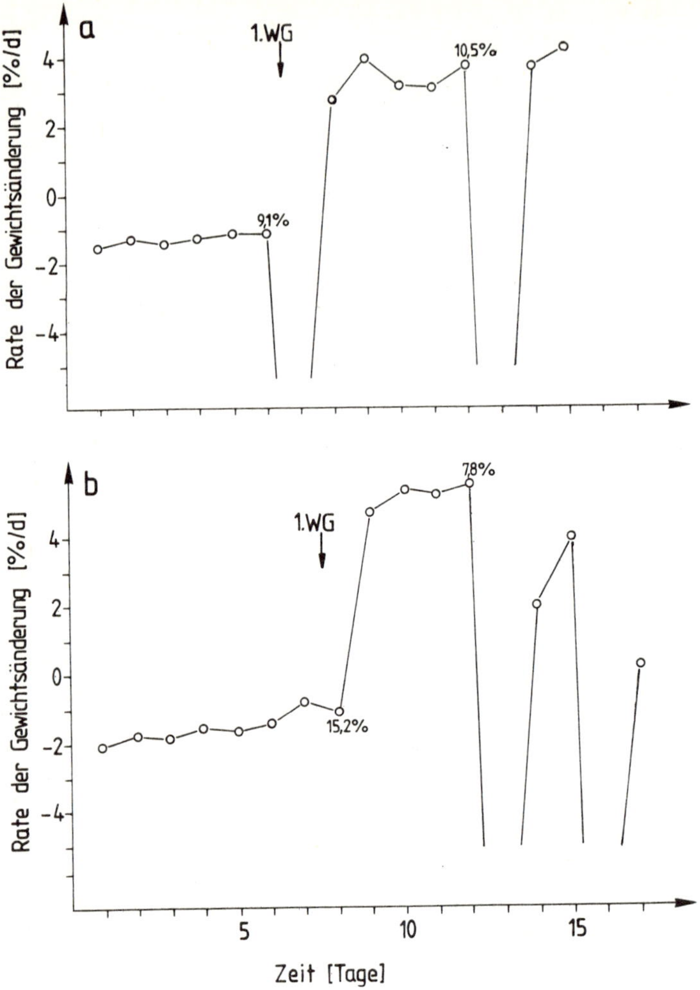

Abb.4.10: Gewichtsänderungen juveniler <u>H.v.taeniatus</u> nach Aufnahme eines Wasservolumens von 10% des Ausgangsgewichts in Abhängigkeit vom Austrocknungsgrad. Mit Beginn der Wassergaben (Pfeil) wurden die Versuchstiere täglich mit einem Wasservolumen von 10% ihres Körpergewichts rehydriert. Unterhalb eines 10%igen Wasserverlustes (=Austrocknungsgrad) (10a) reagieren alle getesteten Individuen auf die erste Wassergabe mit einer Urinabgabe, oberhalb dieser Verlustschwelle weisen die Riedfrösche dagegen einen Nettogewichtszuwachs auf (10b). Die Kurven geben Gewichtsänderungen repräsentativer Einzelindividuen wieder. Die angegebenen Zahlenwerte stellen die Mittelwerte aller Versuchstiere einer Behandlungsgruppe dar (a: n=8; b: n=12). Die hohen Gewichtsverlustraten wurden ausnahmslos durch Urinabgabe hervorgerufen.

4.2.2.2. Abhängigkeit der Wasseraufnahmerate von der Plasmakonzentration

Wie im vorhergehenden Kapitel gezeigt werden konnte, stellen die hier untersuchten Riedfrösche analog zu anderen bisher untersuchten terrestrischen Anuren nach Überschreiten einer bestimmten Wasserverlustmarke die Urinbildung ein. Der über den Protein- und Purinstoffwechsel anfallende Ammoniak wird zum überwiegenden Teil in Harnstoff überführt und in der Körperflüssigkeit gespeichert. Schmuck & Linsenmair (1988) stellten fest, daß nach Überschreiten einer Wasserverlustmarke von 10% des Ausgangsgewichtes die Harnstoffexkretionsrate stark reduziert wird. Die Umschaltung von Harnstoffexkretion zu Harnstoffretention dürfte zu einem raschen Anstieg der Plasmakonzentration führen, der wiederum die Wasseraufnahmerate nachhaltig beeinflussen sollte. Im folgenden Kapitel soll der Effekt dieser Umschaltreaktion auf die Wechselbeziehung zwischen Wasseraufnahmerate und Plasmakonzentration näher untersucht und Schwellenwerte dieser Reaktion ermittelt werden.

4.2.2.2.1 Ermittlung des Umkehrpunktes von Harnstoffexkretion zu Harnstoffretention

<u>H.v. taeniatus</u> beendet unter den künstlichen Klimabedingungen von 30°/20°C die Urinbildung etwa 48 Stunden nach einer Wassergabe. Ab diesem Zeitpunkt ist zum einen ein konstant bleibender absoluter Harnstoffgehalt im Blasenwasser zu verzeichnen (Kap. 4.2.3.2), zum anderen erfolgt ab diesem ein starker Anstieg des Plasmaharnstoffgehaltes (Schmuck & Linsenmair 1988). Um eine mögliche Wechselbeziehung zwischen Wasserverlust und Harnstoffretention experimentell nachzuweisen, wurde der folgende Versuch durchgeführt.

Spezielle Methodik

Trockenadaptierte juvenile <u>H.v. taeniatus</u> wurden, beginnend bei einer Wasserverlustmenge von 8 - 20 % ihres Maximalgewichtes, mit täglich 10 % ihres Maximalgewichtes an zweifach destilliertem Wasser rehydriert und das Exkretionsverhalten in Abhängigkeit vom Wasserverlust durch Messungen der Gewichtsänderungen bei 25 ± 0.5°C erfaßt. Unter den gewählten Temperaturen war bei den Tieren, die keinen Urin abgeben hatten, nach 30 Minuten kein freies Wasser mehr vorhanden. Dagegen wiesen Tiere, die uriniert hatten, erst nach 1 - 2 Stunden trockene Gefäße auf. Aus diesem Grund wurden die Gewichtsmessungen erst 2 Stunden nach der Wassergabe vorgenommen.

Ergebnisse

Die Abb.4.10 macht deutlich, daß das Exkretionsverhalten stark von dem erlittenen Körperwasserverlust abhängig ist. Unterhalb einer kritischen Verlustmar-

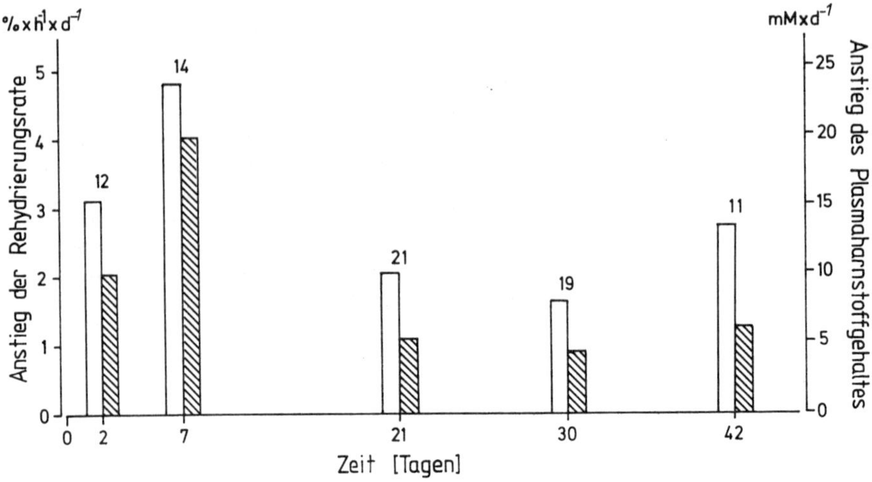

Abb.4.11: Einflußnahme der Plasmaharnstoffkonzentration (schraffierte Säulen) auf die Wasseraufnahmeraten (helle Säulen) trockenadaptierter H.v.taeniatus. Jedes Säulenpaar beschreibt eine separate Versuchsgruppe, die zum entsprechenden Zeitpunkt erstmalig nach einer am Tag 0 erfolgenden Wassergabe rehydriert wurde. Dargestellt ist die Steigerung der Wasseraufnahmerate (%/h/d) und der Anstieg des Plasmaharnstoffgehaltes (mM/d) in diesem Zeitintervall. Eine starke Zunahme des Plasmaharnstoffgehaltes ist stets mit einem großen Anstieg der Rehydrierungsrate gekoppelt.

ke von 8.6 bis 10.6% (x = 9.1±0.6 %; n=8) erfolgt in jedem Fall eine Urinabgabe, die sich in einem Netto- Gewichtsverlust wiederspiegelt. Dagegen unterbleibt oberhalb dieser Grenze, zwischen 12.8 und 22.6 % (x = 15.2±3.06% ; n=12) eine Urinabgabe mit der Folge einer deutlichen Gewichtszunahme. Erst mit Unterschreiten obigen Schwellenwertes nach mehreren Wassergaben erfolgt bei letzteren eine Urinexkretion (im Mittel bei 7.8±0.4% Körpergewichtsverlust). Die wasserverlustabhängige Änderung des Exkretionsverhaltens kommt auch in der zunächst mit Urinabgabe reagierenden Gruppe zum Ausdruck. Die Tage nach einer erfolgten Urinabgabe sind durchweg von einer Gewichtszunahme bis zum Erreichen der 10 %-Schwelle gekennzeichnet. Mit Erreichen einer Wasserverlustmarke von 10.5±0.9% erfolgt dann eine erneute Urinabgabe (Abb.4.10).

Diese Ergebnisse machen deutlich, daß die Riedfrösche nach Überschreiten einer Wasserverlustmarke von etwa 9 - 11% von Harnstoffeliminierung auf wassersparende Harnstoffspeicherung umschalten. Um sicherzustellen, daß diese Reaktion auf einem echten Effekt des Wasserverlustes beruht und nicht auf zeitabhängigen Prozessen wie zum Beispiel der Akkumulation bestimmter Stoffwechselmetabolite (Exkretstoffe, o.ä.), wurde der obige Versuch in derselben Weise durchgeführt mit dem Unterschied, daß die Wasserverlustrate durch eine gesteigerte Umgebungstemperatur (30°C) und kurze erzwungene Aktivitätsphasen (durch leichtes Beklopfen und Drehen der Haltungsgefäße) experimentell stark erhöht wurde (Faktor 3-5).

Ergebnisse

Auch bei rascher Dehydrierung erfolgt unterhalb eines Gewichtsverlustes von 9 - 11% ($\bar{x}$ = 9.7±0.8 %; n=5) stets ein Nettogewichtsverlust, während sich oberhalb dieser Verlustmarke ($\bar{x}$ = 18.7± 3.4 %; n=5) eine positive Gewichtsbilanz ergibt.

Allerdings lassen die obigen Versuche noch keine eindeutige Aussage dahingehend zu, ob die Harnstoffretention Ausdruck einer aktiven Osmoregulation zur Steigerung der Wasseraufnahmerate oder lediglich eine passive Folge des Unterschreitens einer kritischen Hydraturschwelle darstellt. Im letztgenannten Fall müßte bei hinreichend großer Wassermenge das Phänomen der Harnstoffretention verschwinden.

Spezielle Methodik

Juvenile H.v. taeniatus unterschiedlichen Austrocknungsgrades wurden für 15 Minuten mit 500 µl zweifach destilliertem Wasser rehydriert und die exkretierte Harnstoffmenge durch Analyse der verbleibenden Rehydrierungsflüssigkeit bestimmt. Es wurden nur solche Individuen in die Bewertung einbezogen, welche innerhalb der zur Verfügung stehenden Zeitspanne ihr Maximalgewicht erreicht hatten.

Ergebnisse

Von 42 getesteten Individuen mit Evaporationsverlusten zwischen 8 und 32 % des Maximalgewichtes erreichten nur 3 Individuen nicht die zur vollen Rehydrierung erforderliche Wasseraufnahmerate.

Individuen, deren Evaporationsverluste unterhalb von 10 % des Maximalgewichtes lagen und deren Plasmaharnstoffgehalt keine signifikante Erhöhung aufwies, exkretierten im Mittel 138±43 µg N_2/g Körpergewicht (n=25). Dagegen war die Harnstoff- Exkretionsrate solcher Individuen, deren Evaporationsverluste deutlich 10 % überschritten, mit 27±23 µg N_2/g Körpergewicht (n=14) hochsignifikant ($p \leq 0.001$;U-Test) geringer.

Die vorliegenden Ergebnisse machen deutlich, daß Harnstoff nicht in jeder physiologischen Situation als unvermeidliches Abfallprodukt des Purin- und Proteinstoffwechsels behandelt wird, sondern in speziellen Situationen eine sekundäre Bedeutung erfährt, die vermutlich in einer Erhöhung des osmotischen Konzentrationsgefälles liegt. Dies sollte sich dann in einer entsprechenden Korrelation zwischen Wasseraufnahmerate und Harnstoffakkumulationsrate wiederspiegeln. Dazu wurde die Steigerung der Rehydrierungsrate aus oben erhaltenen Werten und der Anstieg des Plasmaharnstoffgehaltes graphisch aufgetragen. Wie die Ergebnisse in Abb.4.11 zeigen, unterliegt die Wasseraufnahmerate einer deutlichen Beeinflussung durch die Harnstoffakkumulationsrate.

4.2.2.3. Abhängigkeit der Wasseraufnahmerate von der Temperatur

Die Wasseraufnahmerate wird nach den bisherigen Ergebnissen vorwiegend vom osmotischen Konzentrationsgefälle zwischen dem Körperinneren und dem Aussenmedium bestimmt. Desweiteren könnte allerdings auch die einwärtsgerichtete Na^+-Pumpe einen Beitrag zur Höhe der maximalen Wasseraufnahmemenge leisten. Bufo arenarum zeigt nach Zugabe von Amilorid, einem spezifischen Hemmer der Na^+ -Pumpe, ins Rehydrierungswasser eine signifikante Abnahme ihrer Wasseraufnahmerate (Reboreda et al. 1987). Eine solche gerichtete Na^+/K^+ -Pumpe läßt sich auch in der Beckenhautregion juveniler H.v. taeniatus nachweisen (Korall, mündl. Mitteilung). Ein erster Hinweis auf eine mögliche quantitative Einflußnahme aktiver Transportprozesse beim Rehydrierungsvorgang kann aus der temperaturabhängigen Änderung der Wasseraufnahmerate gewonnen werden.

Spezielle Methodik

34 juvenile H.v. taeniatus wurden in zwei Gruppen gleichen Größenspektrums (18-20 mm Körperlänge) untergliedert und bei 30°C; 25-35 % R.F. auf 20±1 % ihres Ausgangsgewichtes dehydriert. Aus den vorangegangenen Ergebnissen ist abzuleiten, daß ab dieser Gewichtsverlustmarke bei fünfzehnminütiger Rehydrierungsphase nur mit einer geringen Urinabgaberate (gemessen über die ausge-

Tab.4.6: Einfluß der Temperatur auf die Rehydrierungsrate juveniler H.v.taeniatus. Den Riedfröschen standen nach Dehydrierung um 20 ± 1% ihres Maximalgewichtes bei 30° bzw. 20°C für je 15 Minuten 500 μl zweifach destilliertes Wasser zur Verfügung. Tiere, die mehr als 500 μg Harnstoff/g Körpergewicht während der Wasseraufnahme exkretierten, wurden von der Wertung ausgenommen.

Temp. °C	n	Rehydr.Rate %/h	Aufnahmemenge pro cm^2 iridophorenfreier Hautfläche $\%/cm^2/h$	Anzahl nicht gewerteter Individuen
20	17	59,9± 9,4	35,1± 4,4	7
30	17	90,7±15,3	58,4±11,4	1
Q_{10}		1,51	1,66	

schiedene Harnstoffmenge) zu rechnen ist. Nach Erreichen dieser Gewichtsverlustmarke wurden die Frösche für 15 Minuten bei 30°C bzw. 20°C mit je 500 µl Leitungswasser rehydriert. Die bei 20°C rehydrierten Tiere wurden 2 Stunden vor Wassergabe an diese Temperatur akklimatisiert. Individuen, die deutlich feststellbare Harnstoffmengen exkretierten (0.5 mg/g, ab diesem Wert ist mit einer deutlichen Abnahme der Wasseraufnahmemenge zu rechnen), wurden von der Wertung ausgenommen.

Ergebnisse

Die Rehydrierungsraten zeigen sowohl gewichtsspezifisch wie flächenabhängig einen signifikanten ($p \leq 0.01$; U-Test) Anstieg mit zunehmender Umgebungstemperatur (Tab.4.6). Eine Berechnung des Q_{10}-Wertes läßt eine Entscheidung darüber zu, ob in der Temperaturabhängigkeit der Wasseraufnahmerate aktive Transportprozesse zum Ausdruck kommen.

$$Q_{10} = k_2^{10(t2-t1)} / k_1$$

$k_{1,2}$ = Geschwindigkeitskonstante

Für Temperaturunterschiede von exakt 10°C vereinfacht sich die Gleichung auf

$$Q_{10} = \frac{G\ (t+10)}{G\ (t)}$$

G(t)= temperaturabhängige Stoffwechselrate

Im allgemeinen weisen enzymabhängige Reaktionen Q_{10}-Werte zwischen 2 und 3, physikalische Prozesse (Diffusionsprozesse) Werte nahe 1.0 auf (Eckert 1986). Die in Tab.4.6 wiedergegebenen Q_{10}-Werte deuten daher auf vorwiegend physikalische Transportprozesse hin.

4.2.2.4. Abhängigkeit der Wasseraufnahmerate von hormoneller Regulation

Eine unmittelbare Einflußnahme auf die Wasseraufnahmerate kann durch Einsatz porenvergrößernder Hormone ausgeübt werden. Um die Auswirkung hormoneller Regulation, wie sie für viele Amphibienarten bereits beschrieben ist (Warburg 1972, Bentley 1966b, Pang et al. 1980, DeSousa & Grosso 1981), darzustellen, wird in der Regel die Sensitivität der Tiere auf solche Hormone getestet. Als Antidiureticum fand im vorliegenden Test das Oktapeptid Arginin-Vasotocin (= Vasopressin, Adiuretin) Verwendung. Antidiuretica üben sowohl auf die Regulation der renalen Wasserausscheidung (Forth et al. 1987) als auch auf die Permeabilität wasserdurchlässiger Hautpartien einen Einfluß aus (Warburg 1972).

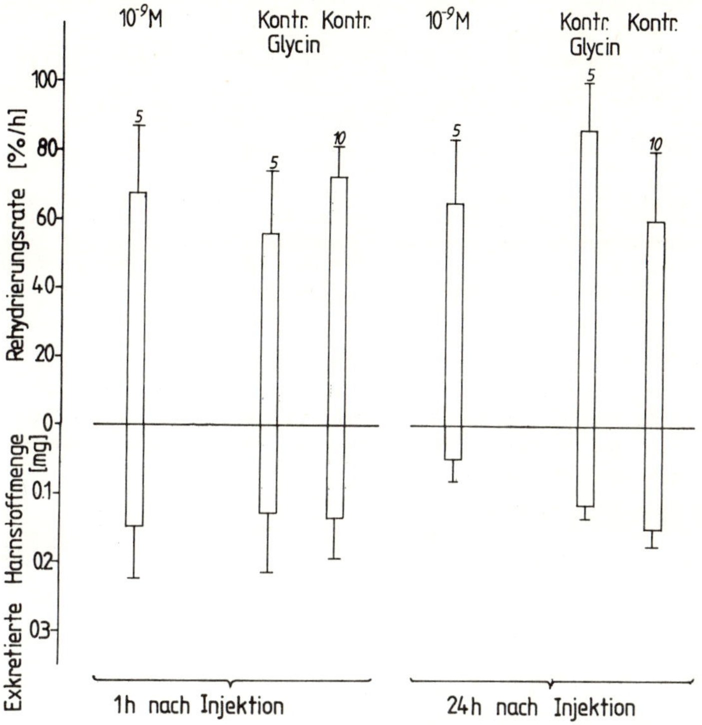

Abb.4.12: Hormonelle Beeinflussung der Wasseraufnahmerate juveniler H.v.taeniatus durch Injektion einer Arginin-Vasotocin-Lösung in den dorsalen Lymphraum. Die Messung der Rehydrierungsrate erfolgte 1 und 24 h nach Injektion der Hormonlösung. Die Rehydrierungsrate aller Behandlungsgruppen unterschied sich zu keinem Zeitpunkt des Versuchs signifikant voneinander. Auch die Urinabgaberate der Versuchstiere ließ sich in der ersten Stunde nach Hormonapplikation nicht signifikant von den Kontrolltieren unterscheiden. Dagegen ergab sich 24 h nach Injektion eine signifikante Reduktion der Urinabgaberate ($p \leq 0.01$; U-Test).

Spezielle Methodik

20 juvenile H.v. taeniatus wurden nach zwanzigprozentigem Wasserverlust in 3 Gruppen untergliedert:
Gruppe 1: (n = 10) unbehandelte Kontrolle
Gruppe 2: (n = 5) mit Lösungsmedium behandelte Kontrolle
Gruppe 3: (n = 5) hormonell behandelte Versuchsgruppe

Das Hormon wurde in einem 35°C warmen Glycin-Wasser-Gemisch (1:10) gelöst und in einer 10^{-9} M Konzentration in einem Volumen von 5 µl in den dorsalen Lymphsack der Tiere injiziert. Die Rehydrierungsrate der Frösche wurde 1 Stunde und 24 Stunden nach der Behandlung bestimmt. Diese Zeitabstände erwiesen sich für hormonsensible Anuren als relevant (Warburg 1972).

Ergebnisse

Es lassen sich weder 1 noch 24 Stunden nach Injektion Vasotocin- abhängige Änderungen der Wasseraufnahmerate erkennen (Abb.4.12). Nach 24 Stunden war eine gegenüber den Kontrolltieren signifikante ($p \leq 0.05$;U-Test) Abnahme der Urinabgaberate festzustellen.

4.2.3 Ethologische und physiologische Reaktionen auf längerfristige Trockenphasen

4.2.3.1 Ethologische Anpassungsreaktionen

Die zeitlich unvorhersehbar auftretenden niederschlagsfreien Zwischenphasen im Vorfeld der allmählich einsetzenden Trockenperiode zwingen die Tiere, morphologische und physiologische Mechanismen zur Wasserverlustreduktion ohne größere Zeitverluste jederzeit verfügbar zu haben. Die Riedfrösche H.viridiflavus zeigen im Vergleich zu den meisten Amphibien ungewöhnlich niedrige Verdunstungsraten, deren morphologische bzw. physiologische Grundlage sich bereits bei feuchtadaptierten Tieren nachweisen läßt. Unterschiede in den Wasserverlustraten gründen sich vornehmlich auf unterschiedliche Aktivitätsmuster feucht-und trockenadaptierter Juveniltiere. Mit abnehmender Wasserverfügbarkeit findet sich daher eine drastische Abnahme der generellen Aktivitätsbereitschaft (Geise 1987).

4.2.3.2 Physiologische Anpassungreaktionen -Funktionelle Änderung des Blasenwasserspeichers nach Überschreiten eines 10%igen Körpergewichtsverlustes-

Nach Überschreiten einer Wasserverlustmarke, die mit einer Beendigung der Nahrungsaufnahme gekoppelt ist, erscheint es wenig sinnvoll, unnötige Energie zur Aufrechterhaltung der Nierentätigkeit aufzuwenden und es wird kostengünstiger, den Harnstoff in der Körperflüssigkeit zu speichern. Die durch die

Tab.4.7: Veränderung der gesamtosmotischen sowie der Harnstoffkonzentration des Blasenwassers im Verlauf einer 16tägigen Trockenperiode. Die statistische Behandlung der Daten erfolgte mittels U-Test.

Nr.	Osmolarität (mOsm/kg)		Harnstoffkonz. (mM/l)		Gewichts-verlust (%)	Blasenwassergeh. (%)		Blasenwassergeh. (µl/g)	
	24h	16d	24h	16d	16d	24h	16d	24h	16d
1	155	263	95.8	117.6	18.2	10.52	14.4	86.6	96.9
2	191	213	36.2	123.1	13.2	12.47	11.5	102.6	82.2
3	151	229	98.5	105.0	16.0	10.29	13.2	84.7	91.3
4	136	222	73.3	121.5	8.7	7.30	11.1	60.1	83.4
5	176	215	29.5	85.0	9.0	10.85	13.4	89.3	100.4
6	157	306	88.0	124.3	24.6	8.67	5.0	71.4	31.0
7	144	276	92.1	83.8	20.3	12.96	7.6	106.7	49.9
8	123	353	72.3	101.5	18.1	10.72	8.7	88.2	58.6
9	127	237	65.5	112.6	25.3	23.18	17.6	190.8	108.2
10	119	381	75.0	129.3	25.9	26.80	9.7	220.6	59.2
11		387		108.6			7.1		48.0
$\bar{x}$	148	280	72.6	110.2	17.9	13.4	10.8	110.1	73.6
σ	23	67	23.7	15.4	6.3	6.4	3.7	52.6	25.3
p≤	0.001		0.001			n.s.		0.05	

unvermeidlichen Verdunstungsverluste steigende Plasmakonzentration zieht zwar weiterhin passiv Wasser aus der Blase bis zum osmotischen Ausgleich nach, dieses sollte nun aber nicht mehr zur Stickstoffeliminierung herangezogen, sondern dem Körperkreislauf zugeführt und dient vorrangig der partiellen Kompensation der Wasserverluste dienen.

Ein kritisches Experiment zur Überprüfung einer solchen funktionellen Änderung des Blasenwasserspeichers wäre der Nachweis, daß der Harnstoffgehalt im Blasenwasser mit dem Ende der Urinneubildung keine quantitativen Veränderungen mehr zeigt und letzteres somit keine quantitative Bedeutung als N_2 -Exkretspeicher mehr besitzt.

Spezielle Methodik

Juvenile H.v. ommatostictus wurden über 60 Minuten mit je 500 µl zweifach destillierten Wassers rehydriert. Nach 24 Stunden bzw. 16 Tagen wurden die Tiere bei -70°C schockgefroren. Nach vorsichtigem Auftauen wurde der noch gefrorene Blaseninhalt entfernt, durch Wägung quantitativ erfaßt und auf die gesamtosmotische Konzentration sowie die Harnstoffanteile hin untersucht.

Ergebnisse

Der aus der Wasser-Rückresorption resultierende, passive Harnstoffkonzentrierungseffekt läßt sich nach folgender Formel berechnen:

$$\frac{WG_{1d} \times BWA_{1d}}{(WG_{1d} - WV_{16d}) \times BWA_{16d}} \times HK_{1d}$$

wobei WG = Gesamtwassergehalt in %
BWA = Blasenwasseranteil in %
WV = Wasserverlust in %
HK = Harnstoffkonzentration in mM

Setzt man die in Tabelle 4.7 angegebenen Mittelwerte in die obige Formel ein, ergibt sich unter der begründeten Annahme, daß der Gewichtsverlust über 16 Tage ausschließlich auf Verdunstungsverluste zurückgeführt werden kann (Geise & Linsenmair, 1988) ein Anstieg der Harnstoffkonzentration auf

$$\frac{82.3\% \times 13.4\%}{(82.3\% - 17.9\%) \times 10.8\%} \times 72.6 \text{ mM} = 115.1 \text{ mM}$$

Der gemessene Wert der Harnstoffkonzentration betrug 110.2 mM (Tab.4.7). Allerdings würde eine Berechnung zur Änderung der gesamtosmotischen Konzentration nach obiger Formel mit 235 mOsm eine um 45 mOsm geringere Steigung gegenüber dem gemessenen Wert von 280 mOsm ergeben. Letzteres dürfte in Zusammenhang mit der in Kapitel 5 näher beschriebenen Funktion des Blasenwassers bei der Ionenregulation stehen.

4.2.3.3 Welchen quantitativen Effekt übt das aus der Blase rückgewonnene Wasser auf den Anstieg der Plasmakonzentration aus?

Im obigen Versuchszeitraum (16 Tage) wurden im Mittel 36.5 µl Wasser/g Frosch aus der Blase rückresorbiert. Der Verdunstungsverlust im selben Zeitraum erreichte einen Wert von 147.3 µl Wasser/g Frosch. Die über die Blasenwasserresorption bedingte Reduktion des Körperwasserverlustes beträgt somit etwa 25 %.

4.3. Diskussion

4.3.1 Energieallokation und Nettoproduktionsraten zwischen Metamorphose und Ästivation

Das Energieallokationsmuster der Postmetamorphose wird vornehmlich durch die Selektionsdrücke der bevorstehenden Trockenperiode geprägt. Nur ein geringer Teil der Population nutzt unter günstigen Klimabedingungen im terrestrischen Habitat die in ihrer Dauer unvorhersehbare noch verbleibende Zeitspanne der humiden Phase zur eigenen Reproduktion. Der überwiegende Anteil der Individuen verfolgt eine Strategie der Maximierung seiner Überlebenswahrscheinlichkeit in der nachfolgenden Trockenperiode. Den beiden Entwicklungsverläufen liegen stark unterschiedliche Methoden der Energieallokation zugrunde. Während im ersten Falle bevorzugt in Wachstumsprozesse und Gonadendifferenzierung investiert wird (Geise 1987), verfolgen letztere eine Strategie maximaler Energiekonservierung. Die Überlebensfähigkeit in der Trockenphase wird zum einen durch die akkumulierten Energiereserven, zum anderen durch die ökonomische Verwendung verfügbarer Wasserreserven bestimmt. Zur Verringerung der unvermeidlichen Wasserverluste haben die Riedfrösche eine Reihe sehr effizienter Mechanismen zur Temperatur- und Osmoregulation entwickelt (Withers et al. 1982 a, Kobelt & Linsenmair 1986, Kobelt 1987, Schmuck & Linsenmair 1988, Schmuck et al. 1988). In diesen Rahmen ist auch die Optimierung des Oberflächen/Volumenverhältnisses einzuordnen, das nach Geise (1987) und Geise & Linsenmair (1988) mit einer Körpergröße von 16.0 mm einen unteren Schwellenwert erreicht. Bis zu dieser "Mindestgröße" erfolgt die Energieallokation vorrangig in Richtung Längenwachstum. Diese Wachstumsphase ist durch eine exponentielle Zunahme der Protein- und Kohlehydratanteile ohne deutlichen Zuwachs an Fettreserven gekennzeichnet. Nach Überschreiten dieses Schwellenwertes erfolgt bei gleichzeitig reduziertem Längenwachstum ein starker Anstieg der Lipidreserven. Letztere liefern neben Proteinen (siehe Kapitel 5) den Hauptenergieanteil in der nahrungsarmen Trockenperiode. Während Proteine jedoch nur in Form von Strukturelementen vorliegen und keine speziellen Proteinspeicherorgane existieren, werden Lipide in speziellen Speicherdepots in der Leibeshöhle, im Abdominalbereich und entlang der Wirbelsäule angereichert. Diese ausgedehnten Speichermöglichkeiten sowie der hohe Energiegehalt machen Lipide zum bevorzugten Energielieferanten in der nahrungsarmen Trockenperiode. Letzteres kommt besonders darin zum Ausdruck, daß nach Erreichen der Mindestgröße Lipide aus Protein- und Kohlehydratanteilen der Nahrung de novo synthetisiert werden. Eine bevorzugte Speicherung aufgenommener Energie in Reservelipide ist auch für eine Reihe weiterer, xerotherme Standorte besiedelnder Amphibien beschrieben worden (McClanahan 1967, Seymour 1973, Whitford & Meltzer 1976, Fitzpatrick 1976, v.Beurden 1980).

Der Zeitraum der Metamorphose bis zum Einsetzen der Trockenperiode variiert im Lebensraum von H.v.spp. sehr stark und ist für das Individuum nicht vorhersehbar. Die durchschnittliche Metamorphosegröße von 1,28$\pm$0.16 cm (n=120) liegt deutlich unter der von Geise & Linsenmair (1988) geforderten Mindestgröße und macht daher die Erschließung und effiziente Nutzung von Nahrungsressourcen im terrestrischen Habitat notwendig. Das Überleben einer Trockenperiode mit dem energetischen Budget, das den Riedfröschen zum Zeitpunkt der Metamorphose zur Verfügung steht, ist nur befristet möglich (siehe Kapitel 5.4.1). Hieraus erwächst ein Selektionsdruck auf Optimierung der Energiebilanz in der noch zur Verfügung stehenden Zeitspanne.

Die Beutefangaktivität der Riedfrösche zeigt sich eng mit deren Hydrierungszustand gekoppelt. Oberhalb bestimmter Wasserverlustmarken von etwa 10 - 20 % ihres Maximalgewichtes sind die Tiere kaum noch zu nicht fluchtbedingten Bewegungsaktivitäten zu veranlassen. Effektive Mechanismen zur Reduktion von Wasserverlusten erweitern wesentlich den zeitlichen Rahmen des Nahrungserwerbs (zwischen maximalem Wassergehalt und verdunstungsbedingtem 10-15% igen Gewichtsverlust) in Zeiten geringer Niederschläge und bilden daher einen wichtigen Teilaspekt bei der Verbesserung der Energiebilanz. Daneben sind Mechanismen zur Steigerung von Assimilationseffizienz und Nettoproduktionsraten von ausschlaggebender Bedeutung. Im Gegensatz zu endothermen Organismen zeichnen sich ektotherme Tiere in der Regel durch eine Strategie maximaler Energieeinsparung aus (Engelmann 1966, Fitzpatrick 1973, Seale 1988). Ein wesentlicher Aspekt ist die möglichst energiesparende Überdauerung von ernährungsphysiologisch ungünstigen Zeitspannen. Die Riedfrösche verharren in den von niedrigen Luftfeuchten geprägten und somit für Beutefang ungünstigen Zeiträumen in einer Ruheposition, die neben einer Minimierung des energetischen Erhaltungsaufwandes auch ein ökonomisches Haushalten mit vorhandenen Wasserreserven ermöglicht. Die Sitzplatzwahl ist dabei von einer Bevorzugung höherer Temperaturbereiche gekennzeichnet. Der unter Laborbedingungen feststellbare, temperaturbedingte Anstieg im Ruhestoffwechsel (Geise 1987) sowie die hier vorgefundene Abnahme der Assimilationseffizienz, wie Carey (1978) sie auch für B. boreas beschreibt, könnte durch einen Anstieg der Nahrungsdurchsatzgeschwindigkeit kompensiert werden. Ein direkter Zusammenhang zwischen Vorzugstemperatur und Verdauungsfunktion ist für juvenile R.catesbeiana und frisch metamorphisierte Bufo boreas belegt. Ungefütterte Tiere wiesen signifikant geringere Vorzugstemperaturen gegenüber gefütterten Individuen auf (Lillywhite 1971, Lillywhite et al. 1973). Innerhalb des Temperaturbereiches von 25 - 30°C ist bei H.v.taeniatus annähernd eine Verdopplung der Nahrungsaufnahmerate mit der Temperatur zu verzeichnen. Eine Erhöhung des Nahrungsumsatzes durch Bevorzugung höherer Temperaturbereiche ist auch für andere Anuren belegt (Lillywhite et al. 1973, Brattstorm 1979, Freed 1980). Eine weitere Erhöhung der Umgebungstemperatur ließ infolge des steigenden Trockenheitsstresses die Beutefangaktivität wieder zurückgehen. Solch ausgeprägte Optima in der Temperaturabhängigkeit des Freßverhaltens lassen auch andere Anuren erkennen (Stevens 1988).

Eine Berechnung der Nettoproduktionsrate konnte aus diesem Grunde nur für eine der gewählten Temperaturbereiche (30°/20°C) durchgeführt werden. Es errechnete sich bei einer Durchschnittstemperatur von 25°C eine Nettoproduktionsrate von 27.4±5.2% (22 - 37%, n=10). Dieser Wert ist sicher als oberer Grenzwert anzusehen, der nur unter den günstigen Laborbedingungen erreicht werden kann. Unter natürlichen Verhältnissen ist sicherlich von höheren Energieausgaben im Zusammenhang mit der Nahrungssuche auszugehen. Smith (1976) gibt für Bufo terrestris unter vergleichbaren Temperaturverhältnissen eine Nettoproduktionsrate von 49% an. Dieser Unterschied erklärt sich nicht ausschließlich über artspezifische, sondern überwiegend aus methodischen Unterschieden. Smith (1976) brachte in Anlehnung an Fitzpatrick (1973) bei Abzug des Atmungsverlustes lediglich den Ruhestoffwechsel ungefütterter Tiere in Anrechnung, ohne den erhöhten O_2-Bedarf für Beutefangaktivitäten zu berücksichtigen. Die direkte Erfassung der Produktion wie in der vorliegenden Studie trägt dem aktivitätsbedingten metabolischen Mehraufwand dagegen Rechnung und liefert somit eine weitaus verläßlichere Datenbasis. So liegen die Produktionseffizienzen anderer, noch nicht zur vollen Adultgröße herangewachsener (Wieser 1986) ektothermer Organismen, deren Berechnung auf der Grundlage der Biomassenumsetzung basiert, in ähnlichen Größenordnungen (Triturus vulgaris -Larven: 35%, Avery 1971; Necrophorus vespilloides: 28%, Müller mündl.Mitt.) wie die hier beschriebenen Werte.

4.3.2 Osmoregulation in der Übergangsphase zur Trockenperiode

Die Optimierung der Energiebilanz in der von starken klimatischen Schwankungen gekennzeichneten Übergangsphase zur Trockenperiode setzt bei den hier untersuchten Riedfröschen eine Reihe hocheffizienter Anpassungsreaktionen bei der Wasserhaushaltsregulierung voraus. Infolge des unvorhersehbaren Beginns der Kerntrockenzeit sollten die Tiere jederzeit über hinreichend große Wasserreserven zur Überdauerung einer längeren Dürreperiode verfügen und können daher nur relativ geringe Verluste im Zusammenhang mit Beutefangaktivitäten tolerieren. Um ihre Nahrungsaufnahmerate zu optimieren, haben die Riedfrösche daher eine Reihe morphologischer, physiologischer und ethologischer Anpassungen zur Wasserverlustreduktion entwickelt. So nutzen die Tiere bevorzugt Zeiten niedriger Wasserdampfsättigungsdefizite (nach Niederschlägen oder nach Abkühlung in der Nacht) zum Beutefang. Desweiteren verfügen sie über sehr effiziente Mechanismen zur Reduktion ihrer Evaporationsverluste (Geise 1987) während der Ruhephasen. Darüberhinaus haben die Riedfrösche ein sehr wirkungsvolles und energiesparendes Harnstoffexkretionssystem entwickelt, das zum einen in Zeiten hoher Niederschlagsfrequenz die Gefahr einer Hyperhydrierung vermindert, zum anderen Wasserreserven für die bevorstehende Trockenperiode sicherstellt.

Im Gegensatz zu grabenden Anuren (McClanahan 1967,1972) weisen Riedfrösche nach einer Wasseraufnahme einen raschen Anstieg der Harnstoffkonzentration im Blasenwasser auf. Dieser Anstieg erklärt sich über einen sehr wirkungsvollen Wasserkreislauf ohne die Notwendigkeit spezieller renaler Sekretionsmechanismen. Extern verfügbares Wasser wird nach der Absorption über spezielle wasserpermeable Hautpartien rasch über den renalen Blutkreislauf ins Blasenlumen transportiert, weitestgehend frei von gefilterten Lösungsteilchen über die Blasenmembran zurückgewonnen und, erneut beladen mit Stoffwechselendprodukten, dem Nierenkreislauf wieder zugeführt. Auf diese Weise lassen sich osmotisch aktive, nicht für regulative Zwecke benötigte Lösungsteilchen sehr effektiv kompartimentieren und ein zu diesem Zeitpunkt unerwünschter Anstieg der Plasmakonzentration verhindern. Die in der Folge rasch ansteigende osmotische Konzentration des Blasenwassers erlaubt jedoch eine solche Wasserrückgewinnung entlang des osmotischen Konzentrationsgefälles Urin - Körperflüssigkeit zur kostengünstigen N_2- Eliminierung nur kurzfristig. Mit zunehmender Urinkonzentration steht immer weniger Wasser für diesen Kreislauf zur Verfügung und die Kosten für die Aufrechterhaltung der Nierentätigkeit übersteigen den Nutzen der Stickstoffeliminierung. Ab diesem Zeitpunkt endet die Urinneubildung und die Stoffwechselendprodukte akkumulieren im Plasma. Erfolgt innerhalb von 48 Stunden eine erneute Wasseraufnahmemöglichkeit, wird das Blasenwasser entleert und mit ihm der zuvor aus dem Plasma entfernte Harnstoff und der Stickstoffreinigungskreislauf beginnt von neuem (Abb.4.6). Der Plasmaharnstoffgehalt steigt dabei nur wenig über 30 mM. Unterbleibt allerdings die Möglichkeit zur Wasseraufnahme über längere Zeit, reagieren Anuren mit dem sogenannten "water balance response". Man versteht hierunter eine Reihe hormoneller Regulationsprozesse, die einer Steuerung über das Blutvolumen (Pang 1977) sowie die ionale und gesamtosmotische Plasmakonzentration (Segura et al. 1987) unterliegen und zu einer Reduktion der Urinbildung und einer Steigerung der Wasseraufnahmerate über die wasserpermeablen Hautbereiche sowie über die Blasenmembran führen (Shoemaker 1965, Bentley 1971, McClanahan 1972, Baldwin 1974). Die Fähigkeit zur raschen Wasseraufnahme eröffnet den Riedfröschen die Nutzung auch kurzfristig vorhandener Wasserressourcen mit den daraus resultierenden Möglichkeiten des Beutefangs.

Die Wasseraufnahme erfolgt bei Anuren primär über die Haut, die bei terrestrischen Arten infolge gegensätzlicher Selektionsdrücke eine funktionelle Gliederung in zwei unterschiedliche Hauttypen erfahren hat. Die in der Ruhestellung exponierten dorsalen Hautflächen sind nur schwach durchblutet (Christensen 1974) und zeichnen sich durch einen hohen Diffusionswiderstand aus. Dagegen lassen die in Ruhestellung verdeckten Hautbereiche ein dichtes Kapillarnetz erkennen (Roth 1973) und befähigen die Tiere zu einer raschen Wasseraufnahme.

Die Rate der Wasseraufnahme zeigte sich in Analogie zu den Befunden an Rana pipiens, R.clamitans und Scaphiopus hammondii (Thorson 1955, Claussen 1969), auch bei H.spp. von der Habitatbindung unabhängig. Die untersuchten Hyperolius- Arten weisen ähnliche Ästivationsstrategien auf und unterliegen somit ähnlichen Selektionsdrücken im Hinblick auf eine rasche Wasseraufnahmerate. Auch der gegenüber Trockenheit weniger widerstandsfähige H. tuberinlinguis zieht sich nicht in selbstgegrabene Höhlen zurück, sondern verbirgt sich nur unter lockerem Substrat (Loveridge 1976) und kann so auch kurzfristig günstige Bedingungen zur Energieaufnahme nutzen. Dieses Verhalten setzt ebenfalls eine effiziente Nutzung nur kurzfristig verfügbaren Niederschlags voraus.

Die Wasseraufnahmeraten der Riedfrösche erwiesen sich darüberhinaus auch größenunabhängig. Dies beruht primär auf einer Kompensation der wachstumsbedingten Verringerung der Gesamtanteilflächen durch eine prozentuale Zunahme wasserpermeabler Hautpartien mit wachsender Körpergröße.
Die Rehydrierungsrate wird neben der Ausdehnung der Austauschflächen maßgeblich von Temperatur und Plasmakonzentration bestimmt. Die temperaturabhängige Steigerung der Wasseraufnahmerate läßt sich auch an isolierten Hautstücken verfolgen (Capraro & Garampi 1956). Taenaka (1963) konnte in diesem Zusammenhang eine temperaturabhängige Ausdehnung des epithelialen Interzellularraums nachweisen. Die temperaturabhängige Steigerungsrate von 1,6 zeichnet den Wasseraufnahmeprozeß primär als passiven Diffusionsprozeß aus.
Die Einflußnahme aktiver Transportprozeße, die bei H.v.taeniatus in vitro nachweisbar sind (Korall, mündl. Mitt.), scheint nur von untergeordneter Bedeutung zu sein, zumal keine signifikanten Unterschiede der Rehydrierungsrate in zweifach destilliertem Wasser gegenüber Na^+-haltigen Leitungswasser zu finden sind. In die gleiche Richtung weist die lineare Abhängigkeit der Wasseraufnahmerate vom Austrocknungsgrad (- Plasmakonzentration) (Abb. 4.7). Dies unterstreicht die tragende Bedeutung des osmotischen Konzentrationsgefälles zwischen Innen- und Außenmedium. Nach Überschreiten einer 10%igen Wasserverlustgrenze unterbleibt bei H.v.taeniatus eine weitere Harnstoffexkretion. Mit der Umschaltreaktion von Harnstoffexkretion zu Harnstoffretention ist ein deutlicher Anstieg der Rehydrierungsrate durch Akkumulation osmotisch aktiver Substanzen aus dem Protein- und Nukleotidstoffwechsel verbunden. In dieser Umschaltreaktion ist der eigentliche physiologische Regulationsmechanismus zur Modifizierung der Wasseraufnahmerate zu sehen.

Eine hormonell bedingte Steigerung der Wasseraufnahmerate, wie sie für viele terrestrische Anuren bereits beschrieben wurde (Chew 1961, Dicker & Elliott 1967, Bentley 1971, Warburg 1972, Baldwin 1974), konnte für H.v.ommatostictus in Analogie zu Befunden an Bufo marinus (Bakker & Bradshaw 1977, Yokota & Hillman 1984), Rana cancrivora (Dicker & Elliott 1970) und Xenopus laevis (Bentley 1971) unter Übergangsbedingungen trotz deutlich nachweisbarer Antidiurese nicht gezeigt werden. Dies muß allerdings nicht in Widerspruch zueinander stehen, wie die Befunde von Reboreda et al. (1987) an Bufo arenarum zeigen. Danach liegt die zu einer Steigerung der Wasseraufnahmerate benötigte Hormonkonzentration um den Faktor 100 über der zur Auslösung einer signifikanten Antidiurese notwendigen Dosis. Desweiteren besteht die primäre Wirkung des Arginin-Vasotocin auf Haut, Niere, Harnblase und Colon in einer Steigerung der Na^+- Retention (Bentley 1971, Warburg 1971, Baldwin 1974, Hillyard 1976), die nach den vorliegenden Ergebnissen bei Riedfröschen keine Erhöhung der Wasseraufnahmerate zur Folge hat. Katz (1987) beschreibt in diesem Zusammenhang eine durch den Grad der Hypertonieadaptation begrenzte hormonelle Wirksamkeit bei salzwasseradaptierten Bufo viridis , d.h. die Anpassung an hohe Salinitäten beinhaltet per se die maximale Wasseraufnahmerate, die somit nicht mehr weiter gesteigert werden kann. In Übereinstimmung mit Befunden an Scaphiopus couchii (Hillyard 1975) könnte die fehlende Hormonempfindlichkeit allerdings auch Ausdruck einer hormoninsensiblen Phase sein oder auf die Ausprägung eines anderen Steuerungsmechanismus, z.B. über adrenerge Transmitter (Hillyard 1975, 1976 ,1979), hinweisen.

Eine quantitative Bewertung der ermittelten Wasseraufnahmeraten über einen interspezifischen Vergleich aus vorhandenen Literaturdaten (Zusammenfassung bei Warburg 1972) wird durch Unterschiede im methodischen Vorgehen stark erschwert. Zudem wurde in den meisten Untersuchungen die Ausdehnung waserpermeabler Hautpartien sowie die Urinabgaberate nicht erfaßt, was zu falschen Meßergebnissen führen kann. Ergebnisse aus Studien mit vergleichbaren Methoden (Drewes et al. 1977, Reboreda et al. 1987, Katz 1987) machen jedoch deutlich, daß die von den Riedfröschen erzielte Rehydrierungsrate kaum von anderen Anurenarten übertroffen wird.

Mit fortschreitender Dauer der Trockenphase nimmt die Harnstoffakkumulationsrate durch Reduktion sowohl des Proteinabbaus als auch des Gesamtstoffwechsels (Kap. 5) stark ab. Die Bedeutung einer weiteren Steigerung der Wasseraufnahmerate tritt in den Hintergrund und das vorrangige Ziel besteht in einer Verzögerung des Anstiegs der Plasmakonzentration (Kap.5). Das zunächst als Exkretspeicher fungierende Blasenwasser erfährt in diesem Zusammenhang eine Wandlung seiner funktionellen Bedeutung und dient nun vorrangig als Wasserreservoir zur partiellen Ergänzung der Evaporationsverluste. Für H.v.taeniatus resultiert aus der langfristigen Nutzung dieses Wasserreservoirs (über 16 Tage) rein rechnerisch eine um 25% geringere Verlustrate des Körperwasserspeichers.

Eine ähnlich wichtige Rolle spielt das in der Blase gespeicherte Wasser auch beim Wasserhaushalt anderer Anurenarten während der Ästivation (McClanahan 1967, Warburg 1972).

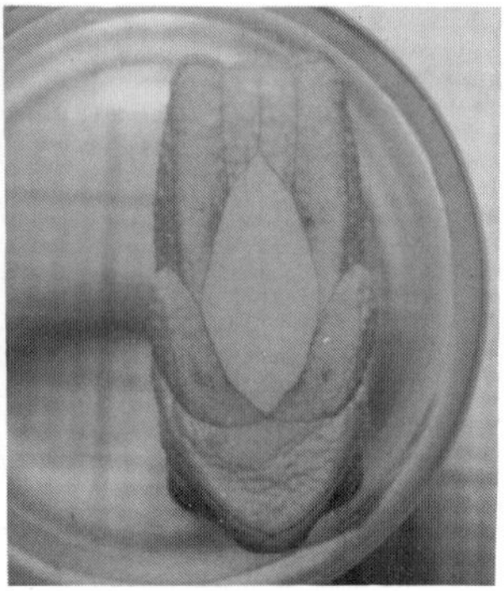

a) H.v.nitidulus am Ende der Trockenperiode an der Elfenbeinküste (Foto Linsenmair). Die helle Körperfärbung wird durch die Einlagerung von Iridophoren bewirkt.
b) In der typischen Ruhestellung sind die Beine eng an den Körper angelegt und die Zehen liegen in Hauttaschen verborgen.

Während der Dürrezeit verharren die Riedfrösche bewegungslos auf Grashalmen oder Aststücken sitzend. Der Tarneffekt des Juvenilkleides im Vergleich zur adulttypischen Pigmentierung wird im obigen Bild deutlich.

5) Juvenilphase - Überdauerung der Trockenphase

Im allgemeinen scheinen Amphibien nicht in der Lage zu sein, die Witterungsbedingungen arider Lebensräume zu tolerieren. Dennoch haben einige Anuren semiaride und aride Lebensräume mit ausgeprägten Trockenzeiten erfolgreich besiedelt. Die meisten dieser Arten entziehen sich den dann vorherrschenden extremen Klimabedingungen durch Eingraben in den Untergrund (z.B. Shoemaker et. al. 1969; McClanahan 1972; Degani et al. 1984). Einige Arten der Familie Rhacophoridae (Chiromantis spp.), Hylidae (Phyllomedusa spp.) und Hyperoliidae (Hyperolius spp.) allerdings überdauern die Trockenzeit in exponierter Stellung auf Grashalmen oder Blättern (Loveridge 1970; Shoemaker et al. 1972; Loveridge 1976; Drewes et al. 1977; Withers et al. 1982 a und b, Stinner & Shoemaker 1987). Besonders erstaunlich erscheint eine solche Strategie bei den kleinen Riedfröschen der Superspezies Hyperolius viridiflavus (Schiøtz 1971), die in afrikanischen Savannengebieten weit verbreitet sind. Bei Eintritt der Trockenzeit weisen die Riedfrösche eine mittlere Körperlänge von nur 1.7 cm mit einem Körpergewicht von 300 - 700 mg auf. Aufgrund ihres begrenzten Größenspektrums vermögen die Riedfrösche nur relativ geringe Energie- und Wasserreserven zu speichern. Daher muß diese Artengruppe besonders effektive Anpassungen entwickelt haben, um den extremen Temperaturen, den hohen Sättigungsdefiziten und den hohen Strahlungsbelastungen während der Trockenzeit widerstehen zu können. Solche Anpassungsmechanismen betreffen vorrangig den Schutz vor Überhitzung und Zellschädigung durch solare Infrarot- und Ultraviolettstrahlung (Kobelt & Linsenmair, 1986; Kobelt, 1987), die Entwicklung eines wirkungsvollen Verdunstungsschutzes (Geise & Linsenmair 1986 und 1988; Geise 1987) und die Lösung osmotischer Probleme.

Ein Mechanismus zur Reduktion von Wasserverlusten ist das hormonell gesteuerte Unterdrücken von Urin- und Faecesbildung, gekoppelt mit einer erhöhten Wasserpermeabilität der Blasenmembran ("water balance response" Bentley 1966 b; Balinsky 1981; Eggena 1987), das bei H.v. taeniatus nach Überschreiten eines 10%igen Wasserverlustes zu beobachten ist. Diese Anurie führt allerdings in der Folge zu einer Akkumulation von Stickstoffendprodukten. Da Ammoniak in höheren Konzentrationen stark cytotoxisch wirkt (Visek 1972; Hochachka & Somero 1980; Schlee 1986), muß er unter Wassermangel in ungiftige Verbindungen überführt werden. Die meisten terrestrischen Anuren bilden Harnstoff als hauptsächliches Exkretionsprodukt (e.g. McClanahan 1967, 1972; Shoemaker et al. 1969; Radke 1976; Mack & Hanke 1977; Shoemaker & McClanahan 1980; Degani et al. 1984). Im Gegensatz zu semiterrestrischen Anuren tolerieren die an aride Klimate adaptierten Arten in der Regel hohe Harnstoffkonzentrationen in ihren Körperflüssigkeiten (Cleworth 1967; McClanahan 1967; Degani et al. 1981; Degani et al. 1984). Grabende Anuren erfahren in der Regel durch Wasserresorption aus dem umgebenden Erdreich (Walker & Whitford 1970; Schmidt-Nielsen 1972), die über einen Anstieg der Harnstoffsynthese auch noch bei hohen Bodensaugspannungen aufrechterhalten werden kann (Shoemaker et al. 1969; McClanahan 1972 und 1975;

Jones 1980 b), weit geringfügigere Körperwasserverluste als frei ästivierende Anuren mit ihren begrenzten Blasenwasserreserven (Withers et al. 1982 b; Geise & Linsenmair 1986). Zudem erscheint bei grabenden Anuren in bestimmten Zeitspannen ihrer Ästivationsperiode die Abgabe von Urin möglich zu sein (McClanahan 1972). Dagegen bedingt die Anurie frei ästivierender Anuren eine starke Akkumulation von Harnstoff, der durch seine osmotische Wirkung die aus den Verdunstungsverlusten resultierenden osmotischen Probleme deutlich verschärft.

Grabende Anuren zeigen zudem eine deutliche Reduktion ihrer Stoffwechselaktivität (Seymour 1973; Seymour & Lee 1974, Whitford & Meltzer 1976, Loverigde & Withers 1981) mit entsprechend geringerem Energieverbrauch. Gänzlich anders stellt sich die Situation für die frei ästivierenden Riedfrösche dar, deren Bewegungsfähigkeit zu keiner Zeit während der Trockenphase eingeschränkt erscheint. Dies ist mit einem rascheren Verbrauch der ohnehin knappen Energiereserven verbunden, deren Ergänzung während der Trockenperiode kaum möglich erscheint (siehe Diskussion). Die Hauptenergiequelle während der Ästivationsperiode bilden die in der Übergangsphase akkumulierten Lipidreserven. Darüberhinaus spielen auch Proteine eine wesentliche Rolle, zum einen bei der Regenerierung verbrauchter Kohlehydratanteile (Jungreis 1976), zum anderen als Energiequelle nach Verbrauch der Reservelipide. Letzteres konnte an Rana-Arten gezeigt werden, die einer längeren Hungerperiode unterworfen waren. Durch Injektion einer Glucoselösung verringerte sich die Stickstoffexkretionsrate dieser Tiere um nahezu 70% (Balinsky 1970). Energiegewinn über Proteinabbau hat jedoch eine hohe Freisetzungsrate von Stickstoffendprodukten zur Folge. Eine Speicherung dieser Endprodukte als Harnstoff würde die maximale Überlebensdauer in einer Ästivationsperiode deutlich verringern, da der Anstieg der Plasmakonzentration rasch letale Werte erreichen und so zum begrenzenden Faktor werden würde. Die Speicherung der Stickstoffendprodukte in einer ungiftigen, osmotisch unwirksamen Form wie Harnsäure würde dagegen die osmotischen Probleme deutlich reduzieren.

Im Gegensatz zu den größeren Baumfröschen der Gattung Chiromantis (Loveridge 1970; Shoemaker 1975) und Phyllomedusa (Shoemaker et al. 1972; McClanahan et al. 1978; Shoemaker & McClanahan 1982) ließen sich bei Hyperolius bisher keine Anzeichen für eine Harnsäureexkretion finden (Withers et al. 1982 b; Geise & Linsenmair 1986). Allerdings konnten Kobelt & Linsenmair (1986) zeigen, daß bei H. viridiflavus im Verlauf der Postmetamorphose und besonders auffällig im Verlauf der Trockenperiode die Zahl purinhaltiger Hautpigmente stark anstieg. Diese Iridophoren spielen bei Hyperolius eine wichtige Rolle für die Wärmehaushaltsregulierung (Withers et al 1982 a; Kobelt & Linsenmair 1986; Kobelt 1987). Darüberhinaus könnte die damit verbundene Speicherung der N_2-haltigen Iridophorenpigmente eine wesentliche Bedeutung für die Osmoregulation besitzen, indem Stickstoffendprodukte dem Körperkreislauf in einer osmotisch unwirksamen und ungiftigen Form entzogen würden. Die Iridophoren enthalten in der Hauptsache die Purine Guanin und Hypoxanthin, die im Hinblick auf die Stickstoffelimination ein besseres N:C-Verhältnis als Harnsäure aufweisen.

Eine Guaninexkretion ist seit längerem von Helix pomatia und verschiedenen Arthropodenarten bekannt (Vajiropala 1935; Peschen 1939, Flaschenträger 1951-1954; Rao & Gopalakrishnareddy 1962; Hochachka & Somero 1980; Yokota & Shoemaker 1981; Holl 1987). Spinnen speichern darüberhinaus Guanin in ihrer Leibeshöhle (Seitz 1987); eine solche interne Exkretion, wie sie verschiedentlich auch für ästivierende Gastropoden beschrieben wurde (Haggag & Fouad 1968; Speeg & Campbell 1968; Nayeemunnisa 1972; Newman & Thomas 1975), könnten auch die hier untersuchten Riedfrösche entwickelt haben.

Mit dem Ende der Trockenperiode und dem Einsetzen der ersten Regenfälle stehen die Riedfrösche vor dem Problem einer zu sprunghaften Änderung des osmotischen Milieus der Körperflüssigkeit. Die vor allem durch die Akkumulation von N_2 -Endprodukten stark angestiegene Plasmakonzentration erfährt durch die Aufnahme des stark hypotonen Regenwassers eine erhebliche Konzentrationsabnahme. Derart drastische Milieuveränderungen stellen hohe Anforderungen an die Fähigkeit zur Zellvolumenregulation, um ein Platzen der Körperzellen zu verhindern. Die Riedfrösche sollten daher Anpassungen entwickelt haben, die den Abfall der Plasmakonzentration auf zellulärer Ebene dämpfen.

Im nachfolgenden Kapitel werden der Stickstoff- und Energiestoffwechsel während der Ästivationsperiode behandelt mit besonderer Berücksichtigung der quantitativen Stickstoffspeicherfähigkeit der Iridophoren und deren Bedeutung für die Lösung osmotischer Probleme. Darüberhinaus werden spezielle Anpassungen der Zellvolumenregulation in Verbindung mit der Rehydrierung nach einer Trockenperiode näher untersucht.

5.1. Energiebilanz juveniler H.v.taeniatus im Verlauf einer Trockenperiode:

Ein entscheidendes Kriterium für die Überlebensfähigkeit eines Individuums während der Trockenperiode ist die gespeicherte Energiemenge. Die körper-substanzspezifischen Zuwachsraten in der Übergangsphase zur Trockenperiode (Tab.4.3) weisen darauf hin, daß den Lipidreserven die Rolle des Hauptenergielieferanten während der Ästivationsperiode zukommt. Daneben kann aber die Nutzung anderer Energieträger wie Proteine und Glykogen einen entscheidenden Beitrag zu Verlängerung der maximalen Überlebensdauer liefern (Balinsky 1970). Die nachfolgende Analyse der anteilmäßigen Nutzung dieser Substrate soll deren Bedeutung für die Gesamtenergiebilanz und den zeitlichen Verlauf ihrer Nutzung veranschaulichen. Um die Zahl der abzutötenden Tiere möglichst gering zu halten, wurden die Versuche zur Energiebilanz im Kontext der Messungen zur Purinsyntheserate durchgeführt. Für eine exakte Purinbestimmung eigneten sich jedoch nur jüngere Altersklassen, die ihre maximale Energiespeicherrate noch nicht erreichen konnten. Die untenstehende Zeitachse (Abb.5.1) könnte daher unter Zugrundelegung der natürlichen Altersklassenverteilung zum Eintritt der Trockenperiode eine erhebliche Dehnung erfahren. Das grundlegende zeitliche

Tab.5.1: Verbleibende, größenstandardisierte Substratmenge juveniler H.v. taeniatus im Verlauf einer 42tägigen Trockenperiode bei 30°/20°. S(mg) Absolutgehalt der Stoffanteile Lipid, Protein und Kohlenhydrat in mg L(mm) Körperlänge in mm c Konstante, x Exponent der entsprechenden Regressionsgleichung (Abb.4.2)

Dauer der Trockenphase	n	Standardisierte Substanzmenge: $\frac{S(mg)}{c \cdot L(mm)^x}$		
		Lipid	Protein	Glycogen/Asche
7 d	10	.88 ± .08	.96 ± .03	.82 ± .06
14 d	8	.72 ± .14	.94 ± .04	.81 ± .04
21 d	10	.56 ± .12	.91 ± .04	.81 ± .05
30 d	9	.42 ± .10	.86 ± .05	.79 ± .06
42 d	15	.26 ± .10	.79 ± .06	.74 ± .07

Signifikante Unterschiede zwischen den Wertepaaren (U-Test): p≤
n.s. = nicht signifikant

Lipid		7d	14d	21d	30d	42d
	7d	-	0.01	0.001	0.001	0.001
	14d		-	0.05	0.01	0.001
	21d			-	0.01	0.001
	30d				-	0.01
Protein	7d	-	n.s.	0.01	0.001	0.001
	14d		-	n.s.	0.01	0.001
	21d			-	0.05	0.001
	30d				-	0.01
Glycogen	7d	-	n.s.	n.s.	n.s.	0.01
	14d		-	n.s.	n.s.	0.01
	21d			-	n.s.	0.01
	30d				-	0.05

Tab.5.2: Stoffliche Zusammensetzung des Körpers juveniler H.v.taeniatus. Die Tiere waren vor der Analyse unter Übergangsbedingungen gehalten, d.h. jeden 2. Tag mit Nahrung ad libitum versorgt worden. Das Mindestalter der analysierten Tiere (n=27) betrug 6 Wochen, das Maximalalter 12 Wochen nach abgeschlossener Metamorphose.

Körpersubstanz	Prozentualer Anteil am Trockengewicht (%)	Absolutgehalt am Frischgewicht (mg/g)
Lipid	14.8 ± 4.1	25.9
Protein	58.7 ± 3.9	102.7
Glycogen/Asche	26.5 ± 2.7	46.4

Tab.5.3: Substanzspezifische Abbaurate und Energiebedarf juveniler H.v. taeniatus im Verlauf einer 42tägigen Trockenperiode.

Dauer der Trockenphase	Substanzspezifische Abbaurate						Energieverbrauch
	Lipid		Protein		Glycogen		
(Tage)	(mg/g)	(J/g/d)	(mg/g)	(J//g/d)	(mg/g)	(J/g/d)	(J/g/d)
7	3.11	17.3	4.11	10.3	8.35	20.5	48.1
14	4.14	23.1	2.05	5.2	.46	1.1	29.4
21	4.14	23.1	3.08	7.7	0	0	30.8
30	3.63	15.7	5.14	10.0	.93	1.8	27.5
42	4.14	13.4	7.19	10.5	2.32	3.3	27.2
Σ	19.16		21.57		12.06		

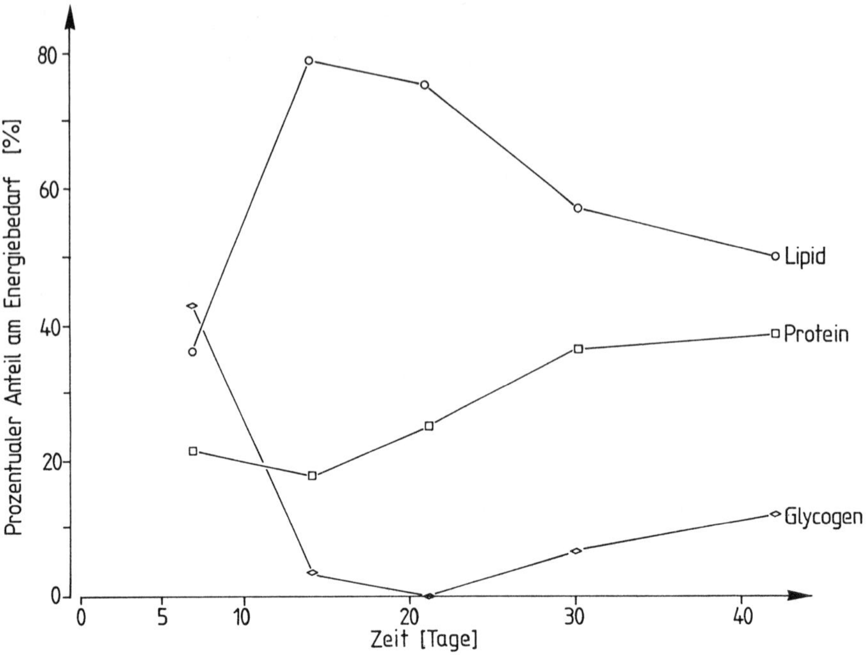

Abb.5.1: Energetischer Beitrag der abgebauten Körpersubstanzen am Energiebedarf juveniler <u>H.v.taeniatus</u> im Verlauf einer 42tägigen Trockenperiode. Die prozentualen Angaben berechnen sich aus den Zahlenwerten der Tabelle 5.3

Muster der Substratnutzung dürfte davon jedoch nicht berührt werden, wie insbesondere die Ergebnisse aus Kap.5.4.1 (Energiebilanz frisch metamorphisierter Stadien) deutlich machen.

5.1.1 Spezielle Methodik

Zur Berechnung der substanzspezifischen Abbaurate wurden die getrockneten Froschkörper (nach Entnahme von Haut und Leber) der nachfolgenden Versuchsreihen auf ihren Gehalt an Lipiden, Proteinen und Kohlehydraten hin untersucht. Die zu Beginn jeden Experimentes sezierten Kontrollfrösche lieferten die Ausgangswerte der einzelnen Stoffkomponenten, über die entsprechende Eichkurven erstellt wurden (Abb.4.2). Die nach einer Trockenperiode noch verbleibenden Stoffanteile konnten mit Hilfe dieser Eichkurven bezüglich der Körpergröße standardisiert werden. Dies erfolgte durch Division des verbleibenden Substratanteils durch die substratspezifische Korrelationsgleichung für Substratmenge und Körperlänge $a \cdot L^b$, wobei b und a den Exponenten bzw. die Konstante der Korrelationsgleichung beschreiben.

5.1.2 Ergebnisse

In Tabelle 5.1 sind die größenstandardisierten Abbauraten der einzelnen Körpersubstrate wiedergegeben. Die Zahlenwerte geben, mit dem Faktor 100 multipliziert, den verbliebenen prozentualen Anteil der jeweiligen Substanz zum entsprechenden Zeitpunkt wieder. Um Aussagen über den anteilmäßigen Beitrag der einzelnen Substrate am Gesamtenergiebudget zu erhalten, muß allerdings die prozentuale Zusammensetzung der Körpersubstanz (Tab. 5.2) berücksichtigt werden. Unter Einbeziehung dieser Anteilswerte ergeben sich die in Tab.5.3 und Abb.5.1 dargestellten Energiebeträge. Lipide stellen mit jeweils etwa 50 % des Gesamtenergiebedarfs über die gesamte Zeitspanne mit Ausnahme der ersten 7 Tage die Hauptenergiequelle dar. Kohlehydrate werden in den ersten 7 Tagen verstärkt zum Energiegewinn herangezogen, sind aber im weiteren Verlauf einer Trockenperiode energetisch nur noch von untergeordneter Bedeutung. Die Proteinabbaurate ist ebenfalls in den ersten 7 Tagen erhöht und nimmt im weiteren Verlauf deutlich ab (Tab.5.3). Zum Ende der Trockenperiode ergibt sich wieder eine ansteigende Tendenz. Im letzten Abschnitt des betrachteten Zeitintervalls von 42 Tagen liefert die abgebaute Proteinmenge rund 40 % des Gesamtenergiebedarfs.

Der Gesamtenergieverbrauch wird im Laufe der Ästivationsperiode zunehmend reduziert. Am Ende des Versuchsintervalls errechnet sich eine Absenkung des Gesamtenergieverbrauchs um 43.5 % gegenüber dem Anfangswert.

Der ermittelte Proteinverbrauch während der Ästivationsperiode führt zu einer Stickstofffreisetzungsrate von 82.2 µg N_2/g/d. Aus der Harnstoff- und Purinakkumulationsrate (Tab.5.13) errechnet sich allerdings eine Freisetzungsrate von 106.0 µg N_2/g/d. Dieser Unterschied erklärt sich zum einen aus der nicht erfaßten Proteinabbaurate von Haut und Leber, zum anderen aus dem Stickstoffanteil abgebauter Aminosäuren und Oligopeptide aus Speichergeweben (Fett, Glykogen), abgebauter Muskelmasse (Proteine liegen nicht in gesonderter Speicherform vor) und extrazellulärer Flüssigkeit (Hauptreservoir des EWL).

Der ermittelte Gesamtenergieverbrauch entspricht einem Sauerstoffverbrauch von 75 $\mu l O_2 /g/h$ (Tab.5.4) und stimmt gut mit dem von Geise (1987) an trockenadaptierten H.v. taeniatus direkt ermittelten Wert von ca. 80 μl O_2 /g/h überein.

5.2 Wasserbilanz in der Trockenperiode

5.2.1 Organspezifischer Wasserverlust in Abhängigkeit vom Gesamtwasserverlust

In Kap. 4.1. wurde die Bedeutung des Blasenwassers für die Verringerung des Körperwasserverlustes dargestellt. Die Reabsorption des hypoosmotischen Blasenwassers führt zu einer signifikanten Reduktion des Körper- und damit des organspezifischen Wasserverlustes. Dennoch würde die noch verbleibende rund 30%ige Wassergehaltsabnahme im Verlauf einer 42tägigen Trockenperiode, wenn diese in gleicher Höhe das Intrazellularwasser betreffen würde, zu einer Störung der nervösen Reizleitung (Pierce & Rowland 1988), der intrazellulären Stoffwechselvorgänge (Hochachka & Somero 1980) und der mechanischen Eigenschaft kontraktiler Zellen (Hillman 1984) führen. Von euryhalinen Invertebraten (Livingstone et al. 1979, Armstrong et al. 1981) und an hypertone Umgebungsbedingungen adaptierten Anuren (Colley et al. 1972, Brühmann & Hanke 1980) ist bekannt, daß sie Konzentrationsschwankungen des Plasmas durch effektive Mechanismen der Zellvolumenregulation ausgleichen. Die hohen Evaporationsverluste im Laufe der Trockenperiode stellen die hier untersuchten Riedfrösche vor analoge Probleme und lassen ähnliche Regulationsmechanismen vermuten. Eine Konstanz des Zellvolumens sollte sich zunächst in einer gegenüber dem Gesamtwasserverlust geringeren organspezifischen Wasserverlustrate niederschlagen, wie es für trokkenadaptierte Amphibien bereits verschiedentlich beschrieben wurde (Shoemaker 1963 und 1964; Hillman 1978).

5.2.1.1 Spezielle Methodik

Parallel zu den in Kap. 5.3. folgenden Versuchen wurde bei der Sektion der Versuchstiere der Wassergehalt von Haut, Oberschenkelmuskel, Leber und Niere bestimmt. Die Organe wurden unmittelbar nach dem Abtöten der Tiere entnommen, durch Auflegen auf Fließpapier von anhaftendem Wasser befreit und gewogen. Durch Trocknen der Organe bei 60°C bis zur Gewichtskonstanz (72-96 h) wurde der relative Wassergehalt der Organe berechnet. Analog hierzu wurde der Gesamtwassergehalt der Tiere bestimmt.

Tab.5.4: Gesamtenergie- und Sauerstoffverbrauch juveniler H.v. taeniatus im Verlauf einer 42tägigen Trockenperiode. Die Umrechnungsfaktoren sind den Documenta Geigy (1960) entnommen.

Körpersubstanz	abgebaute Menge	O_2-Äqivalent
Lipid	19.16 mg/g	38.69 cm^3/g
Protein[1]	27.85 mg/g	26.90 cm^3/g
Glycogen	12.06 mg/g	9.99 cm^3/g

[1] berechnet aus der gemessenen N_2-Freisetzungsrate (Tab.5.11)

Tab.5.5: Einflußnahme des Ausgangswassergehaltes auf den absoluten Wasserverlust bei gleicher prozentualer Wassergehaltsabnahme am Beispiel der Ventralhaut eines hypothetischen Tieres mit einem Frischgewicht von 1 g.

	Gesamtkörper	Ventralhaut
Frischgewicht (mg)	1000.0	20.0
% Anfangswassergehalt	83.3	79.9
% Wassergehalt am Ende	80.3	76.9
Abs.Wassergehalt Beginn ($mg\ H_2O/mg$ Trockengewicht)	4.99	3.98
Abs.Wassergehalt Ende ($mg\ H_2O/mg$ Trockengewicht)	4.08	3.33
Abs.Wasserverlust ($mg\ H_2O/mg$ Trockengewicht)	.91	.65

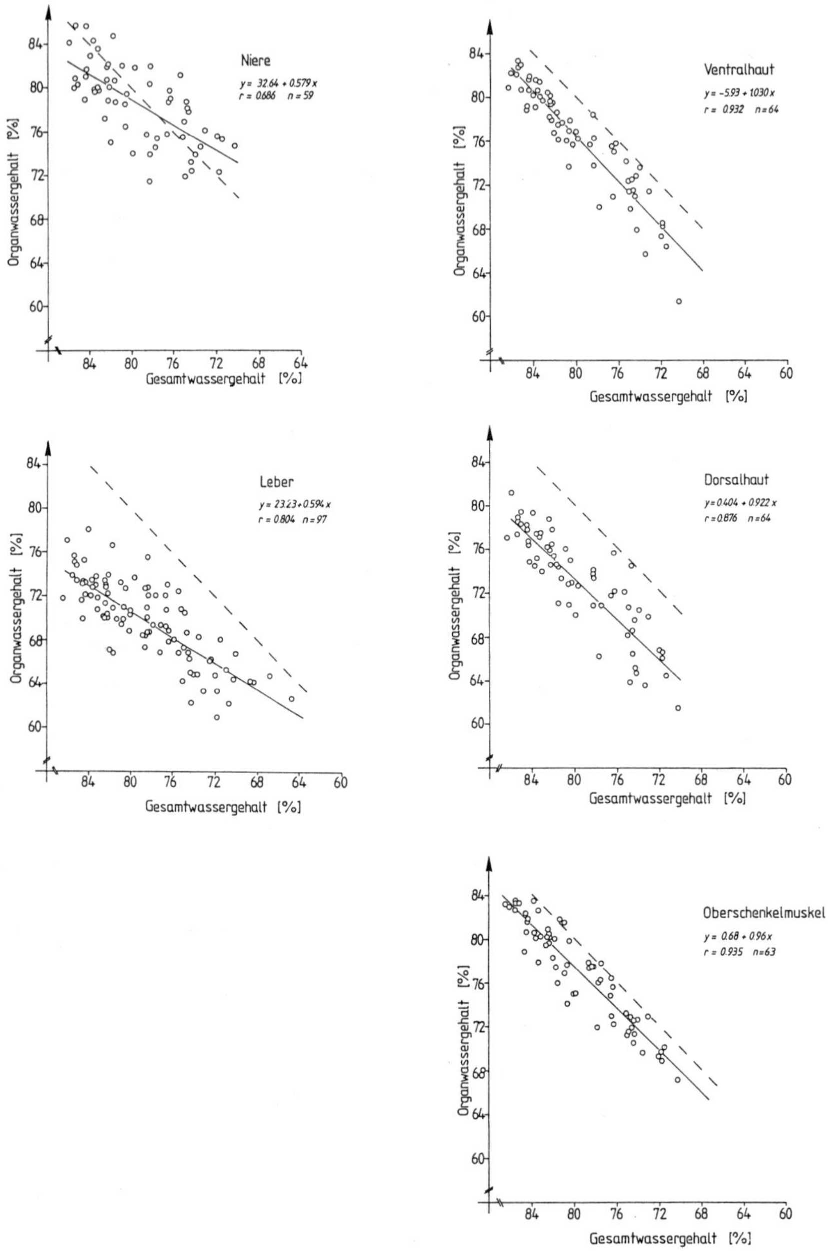

Abb.5.2: Organspezifischer Wasserverlust juveniler H.v.taeniatus in Abhängigkeit vom Gesamtwasserverlust. Die durchgezogene Linie stellt die Ausgleichsgerade, die gestrichelte Linie die isohydratische Linie dar, d.h. der Organwassergehalt entspräche bei Deckungsgleichheit dem Gesamtwassergehalt.

5.2.1.2 Ergebnisse

Die Abhängigkeit des organspezifischen Wasserverlustes vom Gesamtwasserverlust stellt sich als gewebespezifisch heraus. Alle Organe zeigen eine gegenüber dem Gesamtwasserverlust geringere prozentuale Wasserverlustrate (Abb.5.2), wobei dieser Effekt bei Hautgewebe und Muskulatur deutlich geringer als bei Leber und Niere ausfällt. Allerdings wird durch den unterschiedlichen Ausgangswassergehalt von Organ und Gesamtkörper der quantitative Effekt des hypotonen Blasenwassers und der Zellvolumenregulation maskiert, was in dem Berechnungsbeispiel Tab.5.5 deutlich gemacht wurde. Danach würde bei identischem prozentualen Wasserverlust die Verlustrate der Ventralhaut um rund 30% unter der des Gesamtverlustes liegen.

Die organspezifischen Unterschiede im prozentualen Wasserverlust (Abb.5.2) könnten sich durch differentielle Trockengewichtsänderungen erklären. Aus einer relativen Zunahme des Trockengehaltes gegenüber dem Gesamttrockengewicht (beispielsweise durch Einlagerung von Purinkristallen in die Haut) würde sich bei gleichem prozentualen Wasserverlust eine deutliche Abnahme des absoluten Wasserverlustes ergeben. Umgekehrt maskiert eine relative Trockengewichtsabnahme (z.B. durch Glycogenabbau in der Leber) einen Anstieg des absoluten Wasserverlustes. Demnach erscheinen Aussagen alleine auf der Basis des prozentualen Wassergehaltes nur wenig aussagekräftig. Fundierte Aussagen können dagegen aus der Erfassung cytoplasmatischer Veränderungen, wie sie im Rahmen einer aktiven Zellvolumenregulation zu erwarten sind, gewonnen werden.

5.2.2 Zellvolumenregulation bei Änderung der Hydrierungsverhältnisse

Die cytoplasmatische Homöostase stellt eine wesentliche Voraussetzung für ein koordiniertes Wechselspiel der vielfältigen intrazellulären Stoffwechselvorgänge dar. Starke Schwankungen des Wassergehaltes würden über die sich passiv unkontrolliert verändernde Osmolytkonzentration die Funktion aufeinander abgestimmter Enzymkaskaden empfindlich stören. Es sind daher unbedingt zelluläre Regulationsmechanismen zu erwarten, die eine ungedämpfte Weitergabe von Wassergehaltsschwankungen des Plasmas an das Zellumen verhindern. Eine selektive Anreicherung osmotisch aktiver Substanzen im Zellumen könnte einer Abnahme des intrazellulären Wassergehaltes durch den verdunstungsbedingten Anstieg der Plasmakonzentration entgegenwirken und so zu einer effektiven Kompartimentierung des Körperwassers führen. Die Adaptation an steigende osmotische Konzentrationen findet allerdings in einem zeitlich breiten Rahmen statt. Dagegen erfolgen die mit einer Rehydrierung verbundenen Änderungen der osmotischen Verhältnisse sehr abrupt und erfordern schnell greifende physiologische Reaktionsmechanismen oder eine extreme Toleranz gegenüber Schwankungen im Zellvolumen. Linsenmair (mündl. Mitteilung) berichtet im Zusammenhang mit solchen Rehydrierungsprozessen vom Auftreten letaler osmotischer Schockzustände bei H.v. nididulus. Welche Mechanismen können zur Vermeidung solcher osmotischer Schockzustände beitragen?

5.2.2.1 Verhaltensreaktionen

Im vorangegangenen Kapitel wurde bereits dargestellt, daß die Wasseraufnahmerate von aktiven Transport- und hormonellen Regulationsprozessen weitestgehend unabhängig verläuft. Eine Dosierung der Wasseraufnahmemenge dürfte demnach vor allem durch Verhaltensreaktionen wie dem Aufsuchen trockener Mikrohabitate erfolgen. Verhaltensbeobachtungen an trockengehaltenen Juveniltieren von H.v. taeniatus, die nach 25 Tagen Trockenheit im Terrarium erstmalig wieder besprüht wurden, zeigten jedoch zumindest anfänglich eine Bevorzugung sehr feuchter Stellen. Sie nahmen die typische gespreizte Sitzhaltung ein, die bereits bei Geise (1981) beschrieben worden ist. Innerhalb der dreißigminütigen Wasserverfügbarkeit war keine erkennbare Tendenz zum Aufsuchen trockenbelassener Stellen zu sehen. Zuvor an 5 Tieren gewonne Urinproben wiesen eine osmotische Konzentration von 480 - 568 mOsm auf. Ca. 2 Stunden nach dem dreißigminütigen Rehydrierungsprozeß (Haftwasser abgetrocknet) ergaben sich an 10 getesteten Fröschen Urinkonzentrationen von 151 - 242 mOsm ($\bar{x}$ = 201.2± 37.9 mOsm). Ähnliche Ergebnisse konnten an dehydrierten Tieren (28 % Gewichtsverlust; n = 25) gewonnen werden, die in kleinen Polystyrolgefäßen unter definierten Bedingungen zur Rehydrierung gezwungen wurden. Die osmotischen Konzentrationen im Urin dieser Tiere sank von 512± 67 mOsm auf 167± 23 mOsm ab. Diese Tiere zeigten eine Wasseraufnahmerate von 25.4± 13.8 % ihres Ausgangsgewichtes in 15 Minuten. Beide Resultate zeigen, daß trotz der Möglichkeit einer ethologischen Steuerung der Wasseraufnahmemenge ein beachtlicher Wassereinstrom toleriert wird und offensichtlich komplikationslos reguliert werden kann.

5.2.2.2 Physiologische Reaktionsmechanismen

Die Aufnahme destillierten Wassers in einer Größenordnung von 25 % des Körpergewichtes würde ohne entsprechende physiologische Regulationsmechanismen zu einer empfindlichen Störung zellulärer Stoffwechselprozeße führen. Eine zelluläre Volumenregulation kann prinzipiell auf zwei Wegen erfolgen, (1) über die Abgabe osmotisch aktiver Substanzen in den extrazellulären Raum und (2) über die Akkumulation bzw. Neubildung derselben. Letzteres ist vermutlich nur bei allmählich erfolgenden Veränderungen über eine hinreichende Zeitspanne möglich, so daß für eine rasche Volumenregulation in erster Linie die Abgabe osmotisch aktiver Teilchen in Betracht zu ziehen ist. Infolge der engen Nachbarschaft wasserpermeabler Hautpartien und Sprungmuskulatur ist im Muskelgewebe mit besonders starken Wassergehaltsschwankungen zu rechnen. Da etwaige

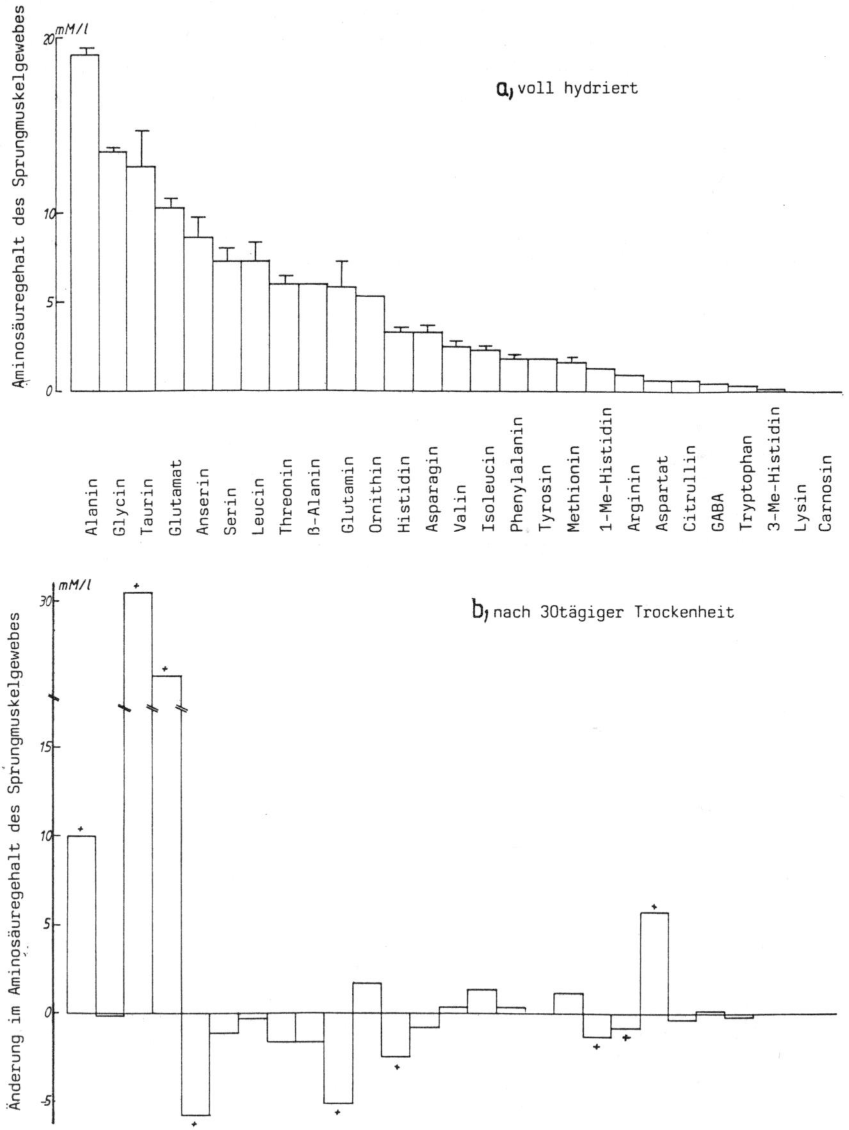

Abb.5.3: Quantitative und qualitative Änderungen im Aminosäuregehalt des Sprungmuskelgewebes juveniler H.v.taeniatus im Laufe einer 30tägigen Trockenperiode. Abbildung a gibt die quantitative Zusammensetzung des Aminosäuregehaltes voll hydrierter Kontrolltiere (n=5) wieder. In Abbildung b sind die quantitativen Änderungen in der Konzentration der einzelnen Aminosäuren nach einer 30tägigen Trockenperiode (n=5) im Vergleich zu voll hydrierten Kontrolltieren dargestellt. Die Kreuze über den Säulen bezeichnen signifikante Unterschiede auf dem 5%-Niveau (U-Test).

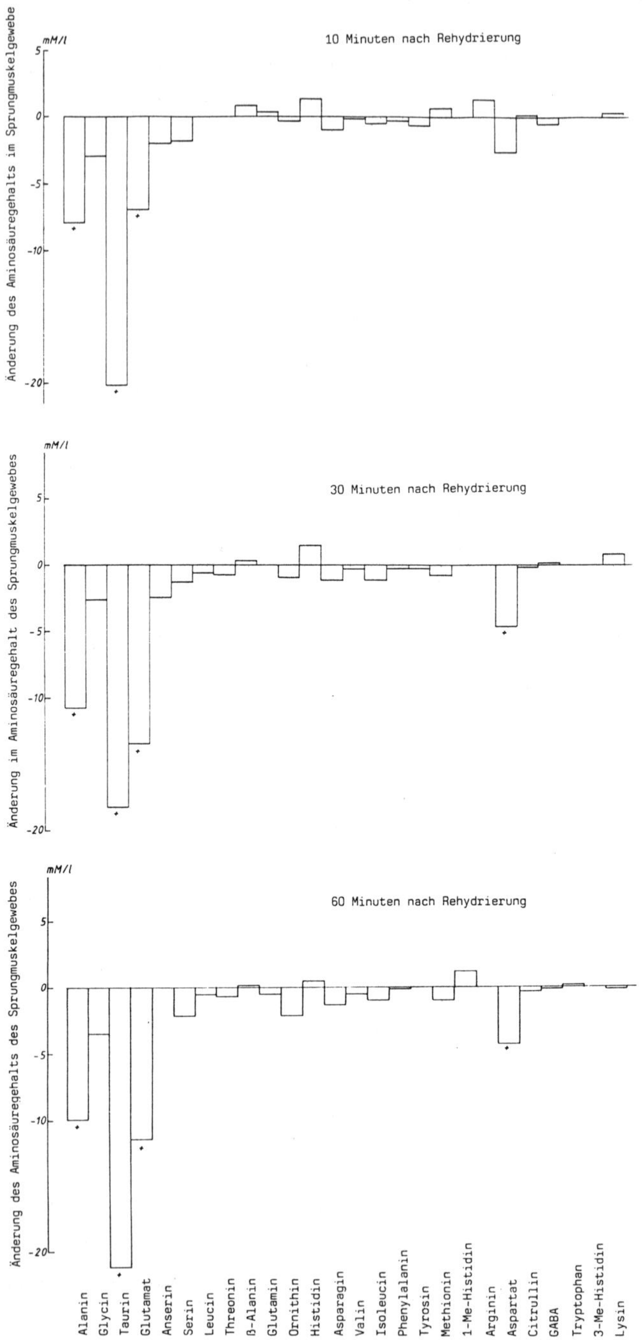

Abb.5.4: Zeitabhängige Änderung der Aminosäurezusammensetzung im Sprungmuskelgewebe trockenadaptierter H.v.taeniatus (je 5 Individuen) nach einer 15minütigen Rehydrierungsphase in zweifach destilliertem Wasser. Darstellung wie in Abb.5.3.

Regulationsmechanismen in diesem Gewebe besonders stark zum Tragen kommen sollten, schien das Sprungmuskelgewebe zur Beantwortung dieser Fragestellung besonders geeignet.

Spezielle Methodik

Änderungen im Aminosäuregehalt des Gewebes wurden an Sprungmuskeln juveniler trockenadaptierter H.v.taeniatus vor und zu unterschiedlichen Zeiten nach einer Rehydrierungsphase erfaßt. Die Sprungmuskeln wurden mit Filterpapier von anhaftendem Wasser befreit, 48 Stunden bei 50± 2°C getrocknet und nach längstens 2 Wochen auf ihren Aminosäuregehalt untersucht. Die getrocknete Muskelmasse wurde in 85 %igem Ethanol homogenisiert und für 24 Stunden bei 0°C unter Schütteln im Lösungsmittel belassen. Anschließend wurden die Proben für 20 Minuten bei 10.000 g und +4°C zentrifugiert. Der Überstand wurde für die Aminosäureanalyse eingesetzt.

Ergebnisse

Im Laufe einer Trockenperiode unterliegt der Aminosäuregehalt des Sprungmuskelgewebes starken quantitativen und qualitativen Veränderungen (Abb.5.3). Die Gesamtkonzentration freier Aminosäuren steigt während einer dreißigtägigen Trockenphase (EWL: 27.1 %) von 108 auf 170 mM/l an. Ohne spezielle Anreicherungsmechanismen würde sich lediglich ein passiver Konzentrationsanstieg von 108 auf 135 mM/l ergeben (hierbei ist der Effekt des hypotonen Blasenwassers berücksichtigt, siehe Tab. 5.7; ohne den Blasenwasseranteil läge die Endkonzentration bei 148 mM/l). Der Anstieg beruht darüberhinaus in der Hauptsache auf einer selektiven Anreicherung der Aminosäuren Alanin, Taurin, Glutamat und Aspartat. Gegenüber voll hydrierten Kontrolltieren fanden sich signifikant geringere Mengen an Anserin, Glutamin, Histidin, 1-Me-Histidin und Arginin. Alle übrigen Aminosäuren bzw. Aminosäurederivate wiesen vergleichbare Konzentrationen auf. Der Anstieg der intrazellulären Aminosäurekonzentration läßt sich somit nicht als bloße passive Folge des organspezifischen Wasserverlusts erklären (Tab.5.5).

Eine Wasseraufnahme von rund 25 % des Körpergewichtes ist von einer deutlichen Abnahme der Gesamtkonzentration freier Aminosäuren (Abb.5.4) begleitet. Diese Abnahme erfolgt in einem zeitlich engen Rahmen unmittelbar nach der Rehydrierung und ebenfalls nicht unselektiv, wie es bei einem reinen Verdünnungseffekt zu erwarten wäre (Abb.5.4). Es sind in der Hauptsache die während der Trockenperiode akkumulierten Aminosäuren, bei denen eine signifikante Abnahme ihrer Konzentration zu beobachten ist. Alle übrigen Aminosäuren zeigen keine signifikante Reduktion. Dies läßt auf eine aktive Aminosäuresekretion in den extrazellulären Raum schließen, die zu einer Anpassung der intrazellulären osmotischen Verhältnisse an die Plasmakonzentration ohne große Zellvolumenschwankungen führt. Der quantitative Effekt dieser Aminosäure-Exkretion kann

Tab.5.6: Prozentuale Änderung in der Konzentration freier Aminosäuren des Sprungmuskelgewebes nach 15 minütiger Rehydrierung trockenadaptierter juveniler H.v. taeniatus im Vergleich zu den begleitenden Änderungen des Wasser- und Harnstoffgehaltes.

Behandlungsgruppe	Prozentuale Änderung des Wassergehaltes	Prozentuale Änderung der Aminosäurekonz	Prozentuale Änderung der Harnstoffkonz.
30 d trocken	- 27.1 %	+ 41.6 %[1]	+ 638.7 %[1]
10 Minuten nach Rehydr.	+ 21.8 %	- 25.6 %	- 19.2 %
30 Minuten nach Rehydr.	+ 26.4 %	- 33.1 %	- 28.5 %
60 Minuten nach Rehydr.	+ 25.6 %	- 33.7 %	- 28.7 %

[1] = Effekt des hypotonen Blasenwassers miteinbezogen

allerdings wegen fehlender Möglichkeiten der Trennung zwischen extra- und intrazellulärem Wasser im Muskelgewebe (die Methode nach Ling & Walton 1975 erwies sich bei den hier vorliegenden geringen Gewebemengen von 10-20 mg als nicht anwendbar) nicht berechnet werden. Die Annahme einer aktiven Aminosäuresekretion wird auch durch die Tatsache gestützt, daß die Änderung der Aminosäurekonzentration die der Wassergehaltsänderung im Gewebe stets übertrifft (Tab.5.6). Dagegen kann Harnstoff infolge seiner guten Permeabilitätseigenschaften nicht kompartimentiert (mit Ausnahme des Blasenwassers: Leaf 1967; Schmidt-Nielsen 1972) und damit nicht zur Volumenregulation eingesetzt werden. Entsprechend folgt die quantitative Abnahme des Harnstoffgehalts der Zunahme des intrazellulären Wassergehalts (Tab.5.6).

5.3. Osmoregulation und Stickstoffkompartimentierung während der Trockenperiode

In Kap. 5.1. wurde bereits die Bedeutung von Proteinen als Energieträger in der Trockenperiode dargelegt. Da Anuren nicht in der Lage sind, einen zum Plasma hypertonen Urin zu bilden, würde die Eliminierung der dabei anfallenden Stickstoffendprodukte via Urin einen hohen Nettowasserverlust zur Folge haben, der in der niederschlagsfreien Kern-Trockenzeit rasch zum Erreichen letaler Wasserverluste führen würde. Die Speicherung dieser Abbauprodukte in Form des gut löslichen Harnstoffs ist durch die Toleranzgrenzen gegenüber gesamtosmotischer wie auch substanzspezifischer Konzentration limitiert. Es ist daher zu vermuten, daß während dieser Zeit der Wasserrestriktion Stickstoffendprodukte zum Teil in unlösliche und somit osmotisch unwirksame Verbindungen wie Harnsäure und deren Derivate überführt werden. Der starke Zuwachs purinhaltiger Hautpigmente (Iridophoren) im Verlauf einer Trockenperiode (Kobelt & Linsenmair 1986) legte die Vermutung nahe, daß diesen Pigmenten neben ihren Funktionen beim Farbwechsel (Bagnara 1966, 1976) und bei der Temperaturregulation (Withers et al. 1982 a, Kobelt 1987) auch bei der Lösung osmotischer Probleme eine erhebliche Bedeutung zukommen dürfte. Um Aussagen über die quantitative Bedeutung der Stickstoff-Speicherkapazität dieser Hautpigmente zu gewinnen, wurden die im Verlauf einer Trockenperiode anfallenden Stickstoffendprodukte quantitativ erfaßt und deren Aufteilung in die einzelnen Kompartimente Haut, Körperflüssigkeit sowie Exkrete bestimmt.

Spezielle Methodik

Riedfrösche der Art <u>H.v. taeniatus</u> wurden nach der Metamorphose für 7-9 Wochen (der maximale Altersunterschied der Versuchstiere betrug 14 Tage) unter Feuchtbedingungen gehalten und anschließend in Terrarien mit simulierten Übergangsbedingungen überführt. Um akklimatisationsbedingte Unterschiede in der Purinsyntheserate zu erfassen, wurden 2 Altersklassen untersucht. Gruppe 1 wurde 2 Wochen (Alter 9-11 Wochen), Gruppe 2 3-4 Monate (Alter 5-6 Monate)

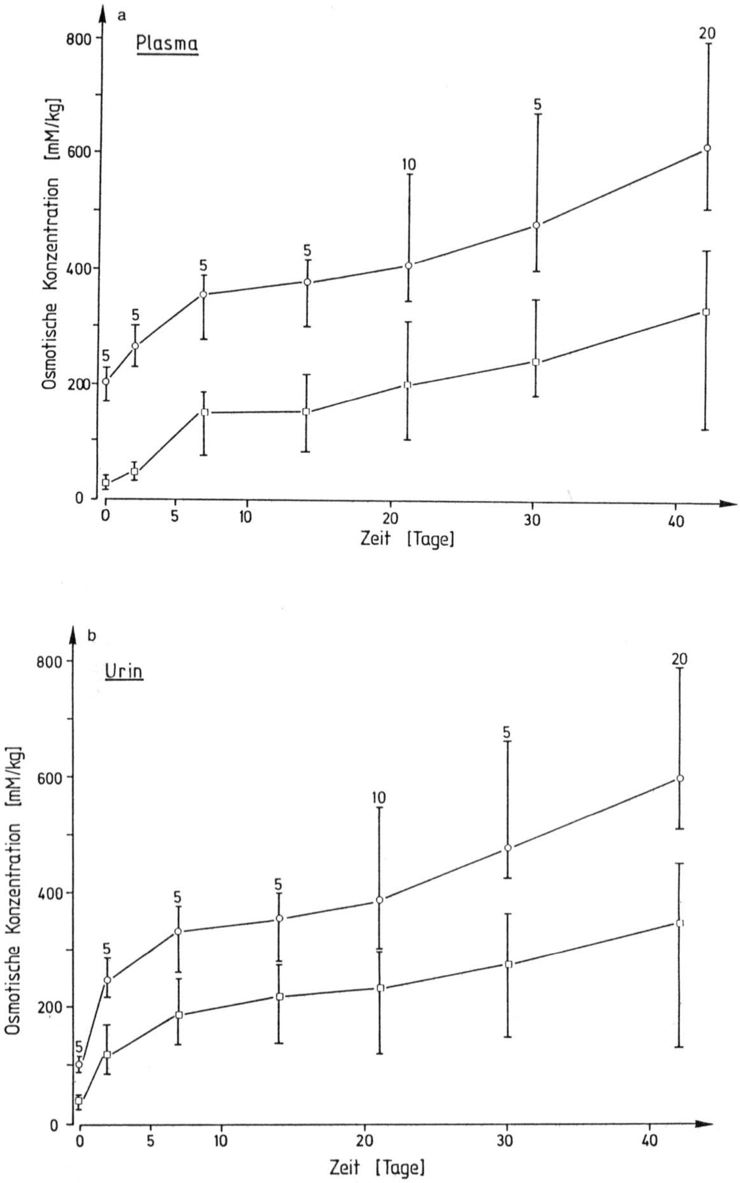

Abb.5.5: Anstieg der osmotischen Konzentration der Plasma- und Urinflüssigkeit (o) und osmotische Wirkung des steigenden Harnstoffgehaltes im Plasma und im Urin (□) trockenadaptierter juveniler H.v. taeniatus im Verlauf einer 42tägigen Trockenperiode. Am Tag 0 erhielten alle Tiere Wasser ad libitum. Die vertikalen Linien geben die Minimal- und Maximalwerte, die Zahlenangaben die Stichprobengröße wieder.

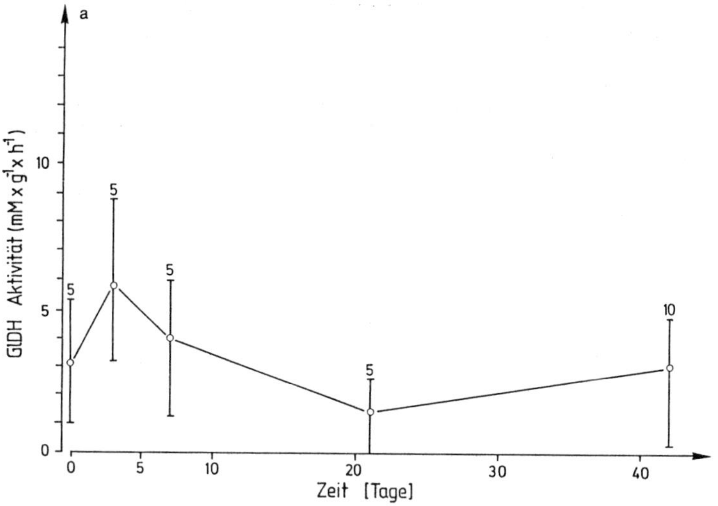

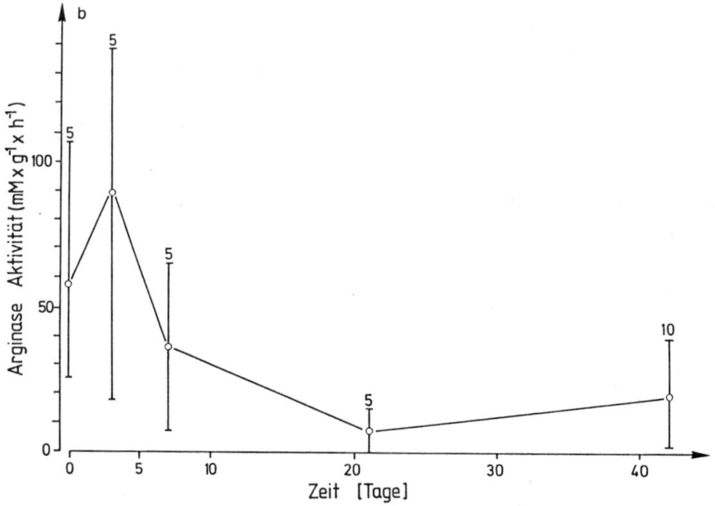

Abb.5.6: Aktivitätsänderungen der Leberenzyme Glutamatdehydrogenase (GlDH) und Arginase juveniler H.v. taeniatus im Verlauf einer 42tägigen Trokkenperiode. Die vertikalen Linien geben die Grenzwerte, die Zahlenangaben die Stichprobengröße wieder.

Tab. 5.7. Prozentuale Abnahme des Blasenwasservolumens juveniler Hyperolius viridiflavus taeniatus im Verlauf einer 42-tägigen Trockenperiode.

n	Dauer der Trockenperiode	Gewichtsverlust	Urinvolumen (% Körpergewicht)	
15	1 d	0 %	15 ± 7.8 %	(5 - 25 %)
10	30 d	35.4 ± 3.8 %	5 ± 1.9 %	(0 - 12 %)

Tab.5.8: Über den Kot exkretierte Stickstoffmenge juveniler H.v. taeniatus unter verschiedenen Haltungsbedingungen. Infolge der geringen Kotmengen eines Einzeltieres mußten Kotproben mehrere Individuen gleicher Behandlung zusammengefaßt werden. n.n. = nicht nachweisbar

Haltungsbedingungen	N_2-Gehalt (mg/g)	Harnstoffgehalt (mg/g)	Harnsäuregehalt (mg/g)	NH_3-Gehalt (mg/g)	Proteingehalt (mg/g)
Feuchtbedingungen	53.6 ± 8.6	n.n.	n.n.	1.4 ± 0.2	113.7 ± 24.2
Übergangsbedingungen	55.0 ± 5.3	1.7 ± 0.7	n.n.	1.6 ± 0.7	103.7 ± 14.7
Trockenbedingungen	46.0	12.6	n.n.	n.n.	80.3

vor Versuchsbeginn an Übergangsbedingungen akklimatisiert. Anschließend wurden die Versuchstiere in kleinen, durchlöcherten Plastikröhrchen vereinzelt und für die Dauer des Versuchs (42 Tage) im Klimaschrank bei 30°/20°C und 35%/55% r.F. gehalten. Als Kontrolle dienten Frösche gleicher Vorbehandlung, die für die Dauer des Experimentes unter Übergangsbedingungen belassen wurden.

Ergebnisse

5.3.1 Änderung im Harnstoffgehalt und der gesamtosmotischen Konzentration von Plasma und Blasenwasser

Innerhalb der ersten 7 Tage einer Wasserrestriktion steigt die Plasmakonzentration der Tiere steil an. Dieser Anstieg beruht in der Hauptsache auf einer Akkumulation von Harnstoff (Abb.5.5a). Im weiteren Verlauf einer simulierten Trokkenperiode nimmt die Plasmakonzentration zwar weiter zu, der Anstieg ist jedoch signifikant geringer als in den ersten 7 Tagen ($p \leq 0.001$; U- Test). Nach 42 Tagen erreicht die Harnstoffkonzentration des Plasmas mit im Mittel 335 mM eine acht- bis zehnfach höhere Konzentration als zu Beginn des Experiments. Die Änderungen in der osmotischen Konzentration des Blasenwassers beschreiben einen ähnlichen Verlauf. Unterschiede von mehr als 20% in der Gesamtkonzentration zwischen Plasma und Blasenwasser finden sich nur innerhalb der ersten 24h nach einer Wasseraufnahme (Tag 0 in Abb.5.5). Danach steigt die Harnstoffkonzentration der Blasenflüssigkeit stark an und die osmotische Konzentration des Urins bewegt sich über die gesamte Dauer der Trockenperiode nur wenig unterhalb der Plasmakonzentration (Abb.5.5b). Innerhalb der ersten 14 Tage einer Trockenperiode ist die Harnstoffkonzentration des Blasenwassers hypertonisch gegenüber dem Harnstoffgehalt des Plasmas ($p \leq 0.01$; U-Test; mittlere Differenz: 46 ± 28 mM). Der scharfe Anstieg der Harnstoffkonzentration in dieser Zeit ist in erster Linie auf die Rückresorption des Blasenwassers zurückzuführen. Wie im vorherigen Kapitel gezeigt werden konnte, erfolgt während dieser Zeit keine Urinneubildung (siehe Kap.4.2.1.1). Am Ende der Trockenperiode fanden sich keine signifikanten Unterschiede ($p > 0.05$; U-Test) zwischen der Harnstoffkonzentration des Blasenwassers (354 ± 73 mM; n=20) und der Plasmaflüssigkeit (335 ± 86 mM; n=20).

Eine in den ersten sieben Tagen einer Trockenperiode gesteigerte Harnstoffsyntheserate kommt auch in den Enzymaktivitäten des Krebs-Henseleit-Zyklus zum Ausdruck (Abb.5.6b). Die Aktivitätsänderung der Glutamatdehydrogenase (GlDH), dem Schlüsselenzym im Aminosäurestoffwechsel, zeigt einen ähnlichen Verlauf (Abb.5.6a).

Die anfänglich gesteigerte Proteinabbaurate stellt jedoch keine spezifische Reaktion auf Trockenheitsstreß dar. Innerhalb von 7 Tagen weisen Frösche, die unter Übergangsbedingungen (alle 2-3 Tage Wasser für ca. 60 Minuten) gehalten wurden, unter denselben Temperaturverhältnissen ohne Nahrungsversorgung signifikant ($p \leq 0.01$; U-Test) höhere N_2 -Freisetzungsraten (317± 24 µg N_2/g/d; n=10) als die Versuchstiere auf (237± 33 µg N_2/g/d; n=5). Allerdings exkretieren die "Übergangsfrösche" den größten Teil dieses Stickstoffs in Form von Harnstoff (87.4±4.2 %) während der Wassergaben (500 µl; 45 min). Obwohl somit die anfänglich hohe Harnstoffsyntheserate keine spezifische Reaktion auf Trockenheitsstress darstellt, spielt der in dieser Zeit akkumulierte Harnstoff in Verbindung mit der auch bei Wasserverfügbarkeit (maximal 15 Minuten) aufrechterhaltenen Anurie eine wesentliche Rolle bei der Steigerung der Wasseraufnahmerate (siehe vorheriges Kapitel 4.2.2.2).

5.3.2 Stickstoffexkretion über Urin und Feces

Unter den gewählten experimentellen Bedingungen konnte eine Urinabgabe nur in Verbindung mit Wasseraufnahme beobachtet werden.

Die Stickstoff-Speicherkapazität des Blasenwassers ist bei H. viridiflavus stark limitiert. Zum einen übersteigt der Blasenwassergehalt bei keinem der daraufhin untersuchten juvenilen Fröschen 25 % des Gesamtkörpergewichts (Tab.5.7) und wird desweiteren im Verlauf der Trockenperiode stark reduziert. Zum anderen bleibt die gesamtosmotische Konzentration des Blasenwassers stets hypoton zum Plasma. Am Ende der zweiundvierzigtägigen Trockenperiode unterschied sich die Harnstoffkonzentration des Plasmas nicht signifikant von dem der Blasenflüssigkeit. Harnsäure ließ sich im Urin nur in Spuren nachweisen (H.v. taeniatus, 35 d trocken: 1.24±0.92 mM; n=8). Im Anschluß an die Trockenperiode werden bei Wasserverfügbarkeit (500 µl/15 Min.) große Mengen Harnstoff via Urin exkretiert. Nach 3 Tagen unter Übergangsbedingungen haben sich die Trockenfrösche bereits wieder auf Feuchtbedingungen umgestellt. Die BUN-Werte (= Bluthamstoffgehalt) liegen nicht mehr signifikant ($p > 0.05$; U- Test; n=10) über denen von Kontrollfröschen, die über den gesamten Versuchszeitraum unter Übergangsbedingungen belassen worden waren.

Eine Kotabgabe erfolgte meist nach 1-2 Wassergaben. Der Kot enthielt 46.0 mg N_2 /g Trockengewicht. Etwa 30 % des Gesamtstickstoffs entfiel dabei auf Protein, 14 % auf Harnstoffbeimengungen. Die restlichen Stickstoff- Anteile stammen vermutlich aus dem unverdaubaren Chitinmaterial von Insekten, die kurz vor Einsatz der Trockenperiode erbeutet worden waren. Eine Harnsäure-Exkretion konnte nicht nachgewiesen werden (Tab.5.8).

5.3.3 Ionenregulation während der Trockenperiode

Aus vorliegenden Literaturdaten über frei ästivierende Anuren (Shoemaker & McClanahan 1975, Drewes et al. 1977) ergaben sich etliche indirekte Hinweise auf eine K^+-Anreicherung im Urin. Um festzustellen, ob das Blasenwasser neben

Tab.5.9: Änderungen im Harnstoffgehalt und der ionalen Zusammensetzung der Blasenflüssigkeit juveniler H.v.taeniatus im Verlauf einer 42tägigen Trockenperiode. Als Kontrolltiere wurden juvenile H.v.taeniatus zu Beginn der Trockenperiode herangezogen. Zusätzlich wurden die quantitativen Änderungen in der Urinzusammensetzung feuchtgehaltener Tiere (täglich für 15' Wasser ad libitum) erfaßt.
Die in Klammern angegebenen Werte spiegeln den Effekt des aus den Verdunstungsverlusten resultierenden, passiven Akkumulationseffektes auf den Anstieg der hier gemessenen, osmotisch aktiven Teilchen wieder.

Dauer der Trockenperiode	n	Gewichtsverlust (%)	Blasenwasserverlust (%)	Gesamtosmot. Wert (mOsm)	Harnstoffgehalt (mM)	K^+-Konz. (mEqu/l)	Na^+-Konz. (mEqu/l)
1 Tag:							
Kontrolltiere	8	0	0	98 ± 28	42.8 ± 16.2	3.8 ± 1.7	1.4 ± 0.5
21 Tage:							
feuchtadaptiert	5	-	-	192 ± 14	125.8 ± 14.7	7.3 ± 2.9	9.4 ± 2.3
trockenadaptiert	6	27.2	75	384 ± 48	178.3 ± 38.9	69.4 ± 34.4	8.4 ± 4.6
				(392)	(171.2)	(15.2)	(5.6)
42 Tage:							
feuchtadaptiert	5	-	-	295 ± 39	166.1 ± 77.3	6.6 ± 5.2	10.3 ± 4.0
trockenadaptiert	4	46.4	85	632 ± 136	328.0 ± 55.5	91.2 ± 12.5	4.4 ± 1.3
				(653)	(285.3)	(25.3)	(9.3)

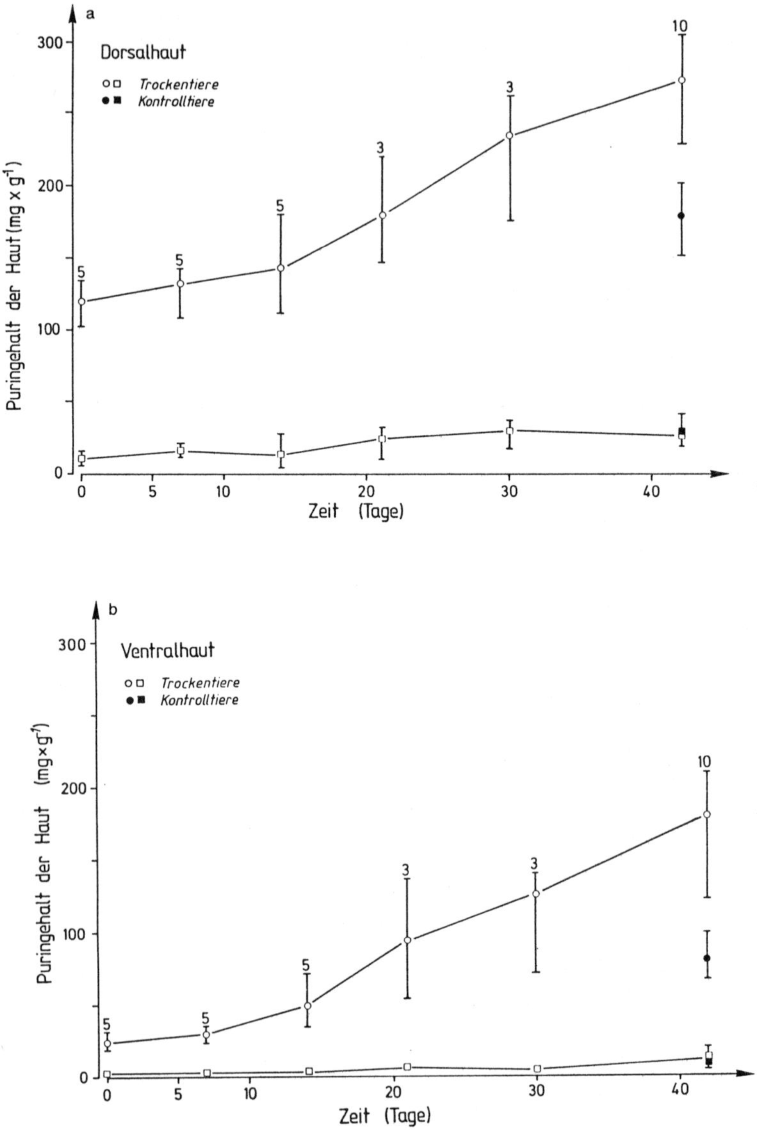

Abb.5.7: Anstieg des Puringehaltes in der Haut 2 Monate alter <u>H.v.</u> <u>taeniatus</u> im Verlauf einer 42tägigen Trockenperiode. Als Purine wurden Guanin (o) und Hypoxanthin (□) identifiziert. Offene Symbole stellen die Trockenfrösche, geschlossene Symbole gleichaltrige, in den Haltungsbecken belassene Kontrollfrösche dar. Die vertikalen Linien geben die Grenzwerte, die Zahlenangaben die Stichprobengröße wieder.

seiner Funktion als Wasserreservoir auch eine Funktion bei der Ionenregulation erfüllt, wurden Urinproben verschieden adaptierter H.v. taeniatus auf ihre ionale Zusammensetzung hin untersucht.

Ergebnisse

Die Ergebnisse in Tab.5.9 machen deutlich, daß sich der Anstieg im Harnstoffgehalt des Blasenwassers über die Abnahme des Blasenwassergehaltes rein rechnerisch nachvollziehen läßt. Dagegen zeigt die ionale Zusammensetzung des Blasenwassers deutlich abweichende Größenverhältnisse auf. Während der K^+ -Gehalt auf einen starken Akkumulationseffekt hinweist ($p \leq 0.05$;U-Test), zeigt sich der Na^+-Gehalt nach einer zweiundvierzigtägigen Trockenperiode leicht reduziert. Der konstant bleibende Absolutgehalt des Harnstoffs läßt die Schlußfolgerung zu, daß die Wasserreabsorption über die Blasenwand mit ionalen Austauschprozessen gekoppelt ist.

5.3.4 Stickstoff-Speicherung in den Iridphoren

Die Zahl der lichtreflektierenden Hautpigmente (Iridophoren, Guanophoren) nimmt während der Trockenperiode stark zu und führt zu einer deutlichen Reduktion der Strahlungsabsorption im sichtbaren und nahen infraroten Wellenlängenbereich (Kobelt & Linsenmair in prep). Die Einlagerung von 2-3 Iridophorenschichten, dies entspricht etwa 100-150 µg Purine/mg Hauttrockengewicht, erhöht die Reflexionseigenschaften der Haut beträchtlich; eine darüber hinausgehende Einlagerung von Purinen übt nur noch eine geringe Wirkung aus (Schmuck et al. 1988). Da dennoch weiterhin Iridophoren gebildet werden, schien die Annahme einer zusätzlichen Funktion der Iridophoren als Stickstoff-Speicherdepot zulässig. Um Aussagen über die quantitative Bedeutung dieses potentiellen Exkretspeichers zu gewinnen, wurde die Purinsyntheserate von H.v. taeniatus über eine zweiundvierzigtägige Trockenperiode verfolgt.

Sowohl in der Ventral- wie in der Dorsalhaut beträgt der Zuwachs an Purinen über die genannte Zeitspanne etwa 150 mg/g Hauttrockengewicht (Abb.5.7). Im Durchschnitt steigt der Puringehalt der Dorsalhaut von 136.3 auf 298.0 mg/g, der Gehalt an Purinen der Ventralhaut von 32.1 auf 192.1 mg/g (n=10). Am Ende der Trockenperiode entspricht dies etwa einem Betrag von 90 mM Harnstoff, der in osmotisch inerter Form in den Hautpigmenten abgelagert wird. Guanin bildet mit 80-90 % die Hauptkomponente der Iridophorenkristalle, der Hypoxanthinanteil beträgt 10-20%. Im Laufe der Trockenperiode verschiebt sich das Guanin/Hypoxanthin-Verhältnis zunehmend zur Seite des Guanins. Der Hypoxanthinanteil sinkt von anfänglich 12.5 % auf 8.9 % zum Ende der Trockenperiode. Harnsäure oder Adenin konnten nicht nachgewiesen werden. Im selben Zeitraum beträgt der Purinzuwachs der Kontrolltiere lediglich 60 mg/g Hauttrockengewicht (Abb.5.7)

Tab.5.10: Harnstoffkonzentration verschiedener Körpergewebe juveniler _H.v.taeniatus_ nach einer 42tägigen Trockenperiode.

Individuum Nr.	Plasma (mM)	Restkörperhomogenat (mM)	Leberhomogenat (mM)
1	353	343	350
2	433	425	462
3	219	221	236
4	215	186	228
5	124	117	119
6	410	363	433
7	352	327	346
8	333	328	352

Tab.5.11:Zunahme des Körperharnstoff- und Hautpuringehaltes juveniler <u>H.v.taeniatus</u> im Verlauf einer 42tägigen Trockenperiode.

Individuum Nr.	Ausgangsgewicht (g)	Körperwasserverlust (%)	Fettkörper (mg)	Körperharnstoffgehalt am Ende der Trockenphase (mM)	Zunahme des Körperharnstoffgehalts ($\mu g\ N_2/g/d$)	Zunahme des Puringehalts in der Haut ($\mu g\ N_2/g/d$)	Zunahme des Puringehalts in der Haut (% Gesamt-N_2)	Plasmakonzentr. nach Trockenzeit (mOsm)	Gesamt-N_2 Freisetzungs-Rate ($\mu g\ N_2/g/d$)
1	0.458	47.7	0	353	98.5	29.6	23.1	648	128.1
2	0.480	53.3	0	433	115.6	13.6	10.5	758	129.2
3	0.412	54.8	0	219	56.6	28.9	33.8	648	85.5
4	0.415	41.2	0	215	60.0	23.2	27.9	628	83.2
5	0.350	39.1	0.2	124	36.1	18.9	34.4	568	55.0
6	0.235	40.3	0	410	154.9	24.6	13.7	691	179.5
7	0.413	37.4	0	352	108.9	28.4	20.7	628	137.3
8	0.646	42.5	0	333	94.8	27.9	22.7	619	122.7
x	0.426 ± 0.117		0.03 ± 0.07	305 ± 108	90.7 ± 38.2	24.4 ± 5.7	23.4 ± 8.6	649 ± 56	115.1 ± 38.9

Im Gegensatz zu Gruppe 1 (9-11 Wochen alte Frösche) zeigt der Purinzuwachs der Gruppe 2 (5-6 Monate alte Tiere) keinen so einheitlichen Verlauf. Tiere der Gruppe 2, die zu Beginn des Versuchs seziert worden waren, zeigten einen stark variierenden Puringehalt der Haut (zwischen 192 und 271 mg/g in der dorsalen und 87 bis 139 mg/g in der ventralen Haut). Dies dürfte das Resultat eines kontinuierlich erfolgenden Purinzuwachses mit starken individuellen Schwankungen in der Zuwachsrate darstellen. Da infolge der großen Streuung in den Ausgangswerten eine verläßliche Berechnung der Purinzuwachsrate für diese Tiere nicht möglich war, wurde eine Stickstoffbilanz nur für die Gruppe 1 vorgenommen.

5.3.5 Stickstoffbilanz

Im nachfolgenden Kapitel blieb der mögliche Effekt der aminosäureabhängigen Zellvolumenregulation auf die Gesamt-N_2- Freisetzungsrate infolge der noch ungeklärten Aminosäurequelle unberücksichtigt (zur potentiellen Einflußnahme der Zellvolumenregulation auf die N_2-Bilanz siehe Diskussion Tab. 5.29). Frösche der Gruppe 1 wiesen nach 42 Tagen ohne Wasserversorgung Gewichtsverluste von 37-55 % auf, welche nahe bei bzw. bereits über der Letalgrenze von 45-52 % (Geise & Linsenmair 1988) liegen. Die Plasmakonzentration erreichte Werte zwischen 568 und 758 mOsm. Die Stickstoffendprodukte werden zeitlich nicht in gleichmäßigen Raten zwischen Iridophoren und Körperflüssigkeit aufgeteilt (Abb.5.5 und 5.7). Der Plasmaharnstoffgehalt steigt innerhalb der ersten 7 Tage auf das Vierfache seines Ausgangswertes an, während der Puringehalt der Haut bis zum 7. Tag keinen signifikanten Anstieg erkennen läßt.

Um sicherzustellen, daß die Plasmakonzentration einen repräsentativen Wert zur Berechnung des Gesamtharnstoffgehalts der Körperflüssigkeit darstellt, mußte zunächst die gleichmäßige Verteilung des Harnstoffs im Körperwasser nachgewiesen werden. Obwohl Zellmembranen gewöhnlich keine Diffusionsbarriere für Harnstoff bilden, ist eine längerfristige Harnstoffkompartimentierung zwischen intra- und extrazellulärer Flüssigkeit für Amphibien beschrieben worden (Colley et al. 1972, Degani et al. 1983, Degani et al. 1984). Zur Prüfung auf eine mögliche Parallele eines solchen Verteilungsmusters bei H. viridiflavus wurde nach Entnahme der Blut- und Kotproben der Gesamtharnstoffgehalt des Froschkörpers bestimmt. Desweiteren wurde das für die Enzymnachweise hergestellte Leberhomogenat auf seinen Harnstoffgehalt hin untersucht. Die Ergebnisse aus Tab.5.10 zeigen, daß bei H.v. taeniatus am Ende der Trockenperiode der Harnstoff gleichmäßig über alle Körperflüssigkeiten verteilt ist.

Die anteilmäßige Nutzung von Plasmapool und Hautspeicherdepot ist in Tab.5.11 dargestellt. Am Ende der zweiundvierzigtägigen Trockenperiode besaß nur noch ein Frosch sichtbare Reste eines abdominalen Fettkörpers. Dieser Frosch unterschied sich von den übrigen durch einen niedrigen Plasmaharnstoffgehalt. In

Tab.5.12: Puringehalt der Iridophoren verschiedener Altersklassen von H.v.taeniatus in Abhängigkeit von den Haltungsbedingungen. Die Zahlen geben Mittelwerte und Standardabweichung wieder, die Zahlenangaben in Klammern die Grenzwerte. Die Werte jeder Gruppe wurden auf signifikante Abweichung von den Werten 7-8 Monate alter Feuchtfrösche getestet. G = Guanin, Hyp = Hypoxanthin

Haltungsbedingungen	Alter der Tiere (Monate)	Anzahl getesteter Individuen	Puringehalt der Iridophoren (mg/g)			p< (U-Test)
				Dorsalhaut	Ventralhaut	
42tägige Trockenperiode auf Übergangsbedingungen folgend	2-3	10	G	273 ± 41 (225 - 306)	175 ± 39 (123 - 211)	0.002
			Hyp	25 ± 7.8 (21 - 38)	17 ± 2.9 (14 - 21)	n.s.
Feuchtfrösche	7-8	7	G	207 ± 26 (177 - 248)	108 ± 19 (76 - 137)	-
			Hyp	24 ± 5.2 (16 - 30)	14 ± 1.6 (13 - 16)	-
Übergangsbedingungen	7-8	5	G	231 ± 38 (198 - 272)	121 ± 18 (98 - 146)	n.s.
			Hyp	22 ± 7.2 (14 - 32)	17 ± 3.2 (15 - 22)	n.s.
42tägige Trockenperiode auf Übergangsbedingungen folgend	7-8	10	G	342 ± 35 (260 - 365)	212 ± 53 (196 - 270)	0.001
			Hyp	29 ± 4.3 (25 - 32)	18 ± 2.6 (13 - 22)	0.05
Adultfrösche, nach Übergangsbedingungen 1 Monat Feuchtbedingungen	12	5	G	263 ± 27 (240 - 300)	200 ± 14 (180 - 231)	0.005
			Hyp	31 ± 3.1 (26 - 36)	21 ± 1.8 (17 - 24)	0.005

Gruppe 2 wiesen zwei Tiere noch Reste ihres abdominalen Fettkörpers auf. Auch diese Frösche zeichneten sich durch ihre niedrigen Plasmaharnstoffwerte (186 mM und 158 mM) aus. Nach einer zweiundvierzigtägigen Trockenperiode betrug bei Fröschen der Gruppe 1 der Gesamtpuringehalt (Guanin + Hypoxanthin) in der Dorsalhaut 246-344 mg/g, in der Ventralhaut 137-232 mg/g. Dies entspricht einem Zuwachs von 100-170 µg Purin pro mg Hauttrockengewicht und einem prozentualen Anteil von rund 25% am Gesamtstickstoffexkret (Tab.5.11). Ähnliche Größenordnungen lassen sich für Frösche der Gruppe 2 abschätzen. Diese Tiere erreichten Purinmengen von 285-397 mg/g in ihrer dorsalen und 209-292 mg/g in ihrer ventralen Haut (Tab.5.12).

5.3.6 Abhängigkeit der Purinsyntheserate von den Haltungsbedingungen

Haut-Purinkristalle werden nach den bisherigen Ergebnissen in bestimmten Raten über das gesammte Juvenilstadium gebildet, unabhängig von den Haltungsbedingungen. Um Aussagen über den Einfluß von Haltungsbedingungen und Wachstumsprozessen auf die Purinsyntheserate zu erhalten, wurde der Puringehalt von Fröschen untersucht, die unter unterschiedlichen Haltungsbedingungen aufgezogen worden waren. Alle gleichaltrigen Frösche hatten vergleichbare Körperlängen und Körpergewichte.

Der Puringehalt der Haut zeigt sich deutlich abhängig von der potentiellen Wasserverfügbarkeit (Tab. 5.12). Zwischen Tieren, die täglich mit Wasser versorgt wurden (Feuchtfrösche) und solchen, die alle 2-3 Tage Wasser erhielten (Übergangsbedingungen), ließen sich nur geringe Unterschiede festellen. Nach einer mehrwöchigen Trockenperiode dagegen lag der Hautpuringehalt unabhängig vom Alter der Frösche signifikant ($p \leq 0.01$; U-Test) höher als der gleichaltriger, unter Übergangsbedingungen belassener Kontrolltiere. Adulttiere zeigten einen geringeren Hautpuringehalt als Juveniltiere nach einer Trockenperiode. Allerdings könnte dies ein Resultat der beschleunigten Wachstumsrate im Anschluß an die Trokkenperiode darstellen, in der die Jungfrösche zur Adultgröße heranwachsen.

5.3.7 Steuerung des Iridophorenstoffwechsels:

Die bisherigen Ergebnisse machen deutlich, daß der Einlagerung von Purinen in die Haut in Zeiten limitierter Wasserversorgung eine entscheidende osmoregulatorische Bedeutung zukommt. Allerdings ist die Purinsynthese per se keine spezifische Reaktion auf Trockenheitsstreß, sondern erfolgt auch unter Bedingungen regelmäßiger Wasserzufuhr. Die Rate der Purinsynthese ist jedoch deutlich verschieden. Die unterschiedlichen Syntheseraten würden sich zum einen durch Wachstumsprozeße der im Haltungsbecken verbliebenen Kontrollfrösche erklären, die dadurch bei vergleichbarer Purinsyntheserate einen niedrigeren relativen Purinanteil erreichen würden. Zum anderen könnte die Purinsyntheserate einer physiologischen Steuerung unterliegen. Circa 14 Tage nach Beginn einer simulierten Trockenzeit erfolgt eine signifikante ($p \leq 0.01$; U- Test: Quotientenbildung zwischen Tag 0 und 14 sowie 14 und 42) Steigerung der Purinsyntheserate. Innerhalb dieses Zeitraumes weisen alle Tiere Verdunstungsverluste von mehr als 10 % ihres Körpergewichtes auf. Infolge der Anurie und des anfänglich hohen Proteinkatabolismus ist im selben Zeitintervall ein starker Anstieg der Harnstoffkonzentration im Plasma festzustellen. Hieraus lassen sich im Zusammenhang mit der physiologischen Steuerung des Iridophorenstoffwechsels zwei Gedankenmodelle entwickeln. Zum einen erfolgen ab der genannten Wasserverlusthöhe vielfältige physiologische Reaktionen, die im Zusammenhang mit der Optimierung der Trockenzeitphysiologie stehen und es wäre denkbar, daß die erhöhte Purinsyntheserate durch Aktivitätsänderungen der Schlüsselenzyme des Purinstoffwechsels hervorgerufen wird. Zum anderen ist denkbar, daß durch die fehlenden Möglichkeiten einer Harnstoffeliminierung und der gleichzeitig erfolgenden Aktivitätsabnahme der Harnstoffzyklusenzyme die Purinsynthese passiv durch einen Anstieg der Ammonium-Konzentration beschleunigt wird. In einem zweiten Versuchsansatz sollen zum einen die Fragen nach der Steuerung des Iridophorenstoffwechels geklärt, zum anderen artspezifische Unterschiede in der Nutzung dieses Regelmechanismus durch interspezifische Vergleiche untersucht werden. Um Wachstumsprozesse als mögliche Ursache unterschiedlicher Purinsyntheseraten auszuschließen, wurden die Kontrolltiere bei regelmäßiger Wasserversorgung unter sonst identischen Bedingungen (ohne Fütterung) gehalten. Manipulationen, die zu einer rascheren Harnstoffakkumulation führen (Harnstoffzufuhr), sollten eine mögliche "Produkthemmung" erkennen lassen. Eine direkte Regulierung über Enzymaktivität sollte sich im Aktivitätsmuster eines Schlüsselenzyms der Purinsynthese, der Glutamin-Synthetase, wiederspiegeln.

Spezielle Methodik

Juvenile Riedfrösche der Art H.v. taeniatus und H.v. ommatostictus wurden, wie unter Punkt 5.3 Spezielle Methodik beschrieben, vorbehandelt (Alter: 9-11 Wochen). Um die Zahl der abzutötenden Tiere möglichst gering zu halten, wurde auf den zeitlichen Verlauf der Purinsyntheserate verzichtet und nur jeweils Ausgangs- und Endwert bestimmt. Ebenso wurden Manipulationen wie die Rehydrierung in einer 150 mM Harnstofflösung zur Erhöhung der anfänglichen Plasmaharnstoffkonzentration sowie Enzymaktivitätsuntersuchungen nur an einer Art, H.v. taeniatus, vorgenommen. Die Kontrollfrösche wurden unter den gleichen Haltungsbedingungen (30°/20°C; 11:13 h; 35/55 % R.H.) im Klimaschrank belassen und täglich für 15 bzw. 45 Minuten mit destilliertem Wasser versorgt. Würde Harnstoff im vorliegenden System über eine Endprodukthemmung seine eigene Syntheserate negativ beeinflußen und über den damit verbundenen Anstieg der NH_4^+ -Konzentration im Plasma die beobachtete Steigerung der Purinsyntheserate induzieren, sollte durch künstliche Erhöhung des Plasmaharnstoffgehaltes zu Beginn der Trockenperiode ein zeitlich vorgezogenes Einsetzen im Anstieg der Syntheserate zu beobachten sein. Dies sollte zum einen im Betrag der synthetisierten Purinmenge zum Zeitpunkt der üblicherweise einsetzenden Aktivitätssteigerung, zum anderen in der Höhe der Enzymaktivität der Glutaminsynthetase zum Ausdruck kommen.

Tab.5.13: Kompartimentierung der N_2-Endprodukte juveniler H.v. taeniatus zwischen Urin, Plasma und Iridophoren der Haut unter simulierten Trocken- und Feuchtebedingungen ohne Nahrungsversorgung. Die von Feuchtfröschen abgegebenen Urinmengen wurden über den gesamten Versuchszeitraum addiert und der Zunahme des Harnstoffgehaltes zugerechnet. Die Versuchsdauer betrug 42 Tage. K=Kontrollfrösche, zu Beginn des Versuchs entnommene Tiere (n=8) Hyp=Hypoxanthin, Gua=Guanin

42 Tage ohne Wasserversorgung

Ind. Nr.	Anfangsgewicht (g)	Gewichtsverlust (%)	Fettkörper (mg)	Harnstoffgehalt am Versuchsende (mM)	Zunahme des Harnstoffgehaltes ($\mu g\ N_2/g/d$)	Plasmakonzentration am Versuchsende (mOsm)	Puringehalt der Haut: (mg/g) ventral Hyp	ventral Gua	dorsal Hyp	dorsal Gua	Zunahme des Gesamtpuringehalts in der Haut ($\mu g\ N_2/g/d$)	(% GesamtN_2)	Gesamt-N_2-Freisetzungsrate ($\mu g\ N_2/g/d$)
1	0.529	42.6	0	401	114.6	698	32.8	228.8	50.0	337.5	34.3	23.0	148.9
2	0.453	37.3	1.7	183	40.6	462	18.6	135.7	34.2	281.5	21.3	34.4	61.9
3	0.539	35.1	0	405	126.0	669	25.5	218.1	31.4	347.8	36.3	22.4	162.3
4	0.611	38.1	0.6	287	72.6	587	12.9	135.1	19.0	282.4	23.5	24.5	96.1
5	0.568	47.0	0	338	70.0	648	20.6	142.3	27.2	262.1	23.4	25.0	93.4
6	0.693	43.3	0	309	75.1	624	16.7	181.1	18.1	291.0	23.9	24.1	99.0
7	0.443	46.2	0	378	86.6	698	11.8	146.7	6.2	346.2	33.5	27.9	120.1
8	0.677	40.4	0.5	249	54.0	554	12.4	132.9	19.6	292.6	23.5	30.3	77.5
9	0.512	42.4	0	310	75.6	604	17.6	182.4	28.3	246.4	19.5	20.5	95.1
x̄	0.558 ± 0.089		0.3 ± 0.6	318 ± 73	79.5 ± 26.9	616 ± 76	18.8 ± 6.8	167.0 ± 37.2	26.0 ± 12.4	298.6 ± 36.9	26.6 ± 6.3	25.8 ± 4.3	106.0 ± 32.4
K	0.524 ± 0.123		3.9 ± 0.7	38.3 ± 12.1		226 ± 24	10.4 ± 2.1	63.3 ± 15.5	19.2 ± 2.3	136.9 ± 23.1			

Tägliche Wasserversorgung: 15 Minuten 500 µl H_2O bidest.

Ind. Nr.	Anfangsgewicht (g)	Gewichtsverlust (%)	Fettkörper (mg)	Harnstoffgehalt am Versuchsende (mM)	Zunahme des Harnstoffgehaltes ($\mu g\ N_2/g/d$)	Plasmakonzentration am Versuchsende (mOsm)	ventral Hyp	ventral Gua	dorsal Hyp	dorsal Gua	Zunahme des Gesamtpuringehalts ($\mu g\ N_2/g/d$)	(% GesamtN_2)	Gesamt-N_2-Freisetzungsrate ($\mu g\ N_2/g/d$)
1	0.351	17.7	0	52	200.1	296	10.3	125.1	18.3	268.4	11.7	5.5	211.7
2	0.464	31.5	0	51	116.1	283	19.8	150.6	22.6	277.2	17.1	12.8	133.2
3	0.584	4.3	0	43	147.8	227	15.0	159.2	28.2	300.7	25.6	14.[illegible]	173.4
4	0.501	2.4	1.8	64	131.9	258	14.2	108.8	23.8	213.6	13.9	9.5	145.8
5	0.399	22.7	0	67	216.1	291	27.2	113.3	43.9	232.7	17.3	7.4	233.4
6	0.326	12.7	0	51	209.5	290	18.9	136.7	31.6	189.6	10.3	4.7	219.8
7	0.418	30.8	0	32	170.6	272	27.2	113.3	43.9	232.7	12.1	6.6	182.7
8	0.638	31.9	0	20	142.5	234	8.2	133.6	22.4	258.0	17.0	10.7	159.5
x̄	0.460 ± 0.109		0.2 ± 0.6	48 ± 16	166.8 ± 38.0	269 ± 27	17.6 ± 7.1	130.1 ± 18.4	29.3 ± 9.8	246.6 ± 36.2	15.6 ± 4.9	9.0 ± 3.6	182.4 ± 36.3

Tägliche Wasserversorgung: 45 Minuten 500 µl H_2O bidest.

Ind. Nr.	Anfangsgewicht (g)	Gewichtsverlust (%)	Fettkörper (mg)	Harnstoffgehalt am Versuchsende (mM)	Zunahme des Harnstoffgehaltes ($\mu g\ N_2/g/d$)	Plasmakonzentration am Versuchsende (mOsm)	ventral Hyp	ventral Gua	dorsal Hyp	dorsal Gua	Zunahme des Gesamtpuringehalts ($\mu g\ N_2/g/d$)	(% GesamtN_2)	Gesamt-N_2-Freisetzungsrate ($\mu g\ N_2/g/d$)
1	0.407	34.4	0	32	240.0	256	21.4	170.9	29.5	228.4	12.4	4.9	252.4
2	0.358	33.9	0	36	284.9	221	13.1	156.2	39.3	345.3	19.8	6.5	304.7
3	0.390	27.9	0	38	205.8	260	12.1	154.8	25.8	208.4	11.3	5.2	217.1
4	0.423	24.3	0	43	142.4	226	16.2	161.0	35.8	304.4	23.8	14.3	166.2
5	0.513	22.6	0	28	179.5	255	24.4	209.4	25.1	276.2	26.2	12.7	205.7
6	0.605	18.1	0	27	81.1	246	15.3	123.8	28.7	262.9	17.2	17.5	98.3
x̄	0.449 ± 0.092		0	34 ± 6	189.0 ± 72.1	244 ± 17	17.1 ± 4.8	162.7 ± 27.8	30.7 ± 5.7	270.9 ± 49.9	18.5 ± 6.0	10.2 ± 5.4	207.4 ± 71.0

5.3.7.1 Abhängigkeit der Purinsyntheserate von der Wasserverfügbarkeit

Die Stickstoff-Freisetzungsrate trockenadaptierter H.v. taeniatus unterschied sich mit 106.0± 32.4 µg N_2/g/d (n=9) (Tab.5.13) nicht signifikant (p>0.05; U-Test) von der Stickstoff-Akkumulationsrate im ersten Versuchsansatz (115.1± 38.9 µg N_2 /g/d; n=8; Tab.5.11). Eine regelmäßige Wasserversorgung (15 Min. bzw. 45 Min. 500 µl H_2O bidest) hatte einen sprunghaften Anstieg der Stickstoff- Anfallrate ($\bar{x}$ = 182.4± 36.3 µg N_2/g/d bei 15 Min.; n =8; 207.4± 71.0 µg N_2/g/d bei 45 Min; n = 6) zur Folge (p≤0.001 ; U- Test). Während unter Bedingungen der Wasserrestriktion eine Urinabgabe unterblieb, erlaubte bereits die kurzfristige Wasserversorgung von 15 Minuten eine vollständige Elimination des gebildeten Harnstoffs. Die BUN-Werte feuchtadaptierter H.v. taeniatus (48± 16 mM; n = 8 bzw. 34± 6 mM; n = 6) ließen sich nicht signifikant (p>0.05; U-Test) vom Ausgangswert (38± 12 mM; n = 8) unterscheiden. Die gesamtosmotische Konzentration überstieg in keinem Fall einen Wert von 300 mOsm. Dagegen erreichten trockenadaptierte Frösche innerhalb des 42- tägigen Versuchszeitraumes Plasmaharnstoffkonzentrationen bis zu 433 mM (Tab.5.11). Die gesamtosmotische Konzentration stieg dabei auf Werte über 700 mOsm an (Tab.5.11). In beiden Testgruppen ließ sich eine deutliche Beziehung zwischen der Verbrauchsrate der Fettreserven und den Stickstoff-Freisetzungsraten erkennen (Tab.5.11 und Tab.5.13). Die Purinsyntheseraten trockenadaptierter H.v. taeniatus lagen mit 24.4± 5.7 µg N_2/g/d (Tab.5.11; n=8) und 26.6± 6.3 µg N_2/g/d (Tab.5.13; n=9) signifikant (p≤0.05; U-Test) höher als die feuchtadaptierter Kontrolltiere (15 Min: 15.6± 4.9 µg N_2/g/d; n = 8; 45 Min: 18.5± 6.0 µg N_2/g/d; n = 6).

5.3.7.2 Einfluß der Harnstoffkonzentration auf die Purinsyntheserate

Harnstoff diffundiert aufgrund seiner guten Permeabilitätseigenschaften ungehindert durch wasserdurchlässige Membranen (Katz & Gabbay 1986). Zur Erhöhung des Plasmaharnstoffgehaltes konnte deshalb auf eine risikoreiche Injektion verzichtet werden, indem die zu Versuchsbeginn erfolgende Rehydrierung in 150 mM Harnstofflösung vorgenommen wurde.

Wie die Ergebnisse aus Tab.5.14 verdeutlichen, hat die Rehydrierung in einer 150 mM Harnstofflösung einen signifikanten Anstieg (p≤0.01; U-Test) des Plasmaharnstoffgehaltes gegenüber normal rehydrierten Versuchstieren zur Folge. Die im Mittel aufgenommene Wassermenge unterschied sich dagegen nicht signifikant zwischen den beiden Behandlungsgruppen und ergab somit mit Ausnahme der Plasmaharnstoffmenge vergleichbare Ausgangsbedingungen.

Um zu überprüfen, ob der Anstieg des Plasmaharnstoffgehaltes eine vorzeitige Steigerung der Purinsyntheserate induziert, wurden je 3 Versuchstiere aus beiden Behandlungsgruppen 14 Tage nach Versuchsbeginn entnommen und der Puringehalt der Haut bestimmt. Desweiteren wurde die Leber und etwa die Hälfte der

Tab. 5.14. Effekt von Harnstoffzugabe ins Rehydrierungsmedium auf den Plasmaharnstoffgehalt juveniler <u>H.v. taeniatus</u>. Die Tiere waren 24 h vor Versuchsbeginn aus Übergangsbedingungen abgefangen und über Nacht im Klimaschrank bei 30°/20°C belassen worden. Die Rehydrierungsdauer betrug 60 Minuten.

Rehydrierungsmedium	n	Wasseraufnahmerate (%/ h)	Plasmaharnstoffgehalt 24 h nach Rehydrierung (mM)
500 µl 150 mM Harnstofflsg.	5	18.2 ± 8.7	61.7 ± 8.6
500 µl zweifach dest. H_2O	5	16.4 ± 10.2	42.5 ± 7.7

Tab.5.15: Einflußnahme eines anfänglich erhöhten Plasmaharnstoffgehalts auf den Zeitpunkt des Anstiegs der Purinsyntheserate. Unter Standardbedingungen (Abb.5.7) erfolgt 14 Tage nach Beginn der Trockenperiode ein signifikanter Anstieg der Purinsyntheserate. Sollte dieser Anstieg einer Induktion durch die Harnstoffkonzentration im Plasma unterliegen, müßte die Steigerung der Syntheserate bei den in einer 150 millimolaren Harnstofflösung rehydrierten Versuchstieren zu einem früheren Zeitpunkt erfolgen. Letzteres sollte in einem erhöhten Gesamtpuringehalt der Haut 14 Tage nach Eintritt der Trockenzeitbedingungen zum Ausdruck kommen.

Behandlungsgruppe	n	Puringehalt (mg/g)	
		Ventralhaut	Dorsalhaut
Mit dest. H_2O rehydrierte Kontrollgruppe	3	104.6 ± 10.5	182.9 ± 11.2
Mit 150 mM Harnstofflsg. rehydrierte Versuchsgruppe	3	115.3 ± 10.1	177.9 ± 15.0

Tab.5.16: Einflußnahme eines anfänglich erhöhten Plasmaharnstoffgehaltes auf die Purinsyntheserate trockenadaptierter <u>H.v.taeniatus</u> im Verlauf einer 42tägigen Trockenperiode. K = Kontrollfrösche, zu Versuchsbeginn entnommen.
Hyp Hypoxanthin, Gua Guanin

Ind. Nr.	Anfangsgewicht (g)	Gewichtsverlust (%)	Fettkörper (mg)	Harnstoffgehalt am Ende der Trockenphase (mM)	Zunahme des Harnstoffgehaltes (µg N_2/g/d)	Plasmakonzentration nach Trockenphase (mOsm)	Puringehalt der Haut: (mg/g) ventral Hyp	ventral Gua	dorsal Hyp	dorsal Gua	Zunahme des Gesamtpuringehalts in der Haut (µg N_2/g/d)	(%)	Gesamt-N_2-Freisetzungs-Rate (µg N_2/g/d)
1	0.319	48.8	0	463	92.1	768	11.2	101.3	27.8	281.5	20.8	18.4	112.9
2	0.429	52.1	0	421	68.9	692	26.0	229.8	19.4	248.8	22.3	24.5	91.2
3	0.639	45.7	0	396	78.4	678	19.5	166.1	22.8	292.0	26.7	25.4	105.1
4	0.438	42.9	0	347	62.9	682	19.3	142.7	32.4	284.6	31.9	33.6	94.8
5	0.579	51.7	0	481	81.3	798	15.8	126.3	34.6	312.4	26.0	24.2	107.3
6	0.483	38.8	0	418	108.6	728	8.7	196.9	32.2	360.0	47.5	30.4	156.1
x̄	0.481 ± 0.114		0	421 ± 48	82.0 ± 16.5	724 ± 50	16.8 ± 6.3	160.5 ± 47.2	28.2 ± 6.0	296.6 ± 37.3	29.2 ± 9.8	26.1 ± 5.3	111.2 ± 23.4
K	0.524 ± 0.142		4.7 ± 1.3	60 ± 15			12.6 ± 3.1	72.6 ± 23.8	18.7 ± 1.7	142.7 ± 17.9			

vorhandenen Dorsalhaut in einem eisgekühlten Glashomogenisator mit 0.1 % CTB-Lösung (w/v 1:100) homogenisiert und anschließend für 20 Minuten bei 4000 U und 4°C zentrifugiert. Der Überstand wurde dann zur Bestimmung der Glutaminsynthetaseaktivität eingesetzt.

Die Ergebnisse in Tab.5.15 zeigen, daß 14 Tage nach Einsetzen der Trockenperiode keine signifikanten Unterschiede ($p>0.05$; Konfidenz) der Purinsynthesemenge zwischen den beiden Behandlungsgruppen auftreten.

Darüberhinaus ließ sich auch in zwei voneinander unabhängigen Versuchsansätzen (Tab.5.16 und Tab.5.17) keine Abhängigkeit der Purinsyntheserate von der Plasmaharnstoffkonzentration erkennen. Die in Form von Iridophorenpigmenten fixierte Stickstoffmenge unterschied sich auch am Ende der 42tägigen Versuchsperiode nicht signifikant ($p>0.05$; U-Test) zwischen der Gruppe mit erhöhtem BUN-Wert zu Beginn des Versuches (26.1 ± 5.3 %; n = 6; Tab.5.16) und der anfänglich mit zweifach destilliertem Wasser rehydrierten Versuchsgruppe (25.8 ± 4.3%; n = 9; Tab.5.13). Die Stickstoff-Freisetzungsrate unterschied sich ebenfalls nicht signifikant ($p>0.05$; U-Test) in beiden Versuchsserien.

Trotz Einsatz des gesamten Zellhomogenats eines Einzeltieres konnte die Nachweisgrenze für die Glutaminsynthetasereaktion in beiden Behandlungsgruppen nicht erreicht werden. Ein zu Vergleichszwecken durchgeführter Enzymtest mit Rattenleberhomogenat erbrachte mit 156.8 U/g vergleichbare Werte mit vorliegenden Literaturdaten (172.4 U/g; Wu 1963). Eine Zusammenfassung mehrerer Leber- und Hautproben schien mir infolge der zu erwartenden Höhe des Versuchstierbedarfs, der zur Klärung aller nachstehenden Fragestellungen notwendig gewesen wäre, nicht gerechtfertigt, so daß weiterhin der Puringehalt der Haut, dessen Messung auch bei Einzeltieren gut reproduzierbare Werte erbrachte, als Beurteilungskriterium beibehalten wurde.

5.3.7.3 Abhängigkeit der Purinsyntheserate von der N_2 -Freisetzungsrate und der Temperatur

Wie die Purinsyntheseraten feuchtadaptierter Riedfrösche verdeutlichen, erfolgt erst nach Überschreiten einer kritischen Hydraturschwelle ein Anstieg der Purinsyntheserate. Die Höhe des Anstiegs sollte so bemessen sein, daß unter Berücksichtigung aller anderer, potentiell limitierender Faktoren (z.B. Energie- und Wasserspeicher) der osmotisch wirksame N_2 -Anteil am Gesamtexkret nicht begrenzend wirkt. Falls die Purinsynthese tatsächlich eine solche Aufgabe erfüllt, wäre eine Anpassung der Syntheserate an die aktuelle N_2-Anfallrate zu fordern. Die aktuelle N_2-Freisetzungsrate zum Induktionszeitpunkt kann aus den vorliegenden Daten jedoch nicht exakt bestimmt werden. Eine näherungsweise Abschätzung sollte aber über die Zunahme des Gesamtstickstoffgehaltes bis zum Ende der Trockenperiode möglich sein, die unter obiger Annahme eine positive

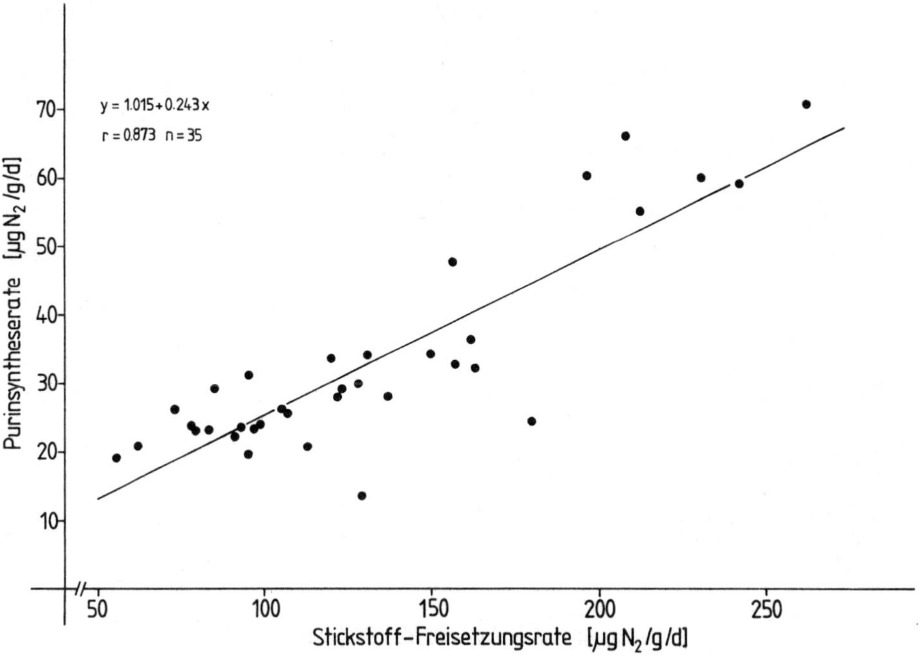

Abb.5.8: Abhängigkeit der Purinsyntheserate juveniler <u>H.v.taeniatus</u> im Verlauf einer Trockenperiode in Abhängigkeit von der N_2-Freisetzungsrate. Die Daten sind den Tabellen 5.11, 5.13, 5.16 und 5.17 entnommen.

Tab.5.17: Einfluß der Temperatur auf die Purinsyntheserate trockenadaptierter H.v. taeniatus im Verlauf einer 25tägigen Trockenperiode. Die zu Versuchsbeginn durchgeführte Rehydrierung zum Maximalgewicht erfolgte in 500 µl zweifach destilliertem Wasser (Standardbedingungen) bzw. in 500 µl einer 150 millimolaren Harnstofflösung. K=Kontrolltiere, zu Versuchsbeginn entnommene Tiere (n=5) Hyp=Hypoxanthin, Gua=Guanin

Ind. Nr.	Anfangsgewicht (g)	Gewichtsverlust (%)	Fettkörper (mg)	Harnstoffgehalt am Ende der Trockenphase (mM)	Zunahme des Harnstoffgehaltes ($\mu g\ N_2/g/d$)	Plasmakonzentration nach Trockenphase (mOsm)	Puringehalt der Haut: (mg/g) ventral Hyp	Gua	dorsal Hyp	Gua	Zunahme des Gesamtpuringehalts in der Haut ($\mu g\ N_2/g/d$)	(%)	Gesamt-N_2-Freisetzungs-Rate ($\mu g\ N_2/g/d$)
A) Anfängliche Rehydrierung in zweifach destilliertem Wasser:													
1) 30°/20° C													
1	0.449	37.7	1.1	162	55.4	482	17.8	98.5	6.0	226.0	23.3	29.6	78.7
2	0.473	28.8	1.4	214	94.0	461	16.2	78.9	21.8	218.7	28.7	23.4	122.7
3	0.420	32.4	0.5	238	97.7	448	17.3	81.4	32.9	231.9	33.7	25.6	131.4
x̄	0.447 ± 0.027		1.0 ± 0.5	205 ± 39	82.4 ± 23.4	464 ± 17	17.1 ± 0.8	86.3 ± 10.7	20.2 ± 13.5	225.5 ± 6.6	28.6 ± 5.2	26.2 ± 3.1	111.0 ± 28.3
2) 35°/25° C													
1	0.568	44.6	0	380	182.9	672	16.0	160.0	29.9	310.4	58.7	24.3	241.6
2	0.583	47.3	0	391	156.7	698	16.8	150.8	28.3	313.7	55.4	26.1	212.1
3	0.410	46.9	0	372	142.9	724	15.9	171.4	31.9	299.2	66.2	31.7	209.1
x̄	0.520 ± 0.096		0	381 ± 10	160.8 ± 20.3	698 ± 26	16.2 ± 0.5	160.7 ± 10.3	30.0 ± 1.8	307.8 ± 7.6	60.1 ± 5.5	27.4 ± 3.9	221.0 ± 18.0
B) Anfängliche Rehydrierung in 150 mM Harnstofflösung:													
1) 30°/20° C													
1	0.458	54.2	1.7	258	46.3	576	10.4	66.2	31.4	238.2	26.4	36.3	72.7
2	0.437	27.3	0	260	130.4	542	13.2	79.3	31.3	246.2	32.1	19.8	162.5
3	0.424	43.5	0	341	123.9	642	11.7	81.9	32.6	228.7	32.5	20.8	156.4
x̄	0.440 ± 0.017		0.6 ± 1.0	286 ± 47	100.2 ± 46.8	587 ± 51	11.8 ± 1.4	75.8 ± 8.4	31.8 ± 0.7	237.7 ± 8.8	30.3 ± 3.4	25.6 ± 9.3	130.5 ± 50.2
2) 35°/25° C													
1	0.483	49.2	0	392	136.0	728	16.8	149.7	29.2	270.0	60.0	30.6	196.0
2	0.351	42.6	0	408	171.6	736	20.4	189.1	22.2	252.0	59.8	25.8	231.4
3	0.501	41.7	0	432	190.6	792	21.2	164.3	38.4	316.2	71.3	27.2	261.9
x̄	0.445 ± 0.082		0	411 ± 20	166.1 ± 27.7	752 ± 35	19.5 ± 2.3	167.7 ± 19.9	29.9 ± 8.1	279.4 ± 33.1	63.7 ± 6.6	27.9 ± 2.5	229.8 ± 33.0
K	0.423 ± 0.035		3.8 ± 1.3	37 ± 13			6.5 ± 1.0	27.9 ± 5.2	19.3 ± 5.4	132.6 ± 17.2			

Korrelation mit der Purinsyntheserate aufweisen sollte. Zur Überprüfung dieser Annahme wurden alle verfügbaren Daten zur Gesamtstickstofffreisetzung und Purinsyntheserate (aus den Tabellen 5.11, 5.13, 5.16 und 5.17) graphisch gegeneinander aufgetragen.

Die in Abb.5.8 dargestellte Abhängigkeit beider Parameter zeigt, daß die Purinsyntheserate deutlich von der Gesamtstickstofffreisetzungsrate beeinflußt wird.

Ein entsprechender Anpassungseffekt wäre auch bei einer Veränderung der Haltungstemperatur während der Trockenperiode zu erwarten. Um dies zu überprüfen, wurden trockenadaptierte H.v.taeniatus im Alter von 7-9 Wochen nach der Metamorphose für 25 Tage bei unterschiedlichen Haltungstemperaturen (30° /20° C bzw 35°/25°C; 11/13 h L/D) belassen und am Ende des Versuchszeitraums auf ihre N_2-Anteile untersucht. In Ergänzung zu der in Tabelle 5.16 behandelten Fragestellung wurden die Tiere in 2 gleich große Gruppen untergliedert und zu Versuchsbeginn für jeweils 60 Minuten in 500 µl zweifach destilliertem Wasser bzw. 500 µl 150 millimolarer Harnstofflösung rehydriert.

Ergebnisse

Bei einer Durchschnittstemperatur von 30°C (35°/25°C) erreichten juvenile H.v. taeniatus nach durchschnittlich 25 Tagen Wasserverluste nahe der Toleranzgrenze (45-52 %; Geise & Linsenmair 1988). Die pro Versuchstag akkumulierte Stickstoffmenge nahm bei einem Anstieg der Temperatur um 5°C um rund 90 % zu. Dies beruht in der Hauptsache auf einem erhöhten Energieverbrauch, wie aus dem Fehlen eines restlichen abdominalen Fettkörpers bei 35°/25°C deutlich wird. Der in Form von Purinen gespeicherte N_2-Anteil war bei 35°/25°C Haltungstemperatur unabhängig von der Harnstoffbelastung gegenüber 30°/20°C nur geringfügig erhöht ($p>0.05$; U-Test, A+B zusammengefaßt). Die Purinsyntheserate dagegen erreichte hochsignifikante ($p\leq0.005$; U-Test; beide Behandlungsgruppen, A+B, zusammengefaßt) Unterschiede zwischen den beiden Temperaturregimes (Tab. 5.17).

5.3.8 Interspezifischer Vergleich der Energie- Wasser- und N_2- Bilanz verschiedener Hyperolius -Arten im Verlauf einer simulierten Trockenperiode

Der gute Zuchterfolg der nahe verwandten Riedfroschart H.v.ommatostictus eröffnete die Möglichkeit eines vergleichenden Versuchsansatzes zweier Riedfroscharten mit graduellen Unterschieden in der Trockenheitsanpassung (Geise 1987) im Hinblick auf ihre Energie-, Wasser- und N_2-Bilanz im Verlauf einer simulierten Trockenperiode.

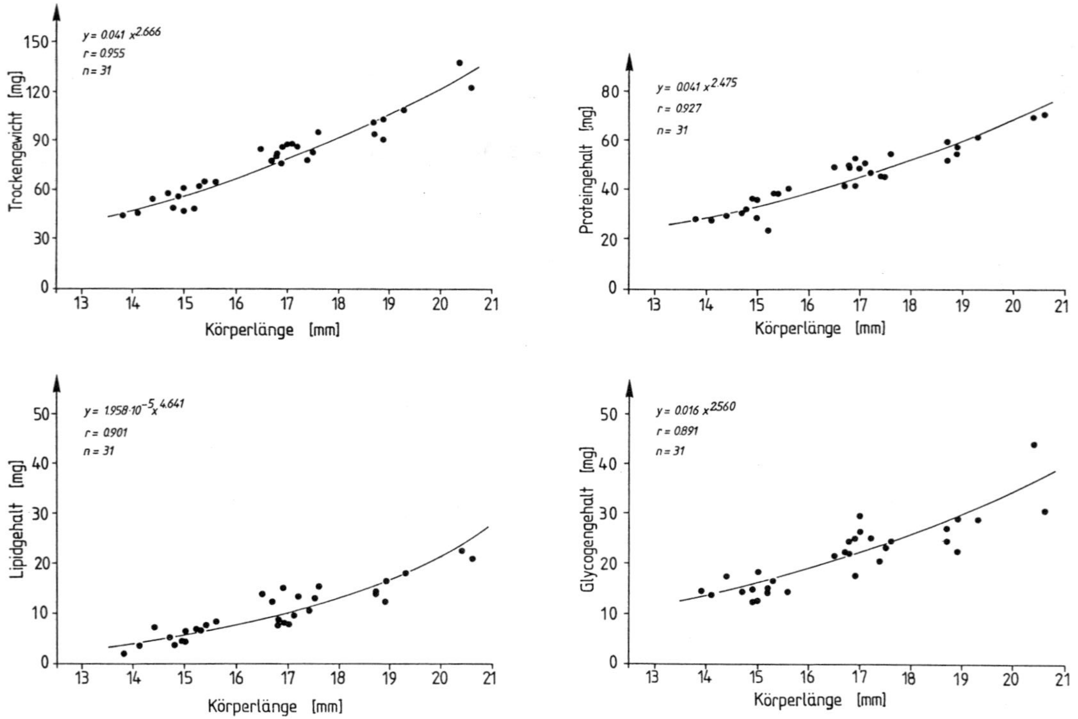

Abb.5.9: Änderung des Trockengewichts sowie der Stoffkomponenten Lipid, Protein und Kohlenhydrat juveniler H.v. ommatostictus mit der Körperlänge. Die Tiere wurden unter Übergangsbedingungen (30°/20° C, 30-60% r.F., 11/13hL/D) gehalten und zu unterschiedlichen Zeitpunkten ihrer Entwicklung direkt aus den Haltungsbecken entnommen.

Tab.5.18: Stoffliche Zusammensetzung des Körpers juveniler H.v. ommatostictus. Die Tiere waren vor der Analyse unter Übergangsbedingungen gehalten, d.h. jeden 2. Tag mit Nahrung ad libitum versorgt worden. Das Mindestalter der analysierten Tiere (n=31) betrug 5 Wochen, das Maximalalter 10 Wochen nach abgeschlossener Metamorphose.

Köpersubstanz	Prozentualer Anteil am Trockengewicht (%)	Absolutgehalt am Frischgewicht (mg/g)
Lipid	13.9 ± 2.9	24.3
Protein	58.0 ± 4.3	101.5
Glycogen/Asche	28.1 ± 2.4	49.2

Tab.5.19: Gesamtenergie- und Sauerstoffverbrauch juveniler H.v. ommatostictus über eine 42tägige Trockenperiode. Die Umrechnungsfaktoren sind den Documenta Geigy (1960) entnommen.

Körpersubstanz	abgebaute Menge	O_2-Äqivalent
Lipid	16.06 mg/g	32.43 cm^3/g
Protein[1]	26.78 mg/g	25.87 cm^3/g
Glycogen	11.80 mg/g	9.78 cm^3/g

[1] berechnet aus der gemessenen N_2-Freisetzungsrate (Tab.5.20)

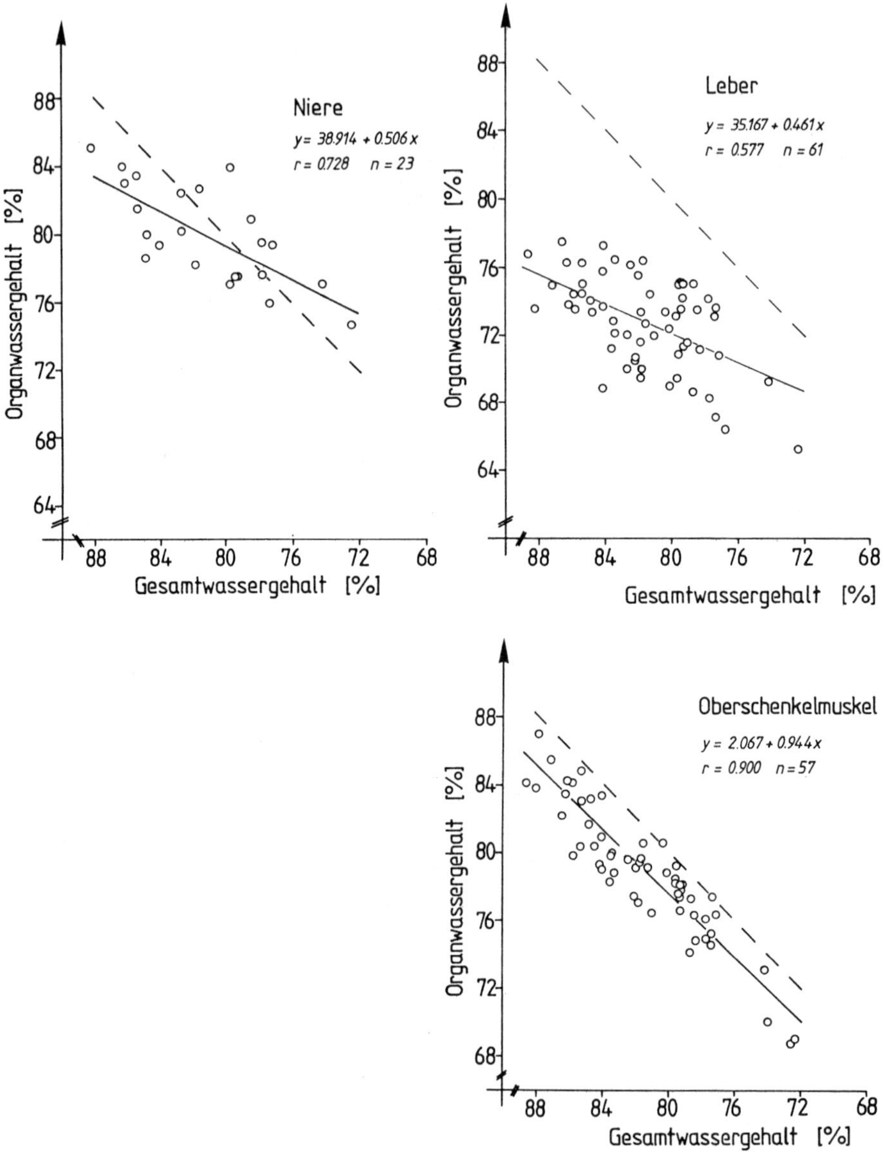

Abb.5.10: Organspezifischer Wasserverlust juveniler H.v. ommatostictus in Abhängigkeit vom Gesamtwasserverlust. Die durchgezogene Linie stellt die aus der Reggressionsgleichung resultierende Gerade dar, die gestrichelte Linie gibt die isohydratische Linie wieder, d.h. der Organwassergehalt würde bei Deckungsgleichheit dem Gesamtwassergehalt entsprechen.

Rufendes H.v.ommatostictus-Männchen. Durch rasche Oszillation des Kehlsackes erreichen Männchen mehr als 100 Rufe pro Minute. Die Rufzeit blieb unter den geschilderten Laborbedindungen auf die erste Nachthälfte beschränkt.
(Foto: Strohm)

H.v.ommatostictus kurz vor der Eiablage. Die Männchen klammern sich mit den Vorderbeinen am Weibchen fest und entlassen im Moment der Eiablage ihr Sperma (äußere Befruchtung). Die Gelege werden an submerse Pflanzenteile angeheftet und in Form mehrerer Pakete auf die verfügbaren Wassertümpel verteilt.

(Foto: Grafe)

5.3.8.1 Energiebilanz:

Für H.v.ommatostictus wurde, wie in Kapitel 5.1 für H.v.taeniatus beschrieben, die Energiebilanz über eine 42tägige Trockenperiode berechnet. Parallel hierzu von Geise durchgeführte Untersuchungen zur Speicherkapazität der Harnblase (Tiere bei -20°C schockgefroren) ermöglichten die Erstellung der substanzspezifischen Eichkurven, ohne eigens hierzu Frösche töten zu müssen. Aus Abb.5.9 geht hervor, daß auch bei H.v. ommatostictus der Lipidgehalt am stärksten mit der Körperlänge ansteigt (höchster Koeffizient) und somit als Hauptenergiespeicher anzusehen sein dürfte. So entsprechen sich auch die prozentualen Anteile der verschiedenen Körpersubstanzen zwischen den beiden Hyperoliusarten (Tab.5.2 und Tab.5.18) sowie der Hauptenergieträger während der Trockenperiode (Lipidanteil bei H.v. ommatostictus: 47.6% (Tab.5.19), bei H.v.taeniatus: 51.2%; Tab.5.4). Die sich aus dem Proteinverbrauch ergebende N_2-Freisetzungsrate von 85.1 µg N_2 /g/d unterscheidet sich ebenfalls nicht von dem für H.v. taeniatus ermittelten Wert von 82.2 µg N_2/g/d. Auch hier ergibt die gemessene N_2-Freisetzungsrate deutlich höhere Werte (102.0 µg N_2/g/d; Tab. 5.20). Der Unterschied ist wie in Kap 5.1.2 hauptsächlich aus der fehlenden Proteinabbaurate von Haut und Leber zu erklären. Der durchschnittliche O_2 -Verbrauch von 68 µl O_2/g/h (n=9) trockenadaptierter H.v.ommatostictus liegt deutlich ($p \leq 0.05$; U-Test) unter dem von H.v. taeniatus (75 µl O_2/g/h).

5.3.8.2 Wasserbilanz:

In Abb.5.10 ist der organspezifische Wasserverlust trockenadaptierter H.v. ommatostictus in Abhängigkeit vom Gesamtwasserverlust dargestellt. In Analogie zu den Befunden an H.v. taeniatus war in allen untersuchten Geweben eine deutliche Wasserretention festzustellen, deren quantitatives Ausmaß auch im vorliegenden Fall erst unter Einbeziehung des Ausgangswassergehaltes deutlich hervortritt (siehe Tab 5.5). Wie bereits in Kapitel 5.2.1.2 ausgeführt, ist die Aussagekraft prozentualer Wassergehaltsänderungen stark begrenzt. Im vorliegenden Fall erlaubt jedoch zumindest die analoge Beziehung zwischen den beiden untersuchten Arten die Vermutung sehr ähnlicher Wasserkompartimentierungsmechanismen.

5.3.8.3 N_2 -Bilanz:

Analog zu dem unter 5.3 beschriebenen Versuchsschema wurden 10 juvenile H.v. ommatostictus einer zweiundvierzigtägigen Trockenperiode unterworfen. Da H.v. ommatostictus extrem empfindlich auf Hyperhydrierung und hohe Luftfeuchten reagiert (hohe Mortalität durch Befall mit Pseudomonas sp.), wurde die Kontrollgruppe in Abwandlung des obigen Versuchsschemas in dreitägigem Abstand für je 45 Minuten mit 500 µl zweifach destilliertem Wasser versorgt.

Es ergaben sich keine signifikanten Unterschiede ($p>0.05$; U- Test) in der Menge

Tab.5.20: Kompartimentierung der N_2-Endprodukte juveniler H.v.ommatostictus zwischen Urin, Plasma und Iridophoren der Haut unter simulierten Trocken- und Feuchtebedingungen ohne Nahrungsversorgung. Die von Feuchtfröschen abgegebenen Urinmengen wurden über den gesamten Versuchszeitraum addiert und der Zunahme des Harnstoffgehaltes zugerechnet. Die Versuchsdauer betrug 42 Tage. K=Kontrollfrösche, zu Beginn des Versuchs entnommene Tiere (n=8) Hyp=Hypoxanthin, Gua=Guanin

Ind. Nr.	Anfangsgewicht (g)	Gewichtsverlust (%)	Fettkörper (mg)	Harnstoffgehalt am Versuchsende (mM)	Zunahme des Harnstoffgehaltes (µg N_2/g/d)	Plasmakonzentration bei Versuchsende (mOsm)	Puringehalt der Haut: (mg/g) ventral Hyp	ventral Gua	dorsal Hyp	dorsal Gua	Zunahme des Gesamtpuringehalts in der Haut (µg N_2/g/d)	(%)	Gesamt-N_2-Freisetzungs-Rate (µg N_2/g/d)
42 Tage ohne Wasserversorgung													
1	0.522	56.3	0	323	49.2	667	20.4	175.9	37.7	323.6	23.3	32.1	72.5
2	0.448	33.1	0	312	90.5	601	17.5	161.2	35.8	356.7	37.5	29.3	128.0
3	0.595	29.5	0	323	112.0	613	25.8	155.1	93.9	362.8	39.9	26.3	151.9
4	0.563	40.3	0.5	233	52.2	548	18.4	124.4	39.8	293.1	18.9	26.6	71.1
5	0.649	35.0	0	344	105.3	657	18.9	162.4	37.8	358.1	36.8	25.9	142.1
6	0.521	50.7	0	336	60.2	682	15.7	148.3	32.3	327.2	21.8	26.6	82.0
7	0.522	46.0	0	427	101.8	763	27.0	169.4	46.9	306.4	18.3	15.2	120.1
8	0.551	34.6	2.3	198	37.8	482	21.6	148.4	42.1	291.8	19.6	34.1	57.4
9	0.473	45.1	0	292	65.6	677	23.2	167.8	46.4	362.8	27.3	29.4	92.9
x	0.538 ± 0.061		0.3 ± 0.8	310 ± 66	75.0 ± 27.7	632 ± 83	20.9 ± 3.8	157.0 ± 15.4	45.9 ± 18.6	331.4 ± 29.7	27.0 ± 8.7	27.3 ± 5.3	102.0 ± 34.3
K	0.487 ± 0.119		4.8 ± 2.1	44 ± 8		246 ± 33	15.0 ± 1.8	89.3 ± 13.9	30.5 ± 2.8	174.6 ± 19.7			
Alle 3 Tage 45 Minuten 500 µl H_2O bidest.													
1	0.428	18.9	0	50	204.3	290	21.1	131.7	39.6	267.8	12.0	5.5	216.3
2	0.435	20.5	0	38	202.1	276	30.7	177.1	39.8	210.4	10.2	4.8	212.3
3	0.587	39.6	0	135	224.3	382	24.1	114.4	39.6	209.3	6.9	3.0	231.2
4	0.640	26.8	0	43	231.3	306	29.2	162.3	32.3	284.4	14.3	5.8	245.6
5	0.549	24.1	0	43	201.1	264	29.4	194.6	27.2	219.2	9.7	4.6	210.8
6	0.539	45.7	0	50	177.7	259	26.3	148.9	32.8	236.8	9.3	5.0	187.0
7	0.525	22.2	0	40	247.9	231	36.4	260.4	45.2	260.7	14.1	5.4	262.0
8	0.548	29.4	0	108	229.0	329	32.2	225.9	60.3	349.7	18.7	7.5	247.7
x	0.531 ± 0.071		0	63 ± 37	214.7 ± 22.3	292 ± 47	28.7 ± 4.8	176.9 ± 48.7	39.6 ± 10.1	254.8 ± 47.4	11.9 ± 3.7	5.2 ± 1.3	226.6 ± 24.5

Tab.5.21: N_2-Anteile und spezifischer Brennwert des Kotes trockenadaptierter H.spp. in Abhängigkeit von den Haltungsbedingungen. Infolge der geringen Kotmengen eines Einzeltieres mußten Kotproben mehrere Individuen gleicher Behandlung zusammengefaßt werden. Zu Vergleichszwecken wurden Kotproben uricoteler Amphibien und Reptilien analysiert. n.n. = nicht nachweisbar

Art	Haltungsbedingungen	Kotmenge (mg)	Wassergehalt (%)	Gesamt-N_2 (mg/g)	Energiegehalt (kJ/g)	Harnstoff (mg/g)	Harnsäure (mg/g)	Protein (mg/g)
H.v.taeniatus	Übergangsbedingungen	46.5	91.0	55.0	18.7	1.7	n.n.	103.7
	42 Tage trocken	15.4	88.9	46.0	-	12.6	n.n.	80.3
H.v.ommatostictus	Übergangsbedingungen	56.1	91.7	68.7	17.9	2.0	0.7	75.2
	42 Tage trocken	12.7	90.9	54.9	-	17.8	n.n.	69.4
H.nasutus	Übergangsbedingungen	26.1	93.7	38.5	18.9	n.n.	n.n.	71.8
	Freilandtiere, ca.4 Wochen nach 1.Regen	17.9	-	30.5	17.3	n.n.	n.n.	100.9
H.v.nitidulus	Übergangsbedingungen	32.7	88.9	41.7	16.9	2.7	0.9	91.4
	Freilandtiere, ca.4 Wochen nach 1.Regen	126.8	-	48.8	18.2	1.0	1.2	112.6
	Freilandtiere, unmittelbar nach Trockenperiode	11.8	-	-	-	28.0	39.8	-
Zum Vergleich herangezogene harnsäureexkretierende Amphibien/Reptilien:								
Chiromantis rufescens	Übergangsbedingungen	11.4	-	-	-	4.2	20.5	-
Enblepharis macularius		5.3	-	-	-	-	275.9	-
Stenodactylus petrii		7.2	-	-	-	-	150.4	-
Boa constrictor		14.5	-	-	-	-	838.6	-

Tab.5.22: Kompartimentierung der N_2-Endprodukte juveniler <u>H.nasutus</u> zwischen Urin, Plasma und Iridophoren der Haut und des Verdauungstraktes unter simulierten Trockenbedingungen ohne Nahrungsversorgung. Im Laufe der 31tägigen Trockenperiode benötigten die Versuchstiere 1 Zwischenwassergabe. Der dabei exkretierte Harnstoffanteil wurde dem Plasmaharnstoffgehalt zugerechnet, der dem Harnstoffgehalt des Urins am Ende der Trockenphase gleichgesetzt wurde, da die Tiere nicht seziert werden konnten. Die Werte über die gespeicherten Purinmengen entstammen 6 im Versuchsverlauf verendeten Tieren.
K = Kontrolltiere, zu Versuchsbeginn gestorbene Tiere (n = 3).

Ind. Nr.	Anfangsgewicht (g)	Gewichtsverlust (%)	Harnstoffgehalt am Ende der Trockenphase (mM)	Zunahme des Harnstoffgehaltes (µg N_2/g/d)	Urinkonzentration nach Trockenphase (mOsm)	Puringehalt der Haut: (mg/g) ventral Hyp	ventral Gua	dorsal Hyp	dorsal Gua	Puringehalt des Verdauungstraktes (mg/g)		Zunahme des Gesamtpuringehaltes (µg N_2/g/d)	(%)
1	0.452	46.8	306	83.5	606	-	-	-	-	-		-	-
2	0.422	29.1	229	87.8	425	-	-	-	-	-		-	-
3	0.428	28.8	267	115.6	393	-	-	-	-	-		-	-
4	0.333	25.3	274	147.0	374	-	-	-	-	-		-	-
5	0.429	18.6	166	72.4	322	-	-	-	-	-		-	-
6	0.320	25.4	282	151.6	378	-	-	-	-	-		-	-
Am Ende der Trockenphase gestorbene Tiere:													
1	0.550	-	-	-	-	2.4	8.8	14.1	54.3	21.3	147.3	12.4	-
2	0.437	-	-	-	-	1.8	8.3	13.1	36.5	16.3	128.4	9.8	-
3	0.463	-	-	-	-	1.6	7.4	13.4	38.4	12.6	110.7	6.3	-
$\bar{x}$			254 ± 50	109.7 ± 33.9	416 ± 99	1.9 ± .4	8.2 ± .7	13.5 ± .5	43.1 ± 9.8	16.7 ± 4.4	128.8 ± 18.3	9.5 ±3.1	8.0
K						1.7 ± .2	8.3 ±2.8	6.6 ±4.7	28.9 ±11.5	11.4 ± 1.9	81.8 ±27.1		

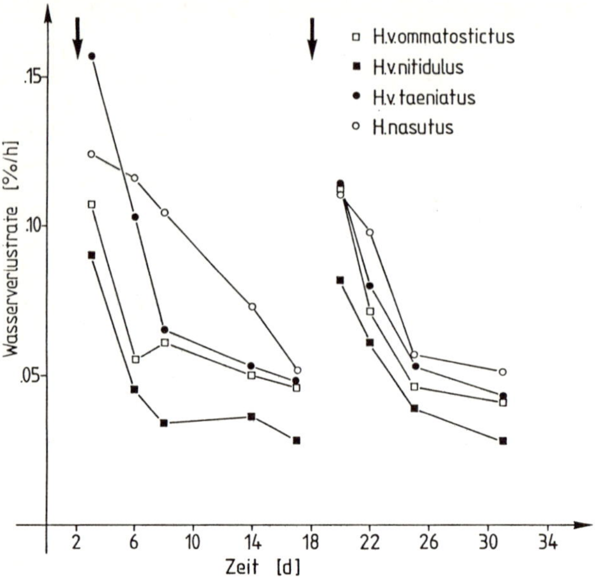

Abb.5.11: Gewichtsverlustraten juveniler H.spp., die aus Übergangsbedingungen in 30°/20°C und 20/35% r.F. überführt wurden. Die Symbole geben Mittelwerte von jeweils 20 Individuen wieder. Die Standardabweichung wurde aus Gründen der Übersichtlichkeit nicht eingezeichnet. Die Pfeile bezeichnen Zeitpunkte von Wassergaben (15 min/ 500 µl H_2O bidest.)

Tab.5.23: Harnstoffakkumulationsrate juveniler H.v.nitidulus im Blasenwasser während einer 42tägigen Trockenperiode.

Ind. Nr.	Anfangsgewicht (g)	Gewichtsverlust (%)	Urinharnstoffkonzentration am Ende der Trockenphase (mM)	Anstieg des Harnstoffgehaltes (µg N_2/g/d)	Urinkonzentration am Ende der Trockenphase (mOsm)
1	0.568	34.1	185	39.9	473
2	0.483	28.7	208	57.5	446
3	0.612	39.2	302	69.8	565
4	0.478	31.8	228	58.7	492
5	0.510	24.6	142	34.5	394
6	0.472	29.8	162	36.8	411
$\bar{x}$	0.521 ± 0.057		205 ± 57	49.5 ± 14.4	464 ± 62

akkumulierten Stickstoffs und dem in Form von Purinen gespeicherten Stickstoffanteil zwischen den beiden trockenadaptierten H.viridiflavus-Arten (Tab.5.13 und 5.20). Dagegen speicherten feuchtadaptierte H.v. ommatostictus (n=8) einen signifikant geringeren Anteil des Gesamtstickstoffs als osmotisch unwirksame Hautpigmente als feuchtadaptierte H.v. taeniatus (n= 14) ($p \leq 0.05$; U-Test). Eine Harnsäureexkretion über Urin oder Faeces konnte auch für H.v. ommatostictus nicht nachgewiesen werden (Tab.5.21).

Für 2 Riedfroscharten können infolge der geringen verfügbaren Individuenzahl und deren vorrangigen Einsatz für Nachzuchtbemühungen nur ungefähre Schätzwerte aus erhobenen Einzeldaten angegeben werden. H. nasutus toleriert im Labor eine einunddreißigtägige Trockenperiode (30° /20° C) bei einer Zwischenwassergabe. Im Versuchsablauf starben insgesamt 6 Tiere, drei zu Beginn des Experimentes (2.-4. Tag), drei gegen Ende des Versuchs (28.-31. Tag). Unter Zugrundelegung der daraus resultierenden Differenz im Puringehalt von Verdauungstrakt und Haut ergibt sich eine mittlere Purinspeicherrate von 9.5 µg N_2 /g/d (Tab.5.22). Der Anteil des Purinanstiegs im Verdauungstrakt betrug dabei rund 70 %, wohingegen der Haut als Stickstoffdepot eine untergeordnete Rolle zufiel. Von der Gesamtstickstoff-Freisetzungsrate wurden ca. 8 % in Form osmotisch unwirksamer Purine gespeichert. Die Harnstoff-Akkumulationsrate von 109.7± 33.9 µg N_2/g/d (n = 6) ist von der Harnstoffakkumulationsrate juveniler H.v. taeniatus (100.9±24.2 µg/g/d; n=5; berechnet aus Daten der Abb.5.5 unter Berücksichtigung der Werte aus Tab.5.7) über 30 Tage nicht signifikant zu unterscheiden ($p > 0.05$; U-Test). Die für H. nasutus errechneten EWL-Minima entsprechen den von Loveridge (1976) im Freiland ermittelten Verlustraten (0.6 mg/g/h) und lassen sich nicht signifikant ($p > 0.05$; U-Test) von den Verlustraten von H.v. taeniatus (Abb.5.11) unterscheiden. Der insgesamt erhöhte Verdunstungsverlust erklärt sich vielmehr aus der länger anhaltenden Aktivitätsbereitschaft nach einer Wassergabe. Eine Analyse der N_2-Endprodukte im Kot ergab weder für Freiland- noch Labortiere für osmoregulatorische Belange relevante Größenordnungen (Tab.5.21).

H.v. nitidulus kann unter Zugrundelegung der in Abb.5.11 unter Laborbedingungen ermittelten EWL-Minima eine Trockenperiode (30°/20°C; 35/55 % r.F.) bis zu 60 Tagen tolerieren, ehe der Wasserverlust kritische Werte (ca. 45 %) übersteigt. Innerhalb einer zweiundvierzigtägigen Trockenperiode steigt der gesamtosmotische Wert des Plasmas (unter der Annahme eines isotonischen Urins) auf 464 mOsm. an (Tab.5.23). Die Harnstoffsyntheserate liegt mit 49.5± 14.4 µg N_2/g/d (n = 6) signifikant($p \leq 0.05$; U-Test) unter dem für trockenadaptierte H.v. taeniatus und H.v. ommatostictus errechneten Wert (H.v.t. 79.5±26.9; n = 9; H.v.o.: 75.0± 27.7; n = 8; Tab.5.13 und 5.20). Ca. 5-7 Monate alte H.v. nitidulus, die im April 1986 (4 Wochen nach dem ersten Regenfall) aus dem Freiland entnommen wurden, wiesen einen Puringehalt von 412-472 µg/mg Hauttrockengewicht in der dorsalen und 243-287 µg/mg Hauttrockengewicht in der ventralen Haut auf (n =

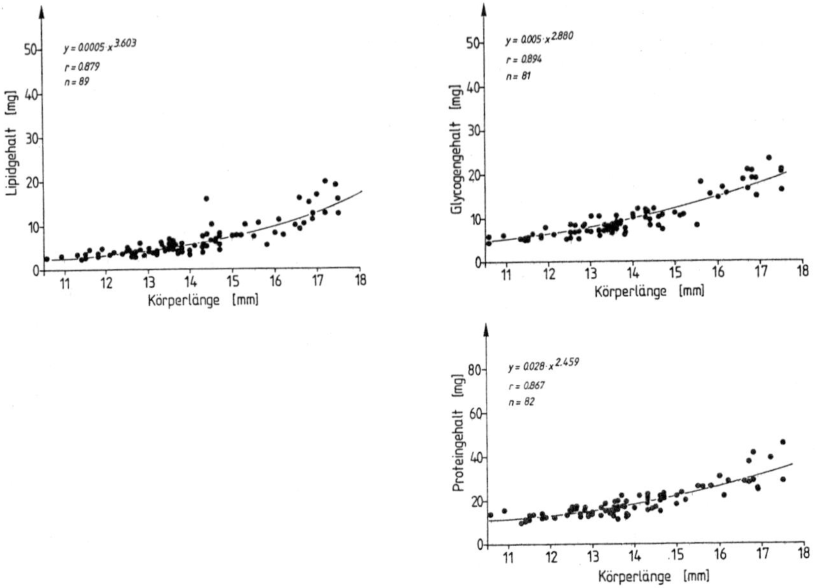

Abb.5.12: Änderung des Trockengewichts sowie der Stoffkomponenten Lipid, Protein und Kohlenhydrat frisch metamorphisierter H.v. taeniatus mit der Körperlänge. Die Tiere wurden unmittelbar nach Verlassen des Laichgewässers auf ihren Stoffgehalt hin analysiert.

5). Der Gesamtpuringehalt 7-8 Monate alter H.v. taeniatus, die unter Übergangsbedingungen gehalten wurden, lag bei 212-304 µg/mg in der dorsalen und 113-168 µg/mg in der ventralen Haut (n = 5) (Tab.5.12).

Wenn diese beiden Unterarten vergleichbare Purinspeicherkapazitäten aufweisen, würde die zusätzlich zur Verfügung stehende Stickstoff-Speicherkapazität, die ausschließlich unter Trockenbedingungen genutzt wird, ca. 200 µg Purin/mg Haut betragen. Für einen 0.5 g schweren H.v. nitidulus würde sich unter der Annahme einer neunzigtägigen Kerntrockenzeit (Januar-März) eine Purinsyntheserate von 17.9 µg/N_2/g/d errechnen. Der prozentuale Anteil des Purin-Stickstoffs würde demnach 26.5 % betragen, ein mit H.v. taeniatus und H.v. ommatostictus vergleichbarer Wert. Allerdings zeichneten sich die untersuchten H.v. nitidulus aus dem Freiland durch dichtgepackte Iridophorenschichten in den Endothelien, speziell des Leberepithels, aus. Diese Iridophorenschicht erreicht ähnliche Dicken wie die der ventralen Haut (Schmuck et al. 1988). Im Kot von Freilandtieren nach Einsetzen der Regenperiode wie auch von Labortieren fanden sich keine nennenswerte Harnsäurebeimengungen. Lediglich Tiere, deren Kot unmittelbar am Ende einer Trockenperiode gesammelt wurde (1981), wiesen größere Beimengungen an Harnsäure auf (Tab.5.21). Unter der Annahme, daß in der Trockenperiode keine nennenswerte Nahrungsaufnahme erfolgt und die überschlagsmäßige Berechnung des Gesamtstickstoffexkretes auch auf die hier genannten Freilandtiere bezogen werden kann, liegt der hier gemessene N_2-Anteil des Kotes dennoch deutlich unter 1% des Gesamtstickstoffexkretes (bei dieser Schätzung wurde ein von den Labortieren erreichtes, maximal gespeichertes Kottrockengewicht von 5 mg/g zugrunde gelegt).

5.4 Bedeutung der Purinspeicherung während kurzfristiger Trockenphasen in der postmetamorphotischen Entwicklungsphase

Die N_2- Speicherung in Form osmotisch unwirksamer Purine stellt für die juvenilen Riedfrösche einen wesentlichen Faktor für die maximale Überlebensdauer niederschlagsfreier Perioden dar. Allerdings ist das natürliche Klimageschehen außer durch die eigentliche Kerntrockenzeit durch häufige, in ihrer Dauer begrenzte, niederschlagsfreie Zwischenphasen im Vorfeld der Kerntrockenzeit charakterisiert (Linsenmair, mündl. Mitteilung). Da adulte H.viridiflavus- Arten bis zum Ende der Regenperiode fortpflanzungsaktiv sind, fällt der Metamorphosezeitpunkt zumindest einiger ihrer Nachkommen auf das Ende der Regenzeit oder auf die durch niederschlagsfreie Zwischenperioden gekennzeichnete Übergangsphase zur eigentlichen Trockenzeit. Daher müssen auch frisch metamorphosierte Frösche solche niederschlagsfreien Intervalle überdauern können. Aufgrund der aus dem ungünstigen Oberflächen/Volumenverhältnis resultierenden hohen Verdunstungsverluste in Verbindung mit deutlich höheren Energieverbrauchsraten (Geise 1987) ist bei frisch metamorphisierten Stadien gegenüber älteren juvenilen Tieren mit einer erheblich beschleunigten Stickstoff-Akkumulationsrate zu rech-

Tab.5.24: Substanzspezifische Abbaurate juveniler H.v.taeniatus, die unmittelbar nach der Metamorphose in Trockenbedingungen (30°/20° C) überführt wurden. S(mg) Absolutgehalt der Stoffanteile Lipid, Protein und Kohlenhydrat in mg L(mm) Körperlänge in mm c Konstante, x Exponent der entsprechenden Regressionsgleichung (Abb.5.12)

Dauer der Trockenphase	n	Standardisierte Substanzmenge: $\frac{S(mg)}{c \cdot L(mm)^x}$		
		Lipid	Protein	Glycogen
8 d	35	.80 ± .14	.91 ± .06	.96 ± .11
12 d	20	.73 ± .17	.86 ± .07	.92 ± .07
16 d	20	.68 ± .13	.83 ± .07	.88 ± .08
21 d	35	.60 ± .14	.80 ± .09	.85 ± .08
30 d	15	.36 ± .10	.73 ± .12	.78 ± .09
35 d	15	.24 ± .06	.68 ± .13	.74 ± .12

Signifikante Unterschiede zwischen den Wertepaaren (U-Test): p≤
n.s. = nicht signifikant

		12d	16d	21d	30d	35d
Lipid:	8d	n.s	0.001	0.001	0.001	0.001
	12d		n.s.	0.01	0.001	0.001
	16d			0.01	0.001	0.001
	21d				0.001	0.001
	30d					0.01
Protein:	8d	0.01	0.001	0.001	0.001	0.001
	12d		n.s.	0.01	0.001	0.001
	16d			n.s.	0.01	0.001
	21d				0.05	0.01
	30d					n.s.
Glycogen	8d	0.05	0.01	0.01	0.001	0.001
	12d		n.s..	0.01	0.001	0.001
	16d			n.s.	0.01	0.001
	21d				0.01	0.001
	30d					n.s.

Tab.5.25: Stoffliche Zusammensetzung des Körpers juveniler H.v. taeniatus unmittelbar nach der Metamorphose.

Köpersubstanz	Prozentualer Anteil am Trockengewicht (%)	Absolutgehalt am Frischgewicht (mg/g)
Lipid	17.2	30.1
Protein	54.2	94.9
Glycogen/Asche	28.7	50.2

Tab.5.26: Substanzspezifische Abbaurate und Energiebedarf frisch metamorphisierter H.v. taeniatus im Verlauf einer 35tägigen Trockenperiode.

Dauer der Trockenphase	Substanzspezifische Abbaurate						Energieverbrauch
	Lipid		Protein		Glycogen		
(Tage)	(mg/g)	(J/g/d)	(mg/g)	(J//g/d)	(mg/g)	(J/g/d)	(J/g/d)
8	6.02	29.3	8.54	18.8	2.01	4.4	52.5
12	2.11	20.6	4.75	20.9	2.01	8.4	49.9
16	1.51	14.7	2.85	12.5	2.01	8.4	35.6
21	2.41	18.8	2.85	10.0	1.51	5.2	34.0
30	7.23	31.3	6.64	13.0	3.51	6.7	51.0
35	3.61	28.1	4.75	16.7	2.01	6.9	51.7
Σ	22.89		30.38		13.06		

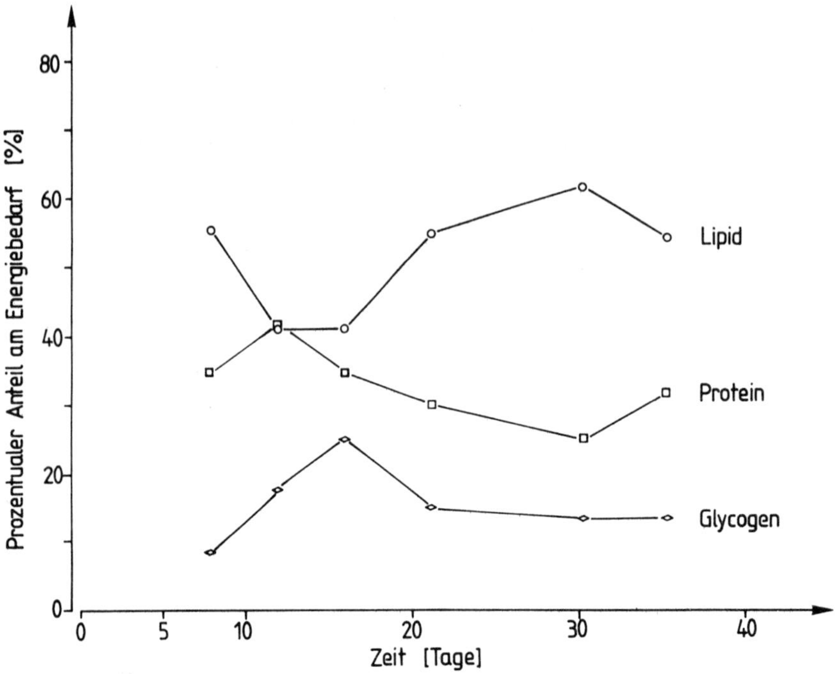

Abb.5.13: Energetischer Beitrag der abgebauten Körpersubstanzen am Energiebedarf frisch metamorphisierter H.v. taeniatus im Verlauf einer 35tägigen Trockenperiode. Die prozentualen Angaben berechnen sich aus den Zahlenwerten der Tabelle 5.24

Tab.5.27: Gesamtenergieverbrauch und Stoffwechselrate frisch metamorphisierter H.v.taeniatus über eine 35tägige Trockenperiode. Die Umrechnungsfaktoren sind aus Geigy (1960) entnommen.

Körpersubstanz	abgebaute Menge	O_2-Äqivalent
Lipid	22.89 mg/g	46.2 cm^3/g
Protein[1]	38.80 mg/g	37.5 cm^3/g
Glycogen	13.06 mg/g	10.9 cm^3/g

[1] berechnet aus der gemessenen N_2-Freisetzungsrate (Tab.5.28)

nen. Eine Detoxifikation der anfallenden Stickstoff-Exkrete in osmotisch unwirksamer Form könnte daher auch für solche Stadien einen wesentlichen Beitrag zur Überlebensfähigkeit unter Übergangsbedingungen liefern und wird im folgenden Abschnitt unter Berücksichtigung der stadienspezifischen Rahmenbedingungen der Energie- und Wasserverbrauchsraten näher untersucht.

Spezielle Methodik

Frisch metamorphisierte Frösche der Stadien 45-46 (nach Gosner 1960), mit einem Frischgewicht von 200-300 mg, wurden für 2-3 Tage auf feuchtem Filterpapier bei 20-23°C, 90-100 % r.F. und 13.5/10.5 Stunden Lichtrhythmus in kleinen Plastikgefäßen belassen. Nach Hydrierung auf ihr Maximalgewicht wurden die Frösche dann in zwei Gruppen untergliedert und für 35 Tage ohne Fütterung bei 30° /20°C und 25-35 %/55-65 % r.F. in kleinen Plastikgefäßen gehalten.

Gruppe 1, die feuchtadaptierten Kontrolltiere, wurden täglich für 60 Minuten in 500 µl zweifach destilliertem Wasser auf ihr Maximalgewicht hydriert.

Gruppe 2 wurde nur nach Überschreiten eines 30-35%igen Körpergewichtsverlustes für 60 Minuten in 500 µl zweifach destilliertem Wasser hydriert; diese Frösche wurden als trockenadaptiert angesehen. Nach der anfänglichen Hydrierung auf ihr Maximalgewicht am 4. Tag benötigten alle Frösche eine erste Wassergabe bis zum 12. Tag und eine weitere zwischen dem 12 und 24. Tag. Der Zeitpunkt einer 3. Wassergabe zeigte große individuelle Unterschiede; in 90 % der Fälle erfolgte die 3. Hydrierung zwischen dem 20. und 35. Tag. Nur 10 % der getesteten Individuen mußten vor dem 20. Tag zum dritten Mal hydriert werden.

Um Aussagen über die Kompartimentierung des im Stoffwechsel anfallenden Stickstoffs zu gewinnen, wurde die Stickstoff-Bilanz berechnet. 3 Kompartimente wurden in diese Betrachtung einbezogen: Die Körperflüssigkeit, die exkretierte Urinmenge und die Iridophoren. Der in der Körperflüssigkeit gespeicherte Stickstoffanteil wurde über den Harnstoffgehalt von Plasmaproben berechnet. Dabei wurde angenommen, daß analog zu den juvenilen Riedfröschen (Tab.5.10) Harnstoff gleichmäßig über die Körperflüssigkeiten verteilt ist.

5.4.1 Energiebilanz frisch metamorphisierter H. v.taeniatus im Verlauf niederschlagsarmer Perioden

Frisch metamorphisierte H.v. taeniatus liefern für die qualitative Substratnutzung ein den juvenilen Stadien vergleichbares Bild (Tab.5.24, Abb 5.13). Auch hier decken Lipide als Hauptenergiequelle 49 % des Gesamtenergiebedarfs, Proteine liefern etwa 40 % (Tab.5.27). Im Gegensatz zu juvenilen Tieren ist kein anfänglich erhöhter Kohlehydratabbau festzustellen (Abb.5.13). Dies steht sicherlich im Zusammenhang mit der durch das Metamorphosegeschehen bedingten "Hunger"-Adaptation. Eine Reduktion des Gesamtenergieverbrauchs erfolgt zwischen dem 12. und 21. Tag (Tab.5.26). Der Energieverbrauch wird in dieser Zeit um rund 35 % gesenkt, ein mit juvenilen Tieren vergleichbarer Wert. Während letztere diese

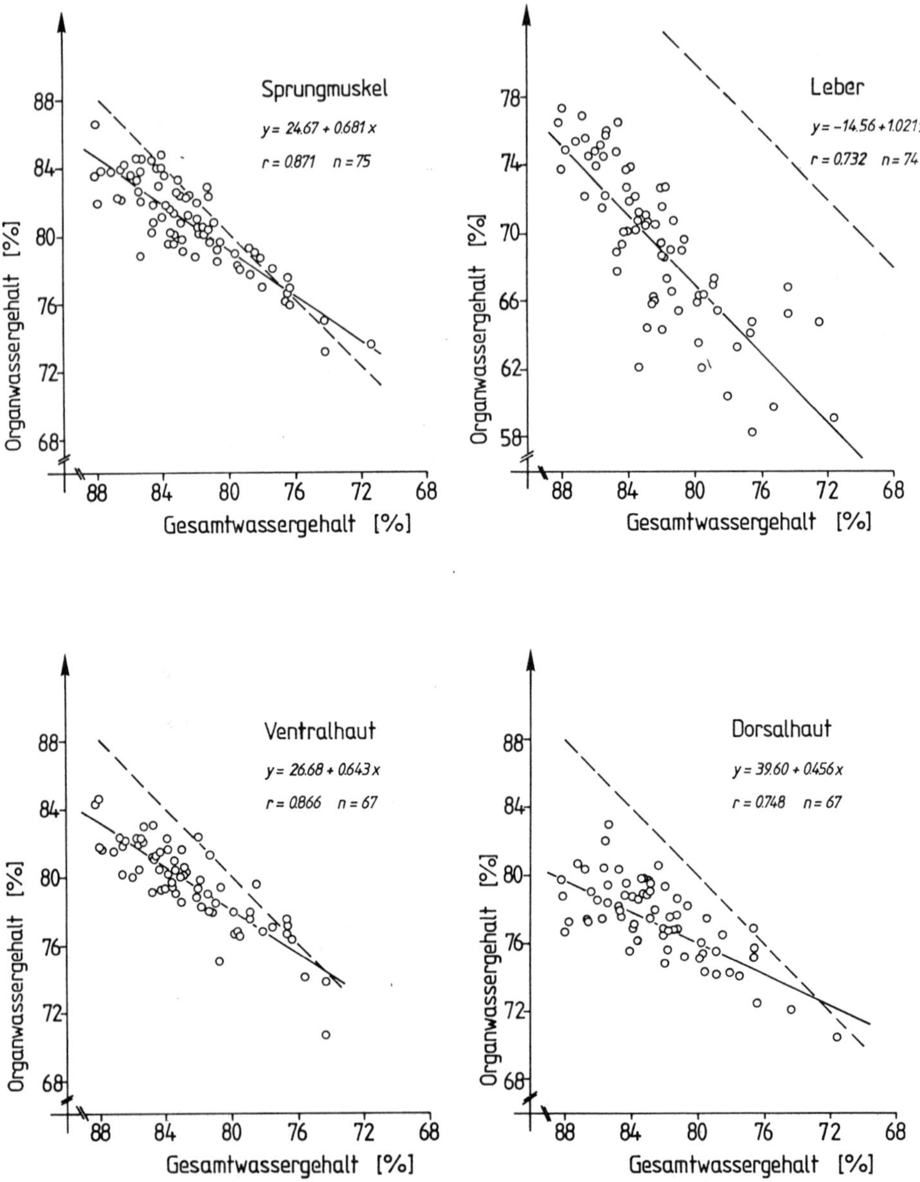

Abb.5.14: Organspezifischer Wasserverlust frisch metamorphisierter H.v. taeniatus in Abhängigkeit vom Gesamtwasserverlust. Die durchgezogene Linie stellt die aus der Reggressionsgleichung resultierende Gerade dar, die gestrichelte Linie gibt die isohydratische Linie wieder, d.h. der Organwassergehalt entspräche bei Deckungsgleichheit dem Gesamtwassergehalt.

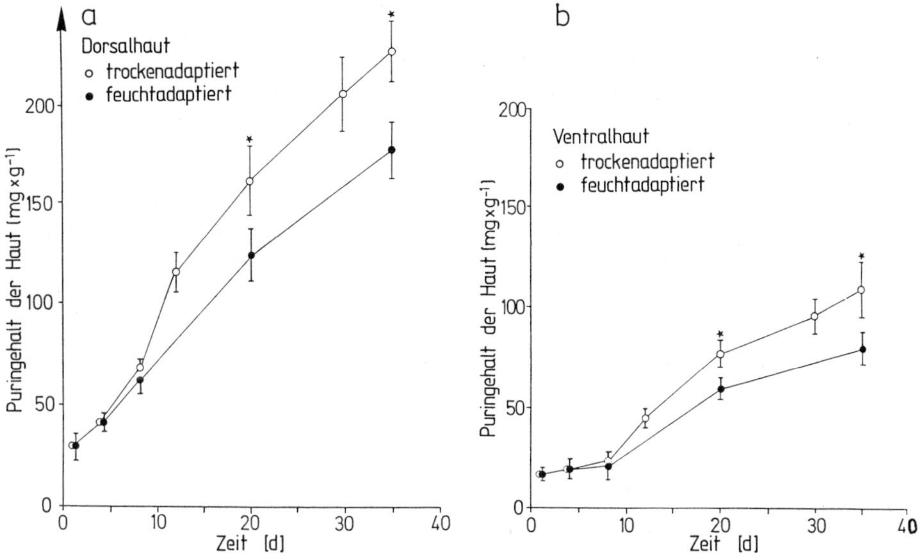

Abb.5.15: Anstieg des Puringehalts (mg/g Haut) der dorsalen (15a) und ventralen (15b) Haut frisch metamorphisierter H.v. taeniatus im Verlauf der Postmetamorphose. Die Tiere wurden entweder täglich (feuchtadaptiert) oder erst nach Überschreiten eines 30-35% igen Gewichtsverlustes, im Durchschnitt 3x innerhalb von 35 Tagen (trockenadaptiert), rehydriert. Die Zahlenangaben stellen Mittelwerte von 3 Individuen dar; die vertikalen Linien geben die Standardabweichung wieder. Sterne bezeichnen signifikante Unterschiede zwischen feucht- und trockenadaptierten Tieren ($p \leq 0.05$; Konfidenz).

erniedrigte Stoffwechselrate über längere Zeit aufrechterhalten können, steigt bei frisch metamorphisierten Stadien die Stoffwechselrate allerdings aufgrund zunehmender Bewegungsaktivität (tägliche Kontrollen wiesen ab diesem Zeitpunkt häufiger bewegungsaktive Tiere auf) wieder deutlich an. Der Gesamtenergieverbrauch während einer fünfunddreißigtägigen Trockenperiode liegt bei einer durchschnittlich zu errechnenden Sauerstoff-Verbrauchsrate frisch metamorphisierter H.v. taeniatus von 112.6 µl O_2/g/h um 50 % höher als bei juvenilen Stadien. Entsprechend ihrer hohen Energieverbrauchsrate ist auch die Proteinabbaurate deutlich erhöht. Die sich aus dem gemessenen Proteinverbrauch ergebende Stickstoff-Freisetzungsrate von 138.9 µg/N_2/g/d liegt im Vergleich zu juvenilen Stadien um ca. 70 % höher. Die sich aus diesem Wert und dem aus der gemessenen Stickstoff-Anfallrate (Kap.5.4.3) von 177.4 µg/g/d (Tab. 5.28) ergebende Differenz dürfte auch im vorliegenden Fall in erster Linie auf die fehlenden Proteinabnahmeraten von Haut und Leber zurückzuführen sein.

5.4.2 Organspezifischer Wasserverlust frisch metamorphisierter H. v.taeniatus in Abhängigkeit vom Gesamtwasserverlust

Die organspezifischen Wassergehaltsänderungen frisch metamorphisierter H.v. taeniatus zeigt ein zu juvenilen Stadien gegensätzliches Bild (Abb.5.14). Mit Ausnahme des Lebergewebes weisen alle untersuchten Gewebe (Oberschenkelmuskulatur, Ventral- und Dorsalhaut) eine im Vergleich zum Gesamtwasserverlust geringere Wassergehaltsabnahme auf. Diese Unterschiede sind sicherlich im Zusammenhang mit den innerhalb der Trockenphase erfolgenden Wassergaben zu sehen und deuten auf eine bevorzugte Wasserverlustergänzung im Gewebe hin. Die starke Wassergehaltsabnahme des Lebergewebes ist nur im Hinblick auf den starken Substanzabbau in diesem Gewebe zu verstehen. Während die durchschnittliche größenstandardisierte Trockengewichtsabnahme der Leber bei juvenilen Stadien etwa 50 % beträgt (von durchschnittlich 5.41 mg/g auf 2.62 mg/g), finden sich bei frisch metamorphisierten Stadien nach 35 Tagen nur noch etwa 22 % der anfänglichen Trockengewichtsmasse der Leber (von durchschnittlich 10.68 mg/g auf 2.36 mg/g).

5.4.3 N_2 -Bilanz in der Trockenphase

5.4.3.1 Änderung im Gesamtgehalt reflektierender Hautpigmente

Die Iridophoren frisch metamorphisierter H.v. taeniatus enthalten ähnlich den juvenilen Stadien hauptsächlich die Purine Guanin (85-92 %) und Hypoxanthin (8-15 %). In einigen Individuen ließen sich Spuren von Adenin (<1 %) nachweisen. Die Kurven, die den steigenden Puringehalt in der Dorsalhaut wiedergeben, zeigen in beiden Behandlungsgruppen einen sehr ähnlichen Verlauf (Abb.5.15a). Allerdings ist bei Individuen der 2. Gruppe eine Phase verstärkter Purinsynthese

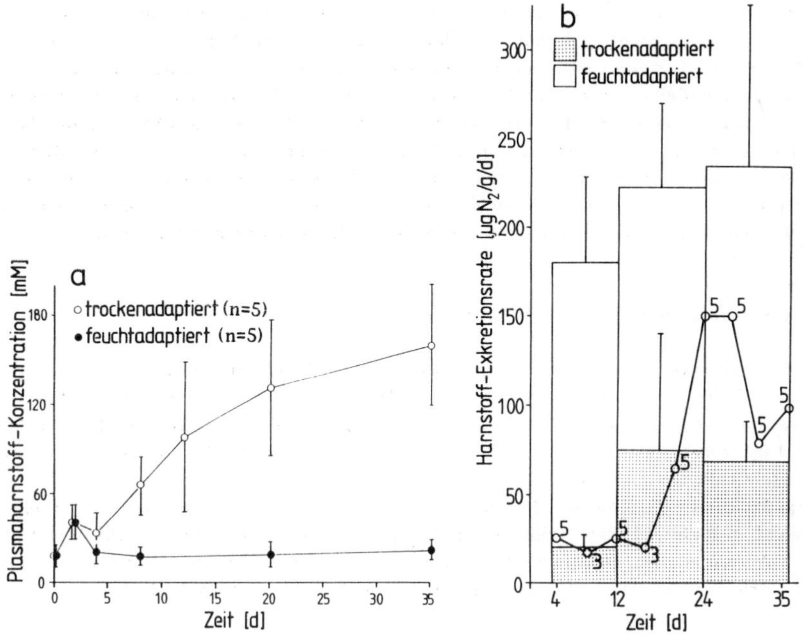

Abb.5.16: Änderungen im Plasmaharnstoffgehalt (16a) sowie Harnstoffexkretionsmuster (16 b) frisch metamorphisierter H.v. taeniatus im Verlauf der Postmetamorphose in Abhängigkeit von der Wasserverfügbarkeit. Feuchtadaptierte Tiere wurden täglich für 60 Minuten rehydriert; trockenadaptierte Tiere erhielten erst nach Überschreiten eines 30-35%-igen Gewichtsverlustes für 15 Minuten Wasser. Die Säulen geben die durchschnittliche N_2 -Exkretionsrate im betrachteten Zeitintervall wieder. Da der Zeitpunkt der Wassergabe in Gruppe 2 interindividuell stark streute, wurden die Mittelwerte der Tiere, die zu identischen Zeitpunkten rehydriert worden waren, zusätzlich in das Diagramm eingetragen. Die Zahlenwerte geben die Anzahl der Individuen pro Meßwert wieder.

zwischen dem 8. und 16. Tag zu erkennen. In dieser Phase erreicht die Purinsynthese eine annähernd doppelt so hohe Rate wie bei Fröschen der Gruppe 1. Anschließend lassen sich keine Unterschiede in der Purinsyntheserate zwischen den beiden Behandlungsgruppen bis zum Ende der Trockenphase mehr feststellen. Vergleichbare Verhältnisse finden sich in der Ventralhaut (Abb. 5.15b). Auch hier läßt sich, beginnend mit dem 8. Tag in Gruppe 2 eine Phase verstärkter Purinsynthese erkennen. Allerdings erreicht die Syntheserate nur etwa die halbe Größenordnung der Rate, die sich in der Dorsalhaut finden läßt. Die Phase endet nach ebenfalls 8 Tagen mit anschließender Reduktion der Purinsyntheserate.

5.4.3.2 Änderung im Plasmaharnstoffgehalt

Der Plasmaharnstoffgehalt läßt in der späten Metamorphoseklimax (Tag 0-2) einen deutlichen Anstieg erkennen. Er fällt in Gruppe 1 auf ein konstantes Niveau von etwa 25 mM ab (Abb.5.16a). In Gruppe 2 läßt sich nur eine leichte Abnahme erkennen, die durch die erste Wasseraufnahme hervorgerufen wurde. Anschließend steigt der Plasmaharnstoffgehalt mit einer Rate von 166 µg N_2 /g/d bis zum 12. Tag an. Bis zum 20. Tag akkumuliert sich Harnstoff mit einer leicht reduzierten Rate von 100 µg N_2/g/d auf etwa 120 mM. Nachfolgend ist die Harnstoffakkumulationsrate infolge zunehmender Harnstoffexkretion in den Rehydrierungsintervallen zwischen dem 20. und 35. Tag stark reduziert.

5.4.3.3 Veränderung im Harnstoffexkretionsmuster

Frösche der Gruppe 1 exkretieren zwischen 125 und 360 µg N_2/g/d während jeder Rehydrierungsphase (x = 215.5 µg/g/d). Frösche der Gruppe 2 dagegen scheiden zwischen dem 4. und dem 16. Tag nur etwa 20-25 µg N_2/g/d aus. Anschließend steigt die Stickstoff- Exkretionsrate der Gruppe 2 steil auf bis zu 150 µg N_2/g/d an. Nach der 3. Rehydrierung, zwischen dem 30. und 35. Tag, fällt die Exkretionsrate dann wieder auf 80 µg N_2/g/d zurück. Um Aussagen über die mittlere Stickstoff-Exkretionsrate eines Individuums zu einem bestimmten Zeitpunkt zu gewinnen, wurden die Einzelwerte intervallweise zusammengefaßt. Die Intervallgrenzen wurden so gewählt, daß sie die Zeitabschnitte umfassen, in denen die Wassergaben (n = 3) erfolgten. Die in Abb.5.16 b angegebenen Zahlenwerte beziehen sich auf den Betrag ausgeschiedenen Harnstoffs zum Zeitpunkt der Wassergabe und sind auf die gesamte Länge des zugehörigen Zeitintervalls umgerechnet.

5.4.3.4 Stickstoffbilanz

Im betrachteten Zeitintervall ging in Gruppe 1 ein konstanter Anteil des freigesetzten Stickstoffs in die Purinsynthese ein. Nur ein sehr geringer Teil ließ sich bei dieser Gruppe im Plasma wiederfinden. Der überwiegende Teil des anfallenden Stickstoffs wurde als Harnstoff über den Urin abgegeben (Abb.5.17). In

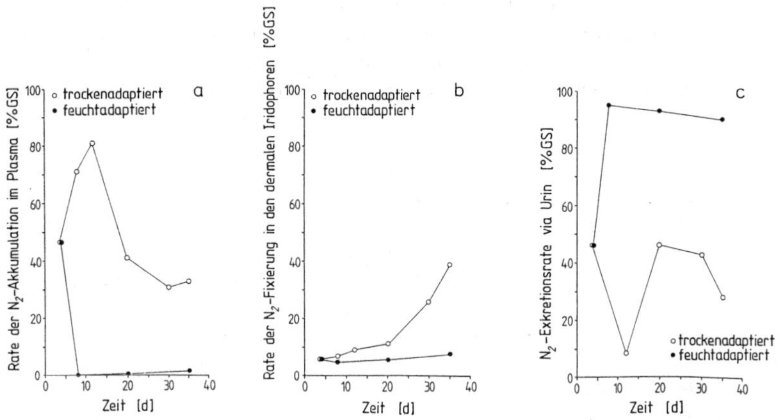

Abb.5.17: Kompartimentierung der N_2 -Endprodukte frisch metamorphisierter H.v. taeniatus in Abhängigkeit von der Wasserverfügbarkeit. Der in der Körperflüssigkeit (A) und den Hautiridophoren (B) gespeicherte N_2 -Anteil sowie der über den Urin ausgeschiedene N_2 (C) ist als prozentualer Anteil am Gesamtstickstoffexkret (GS) zwischen zwei Meßintervallen angegeben.

Gruppe 2 betrug der zur Purinsynthese herangezogene Stickstoffanteil bis zum 20. Tag nur etwa 12 % des gesamten anfallenden Stickstoffs. Anschließend stieg dieser Anteil auf bis zu 38 %. Der in der Körperflüssigkeit gespeicherte Stickstoffanteil wurde zwischen dem 20. und 35. Tag durch einen Anstieg der Urinexkretion spürbar reduziert.

5.5 Induktionsfaktoren der Iridophorensynthese

Wie die vorliegenden Ergebnisse verdeutlichen, sind die Riedfrösche auch unmittelbar nach der Metamorphose in der Lage, kurzfristige Trockenperioden zu überdauern. Den limitierenden Faktor für die maximale Überlebensdauer stellen die begrenzten Wasserreserven der im Mittel 13-14 mm messenden Tiere dar. Besondere Bedeutung kommt daher einer Reduktion von Wasserverlusten zu. Der Anstieg der Hautreflexion durch Purineinlagerung (Temperatur-Regulation) und die Nutzung der Purinkristalle als Speicher für Stickstoff-Endprodukte (Osmoregulation) stellen zwei der wesentlichsten Adaptationen für die Wasserkonservierung dar. Juvenile Riedfrösche weisen einen altersabhängigen Puringehalt der Haut auf (Tab.5.12). Einmal induziert, erfolgt die Purinsynthese kontinuierlich, mit der Möglichkeit einer trockenstreßbedingten Steigerungsrate. Eine kontinuierliche Purinsynthese läßt sich allerdings bei den aquatischen Entwicklungsstadien nicht feststellen. Trotz erheblicher Altersunterschiede zum Zeitpunkt der Metamorphose (unterschiedliche Entwicklungsgeschwindigkeit bis zu 100 %) sind bei vergleichbarer Körperlänge (Kontrollfrösche aus Abb.5.15 und Tab.5.28) keine wesentlichen (>10%) Unterschiede im Puringehalt der Haut feststellbar. Zudem ist die ventrale Hautfläche zum Zeitpunkt der Metamorphose noch völlig iridophorenfrei (Schmuck et al. 1988). Somit scheint die Induktion der Purinsynthese erst im Zusammenhang mit der Metamorphose zu erfolgen. Der Befund, daß auch unmittelbar nach der Metamorphose die Purinsynthese zur Osmoregulation genutzt wird, eröffnet nun die Möglichkeit, der Frage nach Induktionssignalen nachzugehen. Erfolgt die Induktion nicht automatisch im Rahmen des Metamorphosegeschehens, wäre eine Steuerung über die relative Luftfeuchte (Induktor für Beutefangaktivität) oder den Wassergehalt (Induktor für "Trockenzeitphysiologie") denkbar. Da im vorausgegangenen Experiment die im Zusammenhang mit der Induktion der Trockenphysiologie diskutierte Wasserverlustschwelle von ca. 10 % (Kap.4.3.2) auch bei täglicher Wasserversorgung durch Bewegungsaktivität bei allen Tieren innerhalb der ersten 14 Tage überschritten worden war, wurde im folgenden durch entsprechendes Einstellen der Luftfeuchtebedingungen versucht, die auf Verdunstung beruhenden Gewichtsverluste unterhalb dieser Schwelle zu halten.

Spezielle Methodik

Frisch metamorphisierte H.v. taeniatus (Stadium 46 nach Gosner 1960) wurden in

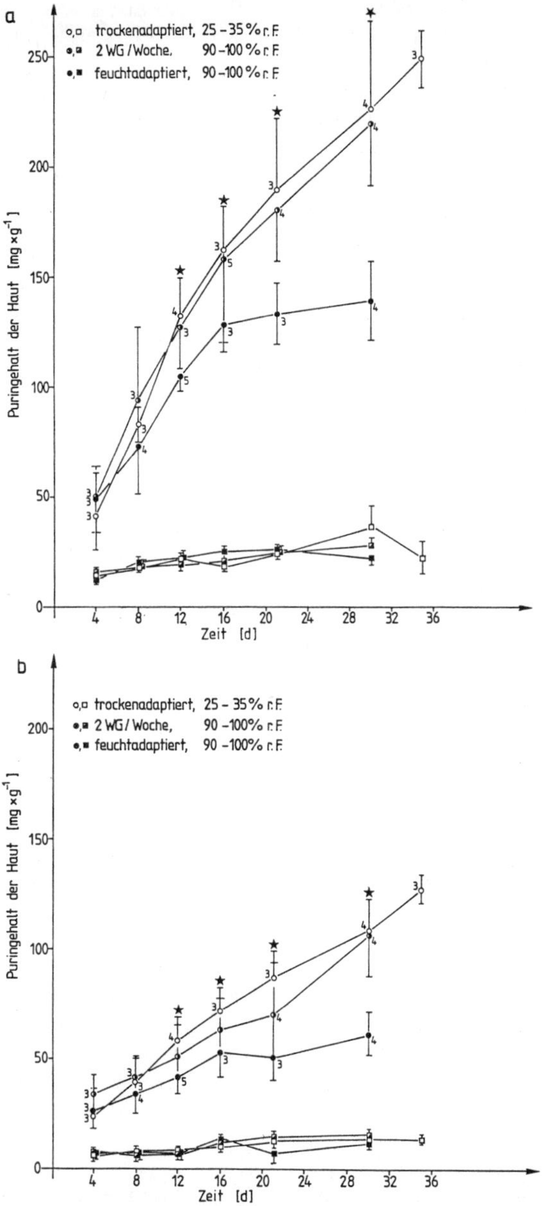

Abb.5.18: Anstieg im Puringehalt der Dorsal- (18a) und Ventralhaut (18b) frisch metamorphisierter <u>H.v.taeniatus</u> in Abhängigkeit von der Wasserverfügbarkeit. Die Iridophorenpigmente enthalten Guanin (o), Hypoxanthin (□) und geringe, im vorliegenden Maßstab nicht erfaßbare Mengen Adenin. Die trockenadaptierten Tiere wurden 2x wöchentlich, die feuchtadaptierten Kontrolltiere täglich für 15 Minuten mit 500 µl zweifach destillierten Wassers rehydriert. Die Symbole bezeichnen Mittelwerte, die Vertikallinien geben die Standardabweichung wieder. Die Zahlenangaben repräsentieren die Stichprobengröße. Sterne bezeichnen signifikante Unterschiede zwischen trocken- und feuchtadaptierten Tieren auf dem 5% Niveau (Konfidenz). WG = Wassergabe

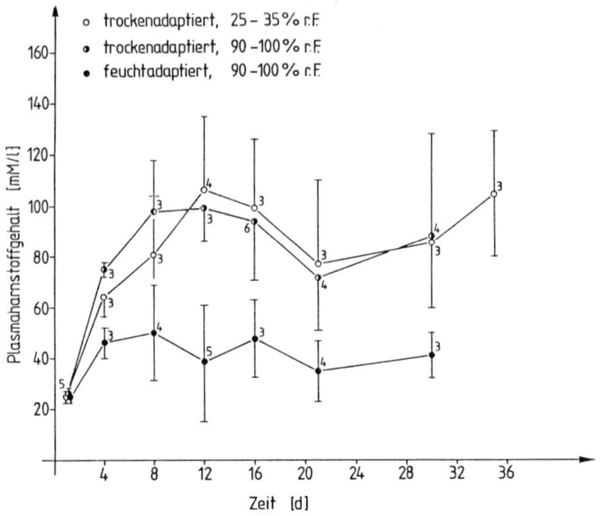

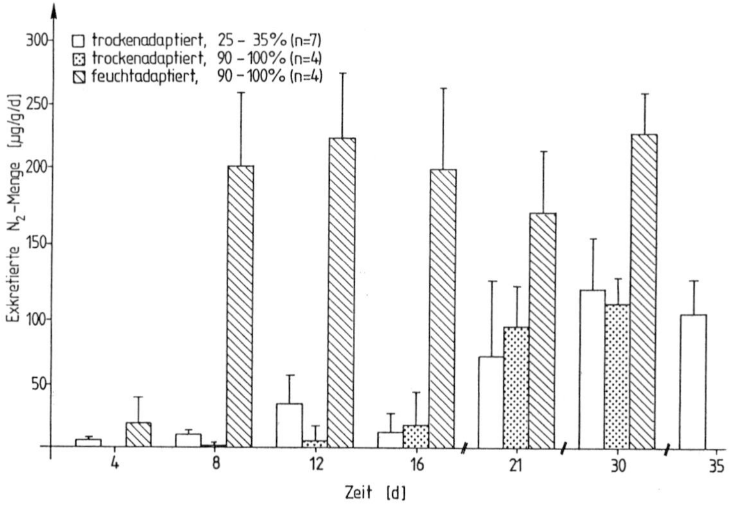

Abb.5.19: Änderungen des Plasmaharnstoffgehalts (19a) und des N_2- Exkretionsmusters (19b) frisch metamorphisierter H.v. taeniatus in Abhängigkeit von der Wasserverfügbarkeit. Die trockenadaptierten Tiere wurden 2x wöchentlich, die feuchtadaptierten Kontrolltiere täglich für 15 Minuten mit 500 µl zweifach destillierten Wassers rehydriert. Die von trockenadaptierten Tieren via Urin abgegebenen Harnstoffmengen wurden auf das gesamte vorangegangene Zeitintervall umgerechnet und in µg N_2 /g/d angegeben. Die Säulen stellen Mittelwerte, die vertikalen Linien die Standardabweichung dar. Die Zahlenwerte geben die Stichprobengröße wieder.

kleinen, durchbohrten Plastikgefäßen vereinzelt und über Nacht auf feuchtem Filterpapier belassen. Nach 12 Stunden wurden die Frösche ad libitum mit Wasser versorgt und in 3 Behandlungsgruppen unterteilt (= 1. Tag). Die Gruppen wurden während der fünfunddreißigtägigen Haltung unter 30°/20°C und 11/13 h LD nicht gefüttert.

Gruppe 1: wurde bei 90-100 % r.F. gehalten und täglich für 15 Minuten in 500 µl zweifach destilliertem Wasser rehydriert

Gruppe 2: wurde bei 90-100 % r.F. gehalten und ,beginnend mit dem 4.Versuchstag, jeweils zweimal wöchentlich für 15 Minuten in 500 µl zweifach destilliertem Wasser rehydriert.

Gruppe 3: wurde bei 25-35 % r.F. (in der Dunkelphase 55-65 % r.F.) gehalten und nach dem Schema der Gruppe 2 für 15 Minuten in 500 µl zweifach destilliertem Wasser rehydriert.

Ergebnisse:

Die trockenadaptierten Riedfrösche zeigten im Vergleich zum vorangegangenen Experiment (Kap.5.4.3.1) nur geringe, nicht signifikante Unterschiede ihrer Purinsynthesemenge (Abb.5.18). Einen annähernd identischen Verlauf zeigt die Purinsyntheserate der Gruppe 2 (2 Wassergaben/Woche, 90-100% r.F.). Dagegen ließ die täglich gewässerte Feuchtgruppe deutliche Unterschiede erkennen. Wie bereits im vorangegangenen Experiment wird auch hier die geringere Steigerungsrate der Purinsynthese zwischen dem 8. und 16. Tag deutlich. Ab dem 16. Tag erfolgt keine weitere Zunahme des Hautpuringehaltes. Der zu diesem Zeitpunkt gemessene Puringehalt entsprach der im ersten Versuchsansatz errechneten Purinmenge des 21. Tages. Ab diesem Zeitpunkt fällt die Einflußnahme des Puringehaltes auf die Remissionseigenschaften der Haut signifikant geringer aus als im vorhergehenden Zeitintervall (Kobelt 1987; Schmuck et al. 1988; Kobelt & Linsenmair in prep.).

Der Plasmaharnstoffgehalt feuchtadaptierter Jungfrösche pendelt sich nach einem anfänglich geringen Anstieg auf etwa 40 mM ein (Abb.5.19a). Dagegen weisen die Gruppen 2 und 3 signifikant ($p \leq 0.05$; Konfidenz) höhere BUN-Werte auf. Infolge der erhöhten Rehydrierungsfrequenz wurden allerdings keine so hohen Werte wie im 1. Versuchsansatz (Abb.5.16a) erreicht. Die BUN-Werte der Gruppen 2 und 3 ließen sich im gesamten Verlauf nicht signifikant voneinander unterscheiden. In Übereinstimmung mit den in Abb.5.16b dargestellten Ergebnissen wird die Urinbildung in den Gruppen 2 und 3 ("trockenadaptiert") in den ersten 16 Tagen massiv unterdrückt und erfährt erst mit Beginn der 3. Woche eine signifikante ($p \leq 0.05$; U-Test) Steigerung. Demgegenüber zeigt die Urinbildungsrate der Gruppe 1 ("feuchtadaptiert") ab dem 4. Tag ein kontinuierliches Exkretionsmuster (Abb.5.19b). Mit 177.4± 29.9 µg N_2/g/d liegt die Stickstoff-Freisetzungsrate trokkenadaptierter, frisch metamorphisierter <u>H.v.</u> <u>taeniatus</u> deutlich ($p \leq 0.001$; U-Test) über den bei juvenilen Stadien gemessenen Wert von 110.3± 34.7 µg/N_2/g/d (Tab.

Tab.5.28: Kompartimentierung der N_2 -Endprodukte frisch metamorphisierter H.v.taeniatus zwischen Urin, Plasma und Iridophoren der Haut unter simulierten Trocken- und Feuchtebedingungen ohne Nahrungsversorgung. Die Versuchsdauer betrug 30 (hohe Luftfeuchte) bzw. 35 (niedrige Luftfeuchte) Tage.

Ind. Nr.	Anfangsgewicht (g)	Gewichtsverlust (%)	Harnstoffgehalt am Versuchsende (mM)	Zunahme des Harnstoffgehaltes (µg N_2/g/d)	Exkretierte Harnstoffmenge via Urin (µg N_2/g/d)	Zunahme des Gesamtpurinpuringehalts in der Haut (µg N_2/g/d)	(%)	Gesamt-N_2 (µg N_2/g/d)
Trockenadaptiert, 25 - 35% r.F.								
1	0.207	13.0	98	33.8	88.3	36.7	23.1	158.8
2	0.254	26.2	54	4.7	156.4	29.4	15.4	190.5
3	0.295	22.8	94	27.4	133.3	41.0	20.3	201.7
4	0.202	18.9	128	50.3	68.9	46.6	28.1	165.8
5	0.235	20.6	66	15.8	93.7	21.0	16.1	130.5
6	0.237	19.4	75	19.7	161.9	39.3	17.8	220.9
7	0.263	26.8	173	61.9	78.5	33.0	19.0	173.4
x	0.242 ± 0.032		98 ± 41	30.5 ± 20.0	111.6 ± 38.3	35.3 ± 8.4	20.0 ± 4.4	177.4 ± 29.9
Trockenadaptiert, 90 - 100% r.F.								
1	0.344	13.2	79	22.5	122.0	34.5	19.3	179.0
2	0.332	10.1	74	21.2	132.9	37.5	19.6	191.6
3	0.360	21.4	96	27.4	116.7	41.4	22.3	185.5
4	0.262	25.7	148	50.4	85.0	27.8	17.0	163.2
x	0.325 ± 0.043		99 ± 34	30.4 ± 13.6	114.2 ± 20.6	35.3 ± 5.7	19.6 ± 2.2	179.8 ± 12.2
Feuchtadaptiert, 90 - 100% r.F.								
1	0.312	17.4	59	9.4	226.1	14.1	5.6	249.6
2	0.315	20.1	25	-7.8	216.9	16.6	7.4	225.7
3	0.239	28.3	31	-4.5	223.9	16.5	7.0	235.9
4	0.304	17.1	48	4.4	245.3	15.4	5.8	265.1
x	0.293 ± 0.036		41 ± 16		228.1 ± 12.2	15.7 ± 1.2	6.5 ± 0.9	244.1 ± 17.1

5.11 und 5.13). Der prozentuale Anteil des osmotisch inaktiv abgelagerten Purins beträgt über die fünfunddreißigtägige Versuchsdauer 20.0± 4.4 %. Dagegen ist der von feuchtadaptierten Kontrolltieren fixierte Anteil von 6.5 % signifikant ($p \leq 0.05$; U-Test) geringer (Tab.5.28). In den Purinkristallen ließen sich die Purine Guanin, Hypoxanthin und Adenin nachweisen. Während Adenin nur in Spuren (<1 mg/g Hauttrockengewicht) bei wenigen Individuen (3 von 26) nachzuweisen war, betrug der Anteil des Hypoxanthin am Gesamtpuringehalt anfänglich ca. 20 % und reduzierte sich am Ende einer fünfunddreißigtägigen Trockenphase auf ca. 10%.

5.6 Diskussion

5.6.1 Energiebilanz in der Trockenphase:

Der Übergang zur eigentlichen Trockenperiode ist von einer Hungerphase begleitet, die einen raschen Verbrauch der Glycogenspeicher zur Folge hat. Offenbar reagieren die Riedfrösche auf Hungerstreß ähnlich wie die Säugetiere (Jungemann & Möhler 1980). In der Anfangsphase einer Hungerperiode kommt der Kohlenhydratversorgung des ZNS eine zentrale Rolle zu. Reichen die angelegten Glycogenspeicher zur Versorgung nicht aus, ist eine Regeneration verbrauchter Kohlehydrate über den Proteinstoffwechsel möglich. Jungreis (1976) sieht in diesem Punkt die zentrale Ursache des anfänglich hohen Proteinverbrauches ästivierender Anuren. Demnach ist die damit gekoppelte verstärkte anfängliche Harnstoffsynthese nicht eine direkte Antwort auf Dehydrierungsstreß, wie von einigen Autoren angenommen wird, sondern ist primär eine Reaktion auf Hungerstreß. Sekundär ist der Anstieg der Plasmaharnstoffkonzentration in Verbindung mit einer Harnstoffretention zur Steigerung der Wasseraufnahmerate weiterentwickelt worden (siehe Kap.5.6.2). Im nachfolgenden Zeitraum kann das ZNS seinen Energiestoffwechsel auf die Verwertung der im Lipidstoffwechsel anfallenden Ketonkörper umstellen (Jungemann & Möhler 1980). Die energetische Bedeutung von Glycogen und Proteinen tritt in den Hintergrund.

Lipide sind bei fast allen bisher untersuchten Anurenarten warm-arider Lebenszonen als Hauptenergiequelle beschrieben worden (McClanahan 1967, Seymour 1973, Whitford & Meltzer 1976, Fitzpatrick 1976, v.Beurden 1980). Bei den untersuchten Riedfröschen (<u>H.v. taeniatus</u> und <u>H.v. ommatostictus</u>) liefern die in speziellen Speichergeweben angelegten Lipidreserven rund 50 % des Gesamtenergiebedarfs. Die dominierende Rolle von Speicherlipiden in der Energiebilanz ästivierender Riedfrösche kommt auch in dem von Geise (1987) ermittelten RQ-Wert von 0.7 -0.75 zum Ausdruck. Mit Fortschreiten der Überdauerungsperiode gewinnen jedoch die Proteine als Energiequelle wieder an Bedeutung. Analoge Ergebnisse liegen für ästivierende Gastropoden vor, deren Hauptenergiequelle ebenfalls Lipidspeicher darstellen (Brand et al. 1957). In der letzten Phase einer solchen

Trockenperiode beziehen die Riedfrösche rund 40 % ihres Gesamtenergiebedarfs aus dem Proteinabbau. Dies unterstreicht die große energetische Bedeutung vorhandener Proteinmengen für die maximale Überlebensdauer in nahrungsarmen Trockenphasen und die Notwendigkeit eines effektiven Mechanismus zur Reduktion damit gekoppelter Probleme der Stickstoff-Akkumulation. Dies umso mehr, als die hier untersuchten Riedfrösche im Vergleich zu grabenden Anuren nur eine moderate Reduktion ihrer Stoffwechselrate aufweisen. Während letztere in der Lage sind, ihre Stoffwechselrate um bis zu 80 % (Loveridge & Withers 1981, v.Beurden 1980; Whitford & Meltzer 1976; Seymour & Lee 1974) abzusenken, reduziert sich der Gesamtenergiebedarf der Riedfrösche nur um etwa 40 %. In der Summe läßt sich aus den Substratabbauraten juveniler H.v. taeniatus über eine zweiundvierzigtägige Trockenperiode ein mittlerer Sauerstoffverbrauch von etwa 75 µl O_2/g/h berechnen. Die vergleichsweise geringe Reduktion im Stoffwechsel besitzt den Vorteil steter Aktivitätsbereitschaft im Falle akuter Bedrohung und der ohne zeitliche Verzögerung möglichen Nutzung günstiger mikroklimatischer Bedingungen während der Trockenperiode. Riedfrösche lassen auch nach längeren Trockenperioden (3-4 Wochen) wenige Minuten nach einem Besprühen mit Wasser spontan Aktivitätsbereitschaft erkennen.

Ein qualitativ sehr ähnliches Substratnutzungsmuster mit Lipiden als Hauptenergiequelle zeigen frisch metamorphisierte H.v. taeniatus. Im Gegensatz zu juvenilen Riedfröschen fehlt allerdings die anfänglich erhöhte Glycogenverbrauchsrate. Letzteres dürfte damit in Zusammenhang stehen, daß im Rahmen des Metamorphosegeschehens keine Nahrungsaufnahme möglich ist und somit eine Adaptation an den Hungerzustand bereits stattgefunden hat. Während der Metamorphoseklimax degenerieren die larvalen Mundwerkzeuge und es erfolgt eine Umbildung des Kiefers (Dodd & Dodd 1976; Fox 1984). Auch der anfänglich erhöhte Proteinverbrauch dürfte primär mit nachgeschalteten Umbauprozessen zusammenhängen. Obwohl auch frisch metamorphisierte H.v. taeniatus eine Reduktion des Energiebedarfs um etwa 35 % aufweisen, erschöpfen sich deren Energiereserven rascher als die juveniler Tiere. Dies steht im Zusammenhang mit einem erhöhten Aktivitätsaufkommen am Ende einer dreiwöchigen Trockenphase. Trockenphasen mit einer Dauer von mehr als 3 Wochen scheinen demnach ein Appetenzverhalten in Richtung einer Suche nach geeigneteren Mikrohabitaten auszulösen. Ein Programm zu Überdauerung langfristiger Trockenperioden ist auch im Hinblick auf die begrenzten Wasserreserven nicht zu erwarten.

5.6.2 Wasserbilanz in der Trockenphase

Eine der wesentlichsten Adaptationen, die Amphibien in Anpassung an eine terrestrische Lebensweise evolvierten, ist ihre ausgeprägte Toleranz gegenüber starken Wasserverlusten, die eine deutliche Beziehung zur Habitatpräferenz aufweist (Farrell & MacMahon 1969, Warburg 1972, Loveridge 1976, Mack & Hanke 1977, Katz & Graham 1980). Die von H.v.spp. maximal tolerierten Wasserverluste

von ca. 50 % in einer Überdauerungsphase sind größenordnungmäßig mit denen anderer ästivierender Anuren vergleichbar (Scaphiopus couchi 40-50 %: McClanahan 1967; Hyla gratiosa und Hyla versicosa 40 %: Farrell & MacMahon 1969). Der maximal tolerierte Wasserverlust wird wesentlich durch die maximale osmotische Belastbarkeit der Ventrikelmuskulatur (Hillman 1984) und den Möglichkeiten einer Regulation der Blutviskosität (Steuerung des Hämatokrit) bestimmt (Hillman & Withers 1988). Damit kommt der Wasserspeicherkapazität und der effektiven Kompartimentierung des verfügbaren Körperwassers eine entscheidende Bedeutung zu. Bei maximaler Hydrierung wird ein wesentlicher Teil des verfügbaren Körperwassers in der Harnblase als Reservoir zur Kompensation von Evaporationsverlusten gespeichert. Die maximale Speicherkapazität der Blase erreicht bei H.v.spp. mit 27 % (Tab. 4.6) nur den unteren Grenzbereich von anderen warm-aride Gebiete besiedelnden, subterran ästivierenden Anuren, die Wasseräquivalente von bis zu 50 % des Körpergewichtes in ihrer Blase speichern können (Cyclorana spec., Bentley 1966 a; Mayhew 1968).
Bei Wasserrestriktion absorbieren die Riedfrösche entlang dem osmotischen Konzentrationsgefälle Wasser aus der Blase in den extrazellulären Flüssigkeitsraum. Etwa 15 % des gesamten Evaporationsverlustes über die im Labor maximal tolerierte Trockenzeit von 42 Tagen können damit ersetzt werden. Der restliche Anteil entstammt dem übrigen Körperwasser. Der bei einem maximalen Gesamtwassergehalt von 86 % vergleichsweise geringe Anteil gespeicherten Blasenwassers deutet auf eine entsprechend große Wasserspeicherkapazität des extrazellulären Flüssigkeitsraums hin, wie es von austrocknungstoleranten Reptilien beschrieben ist. Letztere greifen bei Austrocknung bevorzugt auf dieses Wasserreservoir zurück (Lemire et al. 1982).

Neben ihrer hohen Toleranz gegenüber Wasserverlusten zeichnen sich Riedfrösche durch eine erhebliche Toleranz gegenüber großen Wasseraufnahmemengen aus. Die Toleranz gegen starke Wassergehaltsschwankungen beruht vornehmlich auf sehr effektiven Mechanismen der Zellvolumenregulation. In Analogie zu austrocknungstoleranten (Machin 1981) und euryhalinen Invertebraten (Duchateau-Bosson & Florkin 1961, Livingstone et al. 1979, Armstrong et al. 1981, Matsushima 1988) sowie an hypertone Umgebungsbedingungen adaptierten aquatischen Anuren (Gordon 1965, Gordon & Tucker 1968, Balinsky et al. 1972, Colley et al. 1972, Brühmann & Hanke 1980, Balinsky 1981) beruht die Zellvolumenregulation der Riedfrösche vorrangig auf einer Steuerung der intrazellulären Aminosäurekonzentration. Um Volumenänderungen der Körperzellen bei Wasserverlusten möglichst gering zu halten, setzen die hier untersuchten Riedfrösche über eine selektive Erhöhung des intrazellulären Aminosäuregehaltes eine dem Sog der Evaporation entgegengerichtete osmotische Wasserbindungskraft entgegen. Somit entstammt der Hauptanteil des Evaporationsverlustes dem extrazellulären Wasser. In der Folge ergeben sich gegenüber dem Gesamtwasserverlust verringerte, organspezifische Wasserverlustraten, wie sie auch an ästivierenden Gastropoden (Brand et al. 1957) und anderen Anurenarten zu beobachten sind (Shoemaker 1963,1964). Die für die Zellvolumenregulation vorrangig akkumulierten Aminosäuren lassen einen

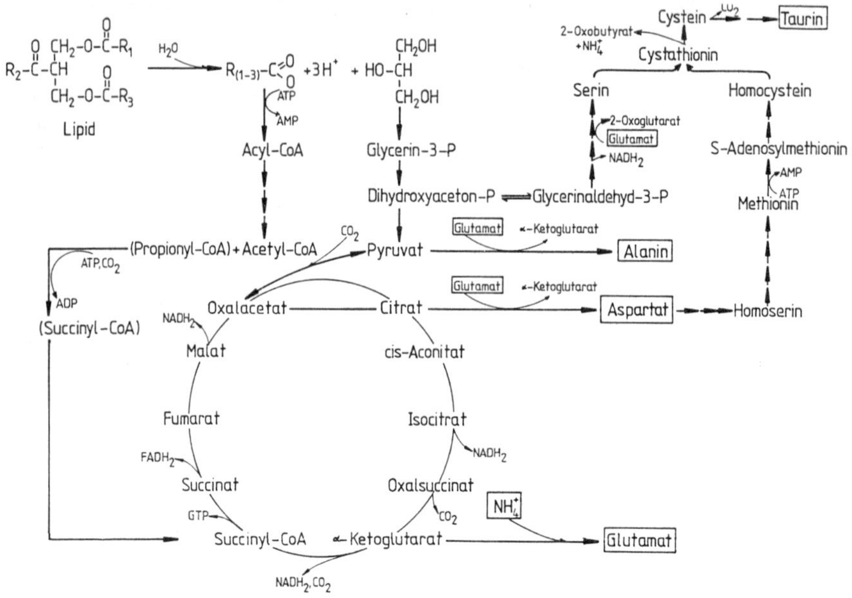

Abb.5.20: Schematische Darstellung des Biosyntheseweges der von juvenilen H.v.taeniatus während einer Trockenphase zur Zellvolumenregulation eingesetzten Aminosäuren. Alle 4 Aminosäuren lassen sich theoretisch aus der Lipolyse und dem Zitronensäurezyklus ableiten.

Tab.5.29: Maximaler N_2 -Speichereffekt der aminosäuregesteuerten Zellvolumenregulation juveniler H.v. taeniatus im Verlauf einer 30tägigen Trockenperiode. Dem Rechenmodell liegen die Annahme eines konstanten Zellvolumens (=maximaler Speichereffekt) sowie die Annahme einer de novo-Synthese der Aminosäuren zugrunde.

Anteil des intracellulären Wassers voll hydrierter Kontrolltiere[1] (mg/g)	Anstieg der intrazellulären Aminosäurekonzentration[2] (mM/l)	N_2-Speicherrate (µg N_2/g/d)
359.4	62	10.4

[1] berechnet nach Angaben von Thorson (1964) zu Bufo marinus unter Zugrundelegung eines Anfangswassergehaltes von 83%

[2] Die quantitativ für die Zellvolumenregulation bedeutsamen Aminosäuren beinhalten jeweils äquimolare Mengen an N_2

engen Bezug zum situationsbezogenen Stoffwechselgeschehen erkennen (Abb.5.20). So lassen sich alle für die Synthese dieser Aminosäuren notwendigen Zwischenprodukte aus dem Fettstoffwechsel gewinnen, ohne daß zusätzliche Stoffkreisläufe erforderlich sind. Acetyl-CoA, das Hauptabbauprodukt von Fettsäuren, induziert in hohen Konzentrationen die Carboxylierung der Biotinseitenkette der Pyruvat-Carboxylase, welche das aus dem Abbau ungeradzahliger Fettsäuren und dem Umbau des bei der Lipolyse anfallenden Glycerins stammende Pyruvat zu Oxalacetat carboxyliert und damit die Entnahme der für die Aminosäuresynthese notwendigen Kohlenstoffgerüste aus dem Citratzyklus kompensiert. Die Entnahme der Kohlenstoffkörper aus dem Citratzyklus wird darüberhinaus durch den aus der Fettverbrennung resultierenden hohen Energiestatus erleichtert. Die in Abb.5.20 dargestellten Stoffkreisläufe müssen jedoch vorerst als rein hypothetisch betrachtet werden, da über die spezifischen Aminosäuresyntheseleistungen von Anuren erst wenige Informationen vorliegen, die noch keine eindeutige Unterscheidung zwischen essentiellen und nichtessentiellen Aminosäuren zulassen.

Die Induktion einer gesteigerten Aminosäuresynthese erfolgt bei den euryhalinen Invertebraten über einen Anstieg des intrazellulären Ionengehaltes (Hochachka & Somero 1980, Matsushima 1988), der eine Aktivierung der Glutamatdehydrogenase (GlDH) bewirkt. Die durch die GlDH katalysierte Reaktion läßt eine deutliche Einflußnahme auf die in Kapitel 5.3 vorgenommene N_2 -Bilanz erkennen:

$$\alpha\text{-Ketoglutarat} + NH_4^+ \xrightarrow{NADH_2 \; \curvearrowright \; NAD^+} \text{Glutamat}$$

Der nach obiger Gleichung zu fordernde und bei Invertebraten nachgewiesene Anstieg im Glutamatspiegel ist auch im vorliegenden Fall zu erkennen. Demnach müßte die sich aus der Harnstoff- und Purinsyntheserate berechnete N_2-Freisetzungsrate um den in Form von Aminosäuren fixierten NH_4^+-Anteil erhöhen und der relative Anteil beider N_2-Exkrete verringern. Die Akkumulation dieser Aminosäuren ließe sich allerdings auch über den Proteinabbau erklären (Deaton et al. 1984), da im vorliegenden Fall keine abrupte Gegensteuerung wie bei Salinitätsstreß erfolgen muß. Da die vorliegenden Ergebnisse keine eindeutigen Rückschlüsse auf eine der beiden aufgezeigten Alternativen zulassen, wurde nicht zuletzt auch im Hinblick auf die Vergleichbarkeit des vorliegenden Datenmaterials mit Literaturangaben der mögliche NH_4^+ -Speichereffekt der Aminosäuresynthese in der Gesamt-N_2- Bilanz nicht berücksichtigt. Um aber wenigstens eine grobe Aussage über die Größenordnung der zusätzlichen N_2-Eliminierung zu erhalten, wurde in Tab.5.29 eine überschlagsmäßige Berechnung dieses N_2 -Anteils vorgenommen. Aus dieser Berechnung läßt sich grob verallgemeinernd ein maximaler Anstieg der in Kapitel 5.3 für juvenile H.v.taeniatus ermittelten Gesamt-N_2 -Freisetzungsrate um rund 10% errechnen.

Mit der Aufnahme großer Mengen geringkonzentrierten Regenwassers am Ende der Trockenperiode stehen die Riedfrösche vor dem Problem einer zu starken

Zellvolumenzunahme. Die Riedfrösche vermögen bei Einstrom von Wasser in das Körperinnere offensichtlich rasch gegenzuregulieren, indem sie die in der Ästivationsperiode akkumulierten Aminosäuren in den Extrazellularraum abgeben und so die mit einer Wasseraufnahme verbundenen Volumenänderungen der Zelle dämpfen. Die Befunde einer im Anschluß an eine Wassergabe steigenden Osmolytkonzentration des Plasmas bei afrikanischen Ochsenfröschen der Gattung Pyxicephalus (Loveridge & Withers 1981) unterstützen eine solche Annahme. Auch euryhaline Invertebraten lassen beim Übergang in hypotone Medien einen Anstieg der Aminosäurekonzentration in Plasma und Urin erkennen (Livingstone et al. 1979, Amende & Pierce 1980).

Von Epithelzellen verschiedener Rana- Arten ist in Abweichung des hier dargestellten Regulationsmechanismus die Steuerung des Zellvolumens über anorganische Ionen beschrieben (Ussing 1982). Im Zustand des osmotischen Gleichgewichts liegt die intrazelluläre KCl-Konzentration der Epithelzellen deutlich über der sich aus der Donnan-Verteilung ergebenden Ionenkonzentration. Im Unterschied zu den hier untersuchten Muskelzellen ist die elektrische Erregbarkeit der Epithelzellen sicherlich von untergeordneter Bedeutung und eröffnet somit die Möglichkeit eines energetisch unter Umständen günstigeren, ionalen Regulationsprozesses. Dagegen unterliegt die intrazelluläre Ionenkonzentration im Muskel einem starken Selektionsdruck durch die Forderungen der Erregungsübertragung und Kontraktionsfähigkeit, die vermutlich nur geringe adaptationsbedingte Schwankungen der Ionenkonzentration erlauben (Homsher et al. 1974, Langer 1982). Allerdings bedarf es noch weiterführender Studien zur wasserverlustabhängigen Änderung der Osmolytkonzentration im Muskelgewebe, um eine mögliche Beteiligung anorganischer Ionen (Alvarado 1972) oder anderer osmotisch aktiver Substanzen (Zucker und Polyole), wie sie hypothetisch für trockenadaptierte Xenopus laevis gefordert wurden (Hillman 1978), an der Volumenregulation der Muskelzellen zu klären. Eine solche ist bereits für euryhaline Amphibien (Gordon 1965) und Ventrikelzellen dehydrierter Bufo viridis und Rana catesbeiana (Hillman 1984) nachgewiesen worden.

Ein erheblicher Vorteil selektiv angereicherter, hochmolekularer Osmolyte ist ihre geringe Wechselwirkung mit zellulären Proteinen (Yancey et al. 1982), die im Gegensatz zu kleinen, anorganischen Ionen den Einsatz salztoleranter Isoenzyme (Hochachka & Somero 1980) nicht unbedingt erforderlich erscheinen läßt. Pierce & Rowland (1988) sehen darin den primären Vorteil der erhöhten intrazellulären Aminosäurekonzentration. Analog zum oben dargestellten Regulationsmechanismus beruht auch die Kompensationsreaktion der Epithelzellen bei Volumenausdehnung auf einer substanzspezifischen Zellexkretion, gesteuert über eine volumenabhängige Permeabilitätsänderung der Zellmembran (Ussing 1982).

5.6.3. Osmoregulation und Stickstoffbilanz in der Trockenphase

5.6.3.1 Harnstoffsynthese im Verlauf einer Trockenperiode

Wie die meisten terrestrischen und semiterrestrischen Anuren speichern die Riedfrösche bei Wassermangel ihre Stickstoffendprodukte vornehmlich in Form des osmotisch aktiven Harnstoffs in ihrer Körperflüssigkeit. Innerhalb einer Trockenphase von 42 Tagen erhöht sich der Plasmaharnstoffgehalt juveniler H.v. taeniatus und H.v. ommatostictus von rund 30 mM bei hydrierten Tieren auf bis zu 433 mM. Die innerhalb einer einunddreißigtägigen Trockenperiode errechnete Harnstoffakkumulationsrate von 109.7± 33.9 µg N_2 /g/d (n=6) trockenadaptierter H. nasutus ist mit dem Wert der beiden vorausgegangenen H. viridiflavus -Arten im gleichen Zeitabschnitt vergleichbar. Dagegen erreicht H.v. nitidulus mit 49.5± 14.4 µg N_2/g/d über 42 Tage signifikant niedrigere Werte. Vergleichbare Werte für ungefütterte, oberirdisch ästivierende xerotherme Anuren ließen sich in der Literatur nicht finden. Lediglich für adulte H. nasutus findet sich eine Angabe von 23 mM Harnstoff/g/d (Withers et al. 1982 b), die den für juvenile H. nasutus berechneten Wert von 14.7± 8.2 mM N_2/g/d (n=6) deutlich übersteigt. Diese Differenz erklärt sich jedoch aus den phasenabhängigen Unterschieden der Harnstoffakkumulationsraten. Im Laufe der ersten 14 Tage einer Trockenperiode, und nur diese Phase wurde in oben genannter Studie betrachtet, akkumuliert beispielsweise H.v. taeniatus Harnstoff mit einer Rate von 19.5 mM/g/d. Dieser Wert unterscheidet sich kaum mehr von dem aldulter H. nasutus.

Die anfänglich stark erhöhte Harnstoffakkumulationsrate spiegelt sich auch im Aktivitätsmuster der Glutamatdehydrogenase, einem Schlüsselenzym des Aminosäurestoffwechsels, und des Harnstoffzyklusenzyms Arginase wieder. Anfänglich erhöhte Enzymaktivitäten beider Stoffwechselwege ließen sich auch bei anderen, oberirdisch überdauernden wie auch grabenden Anuren finden (z.B. Delson & Whitford 1973; Jones 1982). Grabende Anuren können durch aktive Steigerung ihrer Harnstoffsyntheserate den Wasserverlust über das umgebende Substrat verringern und sogar einen Nettowassergewinn erzielen (McClanahan 1972; Degani et al. 1981; Degani et al. 1984; Katz & Gabbay 1986). Letzteres bietet jedoch keine Erklärungsmöglichkeit für oberirdisch überdauernde Anuren. Aus Kapitel 5.3 wird deutlich, daß die anfänglich gesteigerte Harnstoffbildung vielmehr eine passive Folge eines gesteigerten Aminosäurestoffwechsels darstellt. Dieser Anstieg im Aminosäureabbau dient der Regeneration von Kohlehydraten und stellt eine spezifische Antwort auf die mit der Trockenperiode verbundene Hungerphase dar (Jungreis 1976). Die unvermeidliche Folge einer gesteigerten Proteinabbaurate ist ein Anstieg der Ammoniak-Freisetzungsrate. Diese bereits in geringen Konzentrationen stark cytotoxisch wirkende Verbindung (Visek 1972) kann durch eine gesteigerte Aktivität der Harnstoffzyklusenzyme dem Stoffkreislauf sehr effektiv entzogen werden. Obgleich die anfänglich hohe Harnstoffbildungsrate sich primär als unvermeidliche Folge der stoffwechselphysiologischen Reaktion auf Hungerstreß verstehen läßt, kann der daraus resultierende Anstieg der Plasmakonzentration zur Steigerung der Rehydrierungsraten genutzt werden. Diese Annahme stützt sich vornehmlich auf die Tatsache, daß mit Erreichen eines zehnprozentigen Gewichtsverlustes auch bei vollständiger Rehydrierungsgelegenheit die Harnstoffexkretion stark unterdrückt ist. Mit fortschreitender Akklimatisation an Trockenzeitbedingungen scheint der Harnstoff somit eine sekundäre Bedeutung zur Steigerung der Wasseraufnahmerate zu erfahren und wird bis zum Erreichen kritischer Werte reteniert. In der vorliegenden Studie konnte gezeigt werden, daß die Rehydrierungsrate deutlich mit dem Plasmaharnstoffspiegel gekoppelt ist. Eine solche Beschleunigung der Wasseraufnahme dürfte in der Übergangsphase zur Trockenperiode oder während intermediärer Niederschläge, in denen Wasser nur kurze Zeitspannen verfügbar ist, von entscheidender adaptiver Bedeutung sein.

Die Harnstoffakkumulationsrate sollte sich nach Erreichen eines für die rasche Wasseraufnahme ausreichenden Niveaus deutlich reduzieren, um das Erreichen letaler Plasmaharnstoffkonzentrationen vor Erschöpfung der Wasser- und Energiereserven zu verhindern. Meine Ergebnisse stimmen mit dieser Hypothese überein. Zwischen dem 7. und 14. Tag läßt sich keine signifikante ($p>0.05$; U-Test) Zunahme des Plasmaharnstoffgehaltes erkennen und die Enzymaktivität der Glutamatdehydrogenase und der Arginase sind deutlich geringer.

Etwa mit dem 21. Tag steigt der Plasmaharnstoffgehalt bei H.v. taeniatus wieder deutlich an. Dies dürfte in Zusammenhang mit einer Erschöpfung des gespeicherten Blaseninhaltes stehen. Nach etwa 30 Tagen findet sich nur noch etwa 20% des anfänglichen Blasenwassergehaltes. Ohne diesen Wasserspeicher würde zu diesem Zeitpunkt der Wasserverlust aus dem Körperwasser um etwa 15% höher liegen, wodurch sich die maximale Lebensdauer deutlich reduzieren würde.

5.6.3.2 Bedeutung des Blasenwasserspeichers für die Ionenregulation

Neben seiner Bedeutung als Wasserspeicher besitzt das Blasenwasser eine wesentliche Funktion bei der Ionenregulation. In Analogie zu Befunden an anderen Amphibien (Aceves et al. 1970) steht die Ionenkonzentration des Urins in enger Abhängigkeit zur aktuellen Wasserverfügbarkeit. Die Modifikation der Urinflüssigkeit erfolgt vornehmlich über die Blase. Am Ende einer Trockenperiode ist der Harnstoffgehalt des Blasenwassers nicht signifikant verschieden von dem aus passiven Akkumulationseffekten errechneten Wert, der K^+-Gehalt dagegen ist signifikant ($p\leq0.05$; U- Test) höher konzentriert. Eine mögliche Anreicherung der K^+-Ionen wäre über den Austausch gegen Na^+ oder NH_4^+ - bzw. H^+ -Ionen aus dem Plasma denkbar. Dies steht in Einklang mit den Befunden von Lee (1968) an Heleioporus eyrei, nach denen eine Dehydrierung mit einer Zunahme der Na^+ und einer Abnahme der K^+-Ionen im Plasma gekoppelt ist. Eine allerdings mit kontinuierlicher Urinbildung gekoppelte selektive K^+ -Anreicherung im Urin ist von verschiedenen Arten der Gattung Phyllomedusa beschrieben worden (Shoemaker & McClanahan 1975). Eine K^+-Regulation erfolgt auch bei trockenadaptierten Reptilien über deren Nasaldrüse (Lemire et al. 1982).

5.6.3.3 Qualitative und quantitative Bedeutung der Purinspeicherung im Verlauf der Trockenperiode

Obwohl es erhebliche Vorteile erbrächte, nach Erreichen eines Plasmaharnstoffgehaltes, der eine hinreichend rasche Rehydrierung erlaubt, einen weiteren Harnstoffanstieg zu vermeiden, ist ein solcher zwangsläufige Folge der weiterlaufenden Stoffwechselvorgänge. Protein- und Nukleotid- "turnover" und im besonderen der Proteinabbau für Energiegewinnungsprozesse, der in der Hauptsache zu Beginn der Trockenphase und nach Erschöpfung der Fettreserven erfolgt, verursachen eine weitere Freisetzung von Ammoniak, der in ungiftige Verbindungen überführt werden muß. Größere Vertreter (>5 g) der Gattung Chiromantis (Loveridge 1970; Drewes et al. 1977) und Phyllomedusa (Shoemaker & McClanahan 1982) binden unter Trockenzeitbedingungen den Stickstoff vornehmlich als osmotisch unwirksame Harnsäure. Dieser Exkretionsmodus befähigt diese Arten auch während niederschlagsfreier Trockenphasen zur Nahrungsaufnahme. Dies führt zu einer starken Stickstoffbelastung innerhalb kurzer Zeit und macht rasche Eliminationsmöglichkeiten unumgänglich. Darüberhinaus löst der Uricotelismus auch die mit der Nahrungsaufnahme gekoppelten Probleme der Salzbelastung, indem Kationen in Form unlöslicher Uratsalze gebunden werden (Shoemaker & McClanahan 1975; Shoemaker & Nagy 1977; Machin 1981). Die geringe Löslichkeit der Harnsäure setzt allerdings die Aufrechterhaltung der Nierentätigkeit voraus (Shoemaker & Bickler 1979), deren energetische Kosten durch die Möglichkeiten der Nahrungsaufnahme weit überkompensiert werden dürften. Bei trockenadaptierten Hyperolius -Arten konnte eine Nahrungsaufnahme bisher nicht beobachtet werden, solange die relative Luftfeuchte 90 % nicht übertraf (Geise 1987). Im natürlichen Habitat ist während der Kerntrockenphase weder mit dem Auftreten potentieller Beuteinsekten noch mit so hohen relativen Luftfeuchten zu rechnen (Linsenmair, pers. Mitteilung), so daß für Hyperolius spp. eine Nahrungsaufnahme in dieser Zeit, soweit überhaupt möglich, nur in sehr begrenztem Umfang anzunehmen ist. Daher ist zu vermuten, daß die Akkumulationsrate von Stickstoff-Endprodukten und Salzen langsamer verläuft als bei Chiromantis und Phyllomedusa.

Dennoch kann, vor allem nach Erschöpfung der Fettreserven, die Akkumulation von Harnstoff rasch zum limitierenden Faktor werden. Unter den hier gewählten Versuchsbedingungen würde Harnstoff als alleiniges Stickstoff-Endprodukt unter der Annahme einer Toleranzgrenze von 700 mOsm die maximale Überlebensdauer von 42 Tagen bei H.v. taeniatus und H.v. ommatostictus um 10 - 14 Tage verkürzen. Die längere Überlebensdauer beruht vornehmlich auf der Fähigkeit der Riedfrösche, in Zeiten mit Wasserversorgungsengpässen verstärkt Stickstoff in osmotisch inaktiven Hautpigmenten einzulagern. Nach 42tägiger Trokkenheit enthalten die Hautiridophoren von H.v. taeniatus und H.v. ommatostictus einen Stickstoffanteil von etwa 25 % des insgesamt in dieser Zeit anfallenden Stickstoffs. Ähnliche Stickstoffanteile ergaben sich für H.v. nitidulus, der allerdings infolge geringerer Evaporationsverluste und niedrigerer Stickstoff-Akkumulationsraten (=niedrigere Energieverbrauchsraten) längere Perioden ohne Wasseraufnahmemöglichkeiten überleben kann. Darüberhinaus erhöht die Nutzung weiterer potentieller Speichergewebe (Epi- und Endothel) die Bedeutung der Guaninexkretion unter natürlichen Verhältnissen erheblich. Wie bereits mehrfach erwähnt, weisen H.v.nitidulus im Freiland nach mehrmonatiger Trockenperiode ein stark mit Iridophoren überzogenes Leberepithel auf.

Die Höhe der im Labor ermittelten Wasserverlustraten (Geise & Linsenmair 1988) lassen zur Überdauerung längerfristiger Trockenperioden (>2 Monate) für H.v. taeniatus und H.v. ommatostictus intermediäre Niederschläge (Tau oder kurze Regenschauer) sowie niedrigere Stoffwechselraten notwendig erscheinen. Diese Niederschläge würden neben der Ergänzung von Verdunstungsverlusten auch die Exkretion der gespeicherten Harnstoffmengen erlauben. Die noch verbleibenden Purinspeicherkapazitäten des Epi- und der Endothelien würden dann bei noch ausreichender Energieversorgung erheblich an Bedeutung für das Überleben der restlichen Trockenzeit gewinnen. Der von juvenilen H. nasutus fixierte Purinstickstoffanteil von 8 % dürfte die Überlebensaussichten in einer Trockenphase nur geringfügig verbessern, zumal auch dieser geringe Anteil eine Zwischenwassergabe einschließt. Da H. nasutus sympatrisch mit H.v. nitidulus vergesellschaftet ist, ist jedoch von entsprechend höheren osmoregulatorischen Leistungen auszugehen. Die vorliegenden Ergebnisse machen deutlich, daß sich die Stickstoff-Akkumulationsraten sowie die Evaporationsverluste von H.nasutus im unteren Wertebereich nicht signifikant von H.v. taeniatus unterscheiden. Die im Mittel höheren Wasserverlustraten sind ein Resultat gesteigerter Aktivitätsbereitschaft und deuten auf ein Appetenzverhalten in Richtung einer Suche nach geeigneteren Mikrohabitaten hin. Ein gezielt auf H. nasutus ausgerichteter Versuchsansatz sollte daher die von Loveridge (1976) beschriebene Mikrohabitatpräferenz berücksichtigen, indem dem Tarnungsbestreben dieser Art Rechnung getragen wird.

Die Iridophorenpigmente aller hier untersuchter Hyperolius -Arten bestehen in der Hauptsache aus den beiden Purinen Guanin und Hypoxanthin. Adenin kommt nicht oder nur in Spuren vor. Das sich im Verlauf der Trockenperiode zugunsten des Guanins verschiebende Guanin/Hypoxanthin-Verhältnis legt die Vermutung nahe, daß Hypoxanthin lediglich als stabiles Zwischenprodukt bei der Guaninsynthese fungiert und über Xanthin zu Guanin umgesetzt wird. In ein solches Schema ließe sich der Befund von Richards (1982) einordnen, wonach Inhibitoren der Xanthin-Dehydrogenase eine Reduktion der Purinsynthese hervorrufen (siehe hierzu Abb.2.1).

Obwohl der in Form von Purinen fixierte Stickstoffanteil trockenadaptierter Riedfrösche den feuchtadaptierter Individuen signifikant übersteigt, synthetisieren letztere nach einer einmal erfolgten Induktion (siehe unten) deutlich meßbare Purinmengen. Dieses Verhalten erscheint vor allem im Hinblick auf den unvorhersehbaren Eintritt der Kerntrockenzeit adaptiv. Mit Beginn dieser Trockenphase erlangt der Reflexionsschutz überlebenswichtige Bedeutung, da die begrenzten Wasserreserven die Möglichkeit einer Verdunstungskühlung stark einschränken. Um jederzeit über einen ausreichenden Reflexionsschutz verfügen zu können, ist eine Purinsyntheserate notwendig, die wachstumsbedingte Abnahmen der Iridophorenschichtdicke kompensiert. Desweiteren eröffnet dieser Syntheseweg die Möglichkeit, dem Körperkreislauf in Zeiten akuten Wassermangels N_2-Endprodukte in osmotisch inaktiver Form entziehen zu können. Ein bereits vorhandener Syntheseweg besitzt dabei den Vorteil, sich ohne größere zeitliche Verzögerung an die aktuellen quantitativen Erfordernisse anpassen zu lassen (Hochachka & Somero 1980). Ein ähnlicher Mechanismus wäre demnach auch bei uricotelen Anuren zu erwarten. In der Tat scheiden uricotele Anuren unabhängig von der aktuellen Wasserversorgung einen nahezu gleichbleibenden Betrag ihrer Stickstoff-Abfälle in Form schwerlöslichen Urats aus (Shoemaker & McClanahan 1975).

Die Fähigkeit zur Nutzung dieses N_2 -Speicherdepots kann auch unmittelbar nach der Metamorphose von vitaler Bedeutung für die Riedfrösche werden. Wie bereits mehrfach erwähnt, nutzen adulte H.v.spp. temporäre Gewässer bis zum Ende ihres Bestehens. Diejenigen Nachkommen, die erst am Ende der Regenperiode mit ihrer Entwicklung beginnen, müssen daher in der Lage sein, die im Vorfeld der eigentlichen Trockenperiode unvorhersehbar auftretenden, intermediären Trockenphasen zu überdauern. Die Verbesserung der Reflexionseigenschaften der Haut durch Purineinlagerung bildet in Verbindung mit der weiteren Nutzung dieses Systems zur Osmoregulation eine wesentliche Adaptation an solche fluktuierenden und zeitweise extremen Umweltbedingungen.

Wie bei juvenilen Tieren ist auch bei frisch metamorphisierten Stadien eine deutliche Abhängigkeit der Purinsyntheserate von der Wasserverfügbarkeit festzustellen. Tägliche Wasserversorgung in Verbindung mit hohen Luftfeuchten führte zu einer Beendigung der Purinsynthese nach Erreichen einer ein- bis zweilagigen Iridophorenschicht im dorsalen Hautbereich. Dies unterstreicht die multifunktionale Eigenschaft des Iridophorensystems für: 1) die Untergrundanpassung; 2) den Reflexionsschutz; und 3) die Osmoregulation. Erst nach einem oder mehrfachen Überschreiten kritischer Gewichtsverlustraten (ca. 10 % des anfänglichen Körpergewichts) erfolgt eine erneute Induktion des Purinsyntheseweges, der dann bis zum Eintritt der eigentlichen Trockenperiode unabhängig von den vorherrschenden Außenbedingungen seine Aktivität beibehält und mit Eintritt der Trockenperiode einem erneuten Anstieg unterliegt.

Die Induktionssignale, die zu einer gesteigerten Purinsyntheserate führen, stehen somit offensichtlich in engem Zusammenhang mit der aktuellen Wasserhaushaltssituation der Tiere. Die in Abb.5.8 dargestellte Korrelation zwischen der Gesamt-N_2- Freisetzungsrate (NH_4^+ -Anfallrate) und der Purinsyntheserate legt die Vermutung nahe, daß in Analogie zur Regulation des Harnstoffsynthesewegs bei aquatischen Stadien auch die Purinsyntheserate über die NH_4^+ -Konzentration des Plasmas gesteuert wird. Die Frage nach den daran beteiligten Regelkreisläufen muß allerdings zum gegenwärtigen Zeitpunkt noch offen bleiben.

Im Vergleich zur Harnsäureexkretion besitzt die Guaninspeicherung für H.v.spp. demnach drei wesentliche Vorteile:

1) Guanin weist ein besseres N:C- Verhältnis auf, das heißt pro Mol Guanin kann mehr Stickstoff gespeichert werden,
2) Guanin dient neben der Osmoregulation auch der Temperaturregulation (Kobelt & Linsenmair 1986). Harnsäure erscheint dagegen infolge seines geringeren Brechungsindex und seiner schlechteren Kristallisierungseigenschaften weniger als Reflexionsmedium geeignet (Kobelt (1987).
3) Im Gegensatz zu uricotelen Amphibien, die infolge der geringen Löslichkeit der Harnsäure bei physiologischen pH-Werten ihre Nierentätigkeit aufrechterhalten müssen, sind die Riedfrösche bei der Purinexkretion nicht auf energiezehrende renale (Shoemaker & Bickler 1979) und rektale Reabsorptionsprozesse (Shoemaker & Nagy 1977) angewiesen.

6. Energieallokation in der Adultphase

Die optimale Verteilung der einem Organismus zur Verfügung stehenden Ressourcen Energie und Zeit auf die Variablen Wachstum, Selbsterhaltung und Reproduktion ist eine wesentliche Voraussetzung zur Maximierung des reproduktiven Erfolgs. Dabei ist ein Organismus phylogenetischen, ontogenetischen und physiologischen Zwängen unterworfen und wird in der Ausprägung seiner Lebenszyklusstrategie deutlich von biotischen und abiotischen Faktoren beeinflußt (Stearns 1982).

Einen wesentlichen Einfluß auf die optimale Lebenszyklusstrategie üben die gegensätzlichen Effekte von Adult- und Juvenilmortalität aus (Stearns 1976). Geringe Überlebensaussichten in der Adultphase fördern ein frühes Einsetzen der reproduktiven Aktivität in Verbindung mit stark erhöhten Investitionen in die Reproduktion.

Ein solches System scheinen auch die hier untersuchten Riedfrösche entwickelt zu haben. In ihrem natürlichen Verbreitungsgebiet sind mit dem Ende der Fortpflanzungsperiode und dem Einsetzen der Trockenperiode fast ausschließlich juvenile H.v.spp. -Stadien anzutreffen (Linsenmair, pers. Mitteilung), was eine hohe Adultmortalität zum Ende der Fortpflanzungssaison beweist. Sowohl die Elterngeneration als auch die Individuen, die im Labor innerhalb der Fortpflanzungsperiode ihrer Elterntiere zur Reproduktion gelangten, starben quantitativ bis zum Beginn der folgenden Trockenperiode (Geise 1987). Letzteres liefert in Zusammenhang mit den Freilandbefunden einen deutlichen Hinweis auf eine genetische Vorprogrammierung. Entsprechend investiert H.v.spp. nach Erreichen der Adultphase keine Energie mehr in Wachstum und Energiespeicherung und setzt alle zur Verfügung stehenden Nahrungs- und Energieressourcen in Reproduktionsleistungen um (Grafe 1988).

Ein solches Allokationsmuster stellt eine ausgezeichnete Möglichkeit zur Bestimmung des "total life time investment" in Reproduktion dar, da keine Energie für Wachstum und Energiespeicherung verbraucht wird. Daneben ermöglicht es gute Schätzungen der geschlechtsspezifischen Investitionen und liefert darüber wertvolle Hinweise auf die Faktoren der sexuellen Selektion.

Das nachfolgende Kapitel gibt eine quantitative Abschätzung des geschlechtsspezifischen reproduktiven Aufwandes von H.v. ommatostictus und H.v. taeniatus wieder. Desweiteren behandelt es die Frage nach den Selektionsdrücken, die die Lebenslaufstrategie der Adulttiere beeinflussen.

6.1. Investitionen von H.v.spp. in Reproduktion

Die Riedfrösche H.v. ommatostictus und H.v. taeniatus haben keine Brutpflege entwickelt. Die wesentlichsten energetischen Aufwendungen der Weibchen dürften demzufolge in der Oogenese liegen. Die Kosten der Männchen für Spermatogenese und Testesentwicklung erscheinen demgegenüber vernachlässigbar gering (siehe auch Seale 1988). Die Höhe des Reproduktionsaufwands der Männchen wird vorwiegend von dem Aufwand für Rufverhalten und zusätzliche Formen der intrasexuellen Konkurrenz, die auch energiezehrende, kämpferische Auseinandersetzungen einschließen (Grafe 1988), bestimmt.

Im allgemeinen scheinen bei Anuren die Reproduktionskosten der Weibchen wegen der hohen Investitionen in die Gameten höher als die der Männchen zu sein. Neuere Untersuchungen machen allerdings deutlich, daß für die Männchen mit dem Rufverhalten hohe direkte und indirekte Kosten verbunden sind (Taigen & Wells 1985) wie ein erhöhter Räuberdruck durch akustisch jagende Räuber (Ryan et al. 1983) und eine geringere Energieaufnahmerate (z.B. Woolbright 1985).

6.1.1. Spezielle Methodik:

a) Messungen der energetischen Reproduktionsleistungen der Männchen

Direkte energetische Kosten kommen in einem gesteigerten Sauerstoffverbrauch und/oder in einer Akkumulation von Endprodukten anaerober Stoffwechselwege zum Ausdruck. Die sich über die Steigerung der Sauerstoffverbrauchsraten ergebenden energetischen Kosten wurden von Grafe (1988) direkt übernommen. Die aus anaeroben Stoffwechselprozessen gewonnenen Energiebeträge wurden über eine Bestimmung des Lactatspiegels ermittelt. Die Lactatbildungsrate während kämpferischer Interaktionen wurde näherungsweise erfaßt, indem Männchen für 5 Minuten in kleinen Haltungsgefäßen durch Drehen per Hand zu kontinuierlichen Springbewegungen veranlaßt wurden. Die Tiere wurden unmittelbar nach jedem Experiment in flüssigem Stickstoff schockgefroren. Da Männchen während des Rufens und insbesondere in Verbindung mit Rufduellen Positionsänderungen durchführen, wurde bei rufenden Fröschen zur Trennung von Ruf- und Bewegungsmuskulatur der Lactatgehalt von Extremitäten und Restkörper separat bestimmt.

b) Messungen der energetischen Reproduktionsleistungen der Weibchen

Zur Bestimmung des Anteils assimilierter Energie, den die Weibchen in die Eiproduktion investieren, wurden H.v. ommatostictus - und H.v. taeniatus - Weibchen in bepflanzten 20x40x20 cm messenden Glasaquarien vereinzelt und täglich mit je 20 Stubenfliegen gefüttert (dies entspricht der maximal aufgenommenen Nahrungsmenge unter ad libitum-Bedingungen). Die Bestimmung der Assimilationseffizienz und der Nettoproduktionsrate erfolgte wie unter Kap. 4.1 beschrieben. Die Gelege wurden bei 50°C bis zur Gewichtskonstanz getrocknet und auf ihren Energieinhalt und ihre stoffliche Zusammensetzung untersucht.

Tab.6.1: Lactatkonzentration von Ganzkörper- und Muskelhomogenaten rufaktiver H.v.ommatostictus -Männchen nach einer Ruhe-, Ruf- und Aktivitätsphase. Die Zahlenwerte geben Mittelwerte und die Standardabweichung wieder. Die Zahlenangaben in Klammern bezeichnen die Stichprobengröße. Der Lactatgehalt der Hinterbeine wurde von 3 Tieren aus der Ruhephase und allen 6 untersuchten Tieren aus der Rufphase gesondert bestimmt

Verhalten	Lactatgehalt (mg/g Körpergewicht)		
	Gesamtkörper	Hinterbeine	Restkörper
Ruhephase	0.344 ± 0.104 (6)	0.487 ± 0.064 (3)	0.284 ± 0.086 (3)
Rufphase	0.460 ± 0.113 (6)	0.836 ± 0.348 (6)	0.304 ± 0.100 (6)
Aktivität	1.054 ± 0.380(10)		

6.1.2. Ergebnisse

6.1.2.1. Investitionen der Männchen

a) Aerober Stoffwechsel

Die für das Rufverhalten aufzuwendenden energetischen Kosten kommen nach den Untersuchungen von Grafe (1988) bei einer durchschnittlich erreichten Ruffrequenz von 5 400 Rufen/Stunde in einem Mehrverbrauch von 0.832 ml O_2/g/h (Gesamtverbrauch 1.33 ml/O_2g/h) zum Ausdruck. Dieser Mehrverbrauch entspricht einem Energieäquivalent von .235 mM ATP/g/h.

b) Anaerober Stoffwechsel

Der Lactatgehalt ruhender und rufender Männchen lag signifikant (p 0.01; U-Test; Tab. 6.1.) unter dem Wert, der für bewegungsaktive Tiere gemessen wurde. Taigen et al. (1982) nahmen ebenfalls an H. viridiflavus -Männchen Messungen des Sauerstoffverbrauchs und der Lactatbildungsrate während eines vierminütigen Aktivitätsintervalls vor. Ihr Mittelwert von 1.158 mg Lactat/g Körpergewicht unterscheidet sich nicht signifikant von den vorliegenden Werten (Tab. 6.1.). Legt man den von Taigen et al. (1982) für H.viridiflavus -Männchen während heftiger Aktivitätsphasen ermittelten O_2-Mehrverbrauch von 0.737 ml O_2 /g/h für kämpfende H.v. ommatostictus -Männchen zugrunde, errechnet sich hieraus ein Energieanteil von 0.190 mM ATP/g/h. Der Energiegewinn aus anaeroben Stoffwechselprozeßen (Tab.6.1) entspricht einem Energieäquivalent von 0.142 mM ATP/g/h. Demnach bezieht H.v. ommatostictus während kämpferischer Interaktionen einen hohen Anteil der benötigten Energie (ca. 40%) aus anaeroben Stoffwechselprozessen. Dies steht in Einklang mit der Beobachtung, daß die Riedfrösche nach heftigen Aktivitätsschüben deutliche Anzeichen von Erschöpfung zeigen.

Nach Entfernen der Extremitäten ergaben sich keine signifikanten (p 0.05; Konfidenz) Unterschiede im Lactatgehalt des Restkörpers zwischen rufenden und nicht rufenden Männchen (Tab. 6.1.). Das Rufen scheint daher trotz hoher energetischer Kosten (siehe a) keinen wesentlichen Anteil anaerober Stoffwechselprozesse einzuschließen. Dies erlaubt den Männchen ausgedehnte Rufphasen mit im Mittel 10 000 Rufen/Nacht (Grafe 1988).

6.1.2.2. Investitionen der Weibchen

Die durchschnittliche Intervalldauer zwischen den Gelegen betrug bei isolierten Weibchen 16.4±3.5 Tage (n=6) für H.v. ommatostictus und 15.0±2.7 Tage (n=8) für H.v. taeniatus. Die reproduktiv aktiven Weibchen produzierten zwischen 1 und 12 Gelegen in einer Brutsaison (Summe der in Isolation und während Gemeinschaftshaltung erfaßten Ablagen). Für ein H.v. taeniatus - und zwei H.v. om-

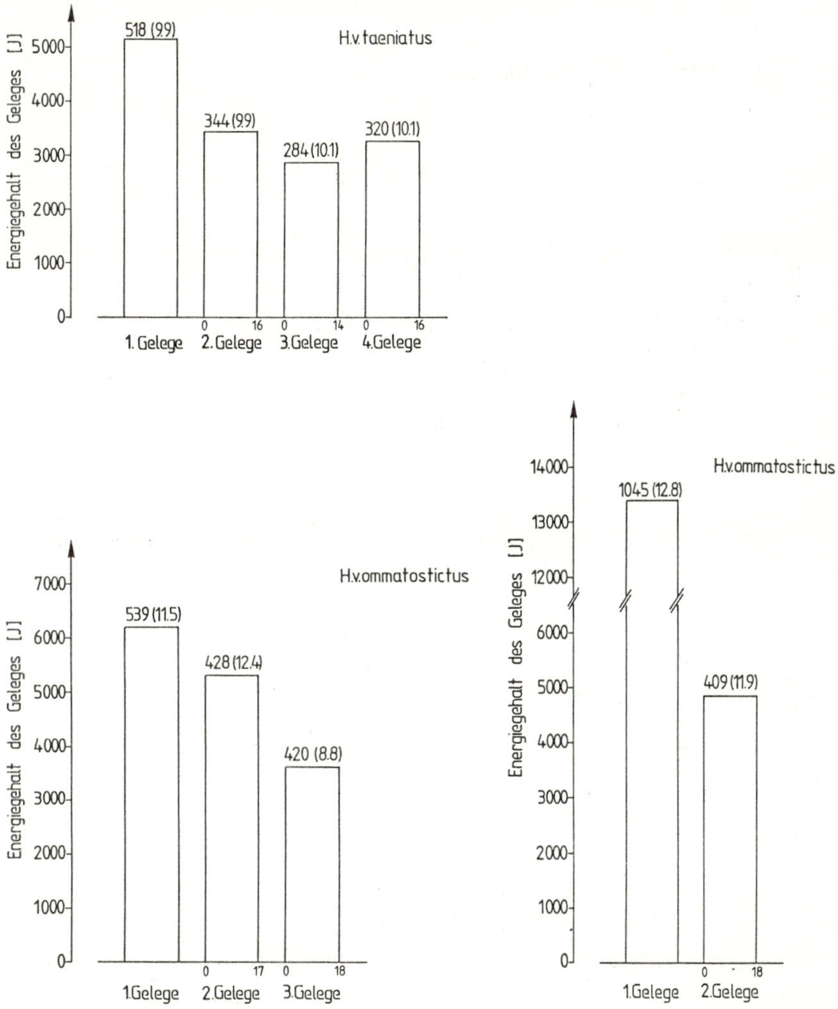

Abb.6.1: Änderung der Gelegegröße und des spezifischen Energiegehalts individueller H.v.spp.-Gelege in Abhängigkeit von der Gelegefolge. Die Weibchen wurden noch vor Einsetzen der Rufaktivität der Männchen isoliert und über ihre gesamte Lebensspanne kontrolliert mit Fliegen bekannten Brennwerts ad libitum versorgt. Die Zahlenwerte über den Säulen geben die Gelegegröße (Anzahl Eier) sowie (in Klammern) den spezifischen Energiegehalt des Geleges (J/Ei) wieder. An der Basis der Säulen findet sich die Zeitspanne des Gelegeintervalls in Tagen.

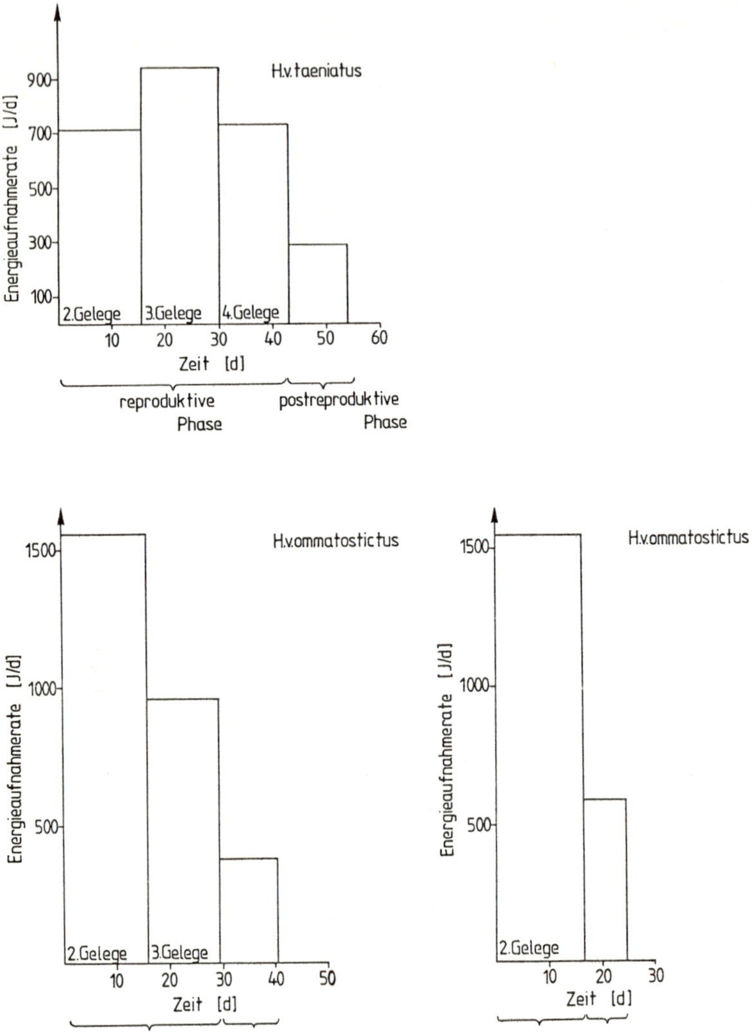

Abb.6.2: Energieaufnahmeraten adulter <u>H.v.spp</u>. -Weibchen im Verlauf ihrer reproduktiven und postreproduktiven Phase. Da der Zeitraum für die Synthese des 1. Geleges nicht exakt zu bestimmen ist, wurde die Energieaufnahmerate (Bruttoaufnahme) mit der ersten Eiablage beginnend dargestellt.

Tab.6.2: Assimilationseffizienz (A/C) und Nettoproduktionsrate (P/A) juveniler und adulter H.v.spp. bei einer durchschnittlichen Haltungstemperatur von 25° C. Den Versuchstieren wurden nach Wassergabe ad libitum täglich 20 Stubenfliegen gefüttert. Die Angaben bezeichnen Mittelwerte und Standardabweichung, die in Klammern angegebenen Zahlenwerte geben die Stichprobengröße wieder.

Art und Stadium	A/C (%)	P/A (%)
H.v.taeniatus		
Juveniltiere	80.6 ± 2.1 (10)	27.4 ± 5.2 (10)
Weibchen reproduktiv	85.1 ± 2.2 (8)	28.7 ± 6.9 (8)
postreproduktiv	86.3 ± 2.7 (6)	...
Männchen	84.9 ± 2.9 (3)	...
H.v.ommatostictus		
Weibchen reproduktiv	85.6 ± 1.7 (5)	29.9 ±10.5 (5)
postreproduktiv	86.8 ± 2.6 (3)	...
Männchen	87.7 ± 1.1 (2)	...

matostictus -Weibchen konnte durch frühzeitige Isolation der Tiere das jeweils erste Gelege zweifelsfrei identifiziert und vom Umfang her mit den nachfolgenden Gelegen verglichen werden. Wie die in Abb.6.1 dargestellten Ergebnisse verdeutlichen, übertrifft das erste Gelege in allen drei Fällen die nachfolgenden erheblich an Umfang. Der durchschnittliche Energieanteil pro Ei änderte sich allerdings nicht mit der Gelegefolge (Abb.6.1). Tendenziell erscheint sowohl der Gelegeumfang wie der spezifische Energiegehalt von H.v.ommatostictus -Gelegen größer als der von H.v.taeniatus. In Übereinstimmung damit wurde eine erhöhte Nahrungsaufnahmerate der H.v.ommatostictus -Weibchen festgestellt (Abb.6.3). Die innerhalb von 12 Stunden nach der Eiablage erfolgenden Gewichtsbestimmungen ergaben keinen Hinweis auf Wachstumsinvestitionen während der Reproduktionsphase. Der nicht für die Eiproduktion verwendete Anteil assimilierter Energie deckt demnach gerade die metabolischen Kosten der Atmung und der Vitellogenese. Mit dem Ende der Eiproduktion war trotz zunächst noch subjektiv hoch erscheinender Vitalität der Tiere eine drastische Abnahme der aufgenommenen Nahrungsmenge zu verzeichnen (Abb.6.2.).

6.1.2.3. Assimilationseffizienz und Nettoproduktionsraten

Die Assimilationseffizienz adulter H.v.spp. unterscheidet sich nicht signifikant zwischen den Geschlechtern und ist auch keine Funktion der Nahrungsaufnahmerate (vergleiche reproduktive und postreproduktive Weibchen, Tab.6.2). Dagegen ist die Assimilationseffizienz adulter H.v. taeniatus gegenüber ihren juvenilen Entwicklungsstadien signifikant erhöht ($p \leq 0.01$; U-Test). Die Berechnung der Nettoproduktionsrate in Tab.6.2 erfolgte unter der Annahme, daß, mit der Ausnahme des ersten Geleges, keine nennenswerten Investitionen aus vorhandenen Energiereserven (Fettkörper) in die Gelegeproduktion vorgenommen wurden, d.h. daß der Energiegehalt des Geleges quantitativ der Nettoproduktionsrate der Weibchen entsprach. Die Daten aus Tab.6.4 untermauern die Richtigkeit dieser Annahme. Die sich hieraus ergebenden Nettoproduktionsraten zeigen weder innerhalb verschiedener Stadien einer Art (juvenile und adulte H.v.taeniatus) noch zwischen Weibchen verschiedener Arten (H.v.taeniatus und H.v.ommatostictus) signifikante Unterschiede ($p > 0.05$; U-Test).

6.1.2.4 Vergleich der geschlechtsspezifischen Investition in Fortpflanzung bei H.v.spp.

Größenordnungsmäßig übertreffen die Energieinvestitionen der Weibchen beider H.viridiflavus -Arten pro Gelegeintervall bei etwa gleicher Lebensdauer (unter Laborbedingungen) die der Männchen um den Faktor 3 (Tab.6.3). Die im Vergleich zu den Weibchen sehr viel niedrigere direkte energetische Investition der Männchen legt die Schlußfolgerung nahe, daß Männchen indirekte Kosten tragen

Tab.6.4: Änderungen im Gesamtlipidgehalt adulter H.v.taeniatus im Verlauf ihrer Reproduktionsphase. Die Zahlen geben Mittelwerte und Standardabweichung wieder. Die in Klammern befindlichen Zahlenwerte bezeichnen die Stichprobengröße. n.s = nicht signifikant

Alter	Lipidgehalt (%)			
	Männchen	p≤ U-Test	Weibchen nach Entfernen der Eier	p≤ U-Test
a) Fortpflanzungsbeginn	16.68 ± 1.9 (10)	a-b:0.05	10.01 ± 1.8 (10) (mit Eiern: 12.78 ± 1.8)	a-b:n.s
b) nach 8wöchiger Fortpflanzungsphase	12.57 ± 5.5 (5)	b-c:0.05	8.50 ± 2.6 (4)	b-c:n.s
c) Ende der Fortpflanzungsphase	8.81 ± 1.7 (10)	c-a:0.001	9.13 ± 2.1 (10)	c-a:n.s

Tab.6.3: Vergleich der geschlechtsspezifischen Investition in Reproduktion für den Zeitraum eines mittleren Gelegeintervalls von H.v. taeniatus bei einer Haltungstemperatur 30°/20°C (L/D 13/11).

	H.v.taeniatus	H.v.ommatostictus
	Männchen (1.6 g)	Männchen (2.0g)
Nächte am Laichgewässer[1]	10	10
Rufstunden am Laichgewässer[1]	30	30
Kampfstunden am Laichgewässer[1]	5	5
Energieverbrauch beim Rufen[1]	0.80 kJ	1.00 kJ
Energieverbrauch beim Kämpfen	0.18 kJ	0.23 kJ
Summe Energiekosten/ Gelegeintervall	0.98 kJ	1.23 kJ
	Weibchen (1.6 g)	Weibchen (2.0g)
Durchschnittl. Anzahl Eier/Gelege[1]	227	332
Energiegehalt/Gelege	2.64 kJ	3.72 kJ

[1] Angaben nach Grafe (1988)

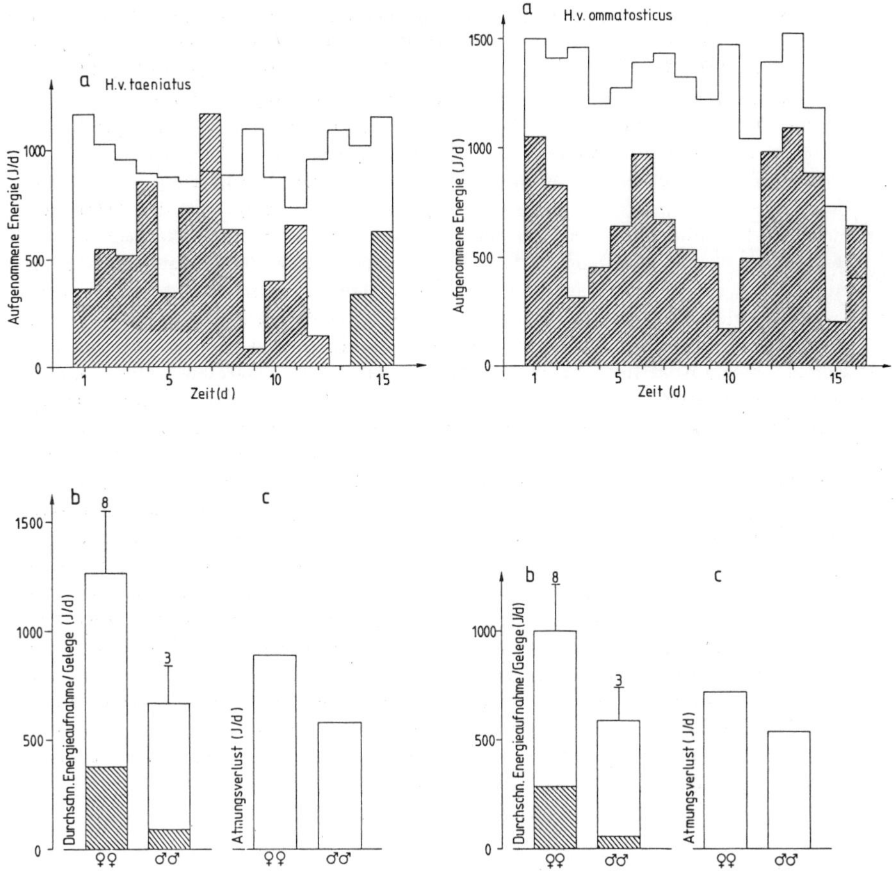

Abb.6.3: Geschlechtsspezifische Energieaufnahmespektren isoliert gehaltener H.v.spp. (3a) im Verlauf eines Gelegeintervalls. Die schraffierten Säulen beziehen sich jeweils auf die Männchen, die hellen Säulen auf die Weibchen der untersuchten Arten. Unter den Energieaufnahmespektren ist die durchschnittliche Energieaufnahme pro Gelegeintervall (3b) und der energetische Anteil des reproduktiven Aufwandes (schraffierter Säulenabschnitt) geschlechtsspezifisch aufgetragen. Zur besseren Vergleichbarkeit sind die sich hieraus errechnenden Atmungsverluste nach Geschlechtern getrennt gegenübergestellt (3c).

wie zum Beispiel niedrigere Energieaufnahmeraten (McNally 1981, Woolbright 1985) durch das zeitaufwendige Werbeverhalten während der Fortpflanzungsphase. Letzteres sollte sich im aktuellen Lipidgehalt der Männchen niederschlagen. Die Lipidanalysen beider Geschlechter von H.v. taeniatus zu unterschiedlichen Zeiten ihrer Reproduktionsphase ergaben signifikante geschlechtsspezifische Unterschiede (Tab.6.4). Während der Gesamtlipidgehalt von Weibchen nach Entfernen der gespeicherten Eimengen keine signifikanten Veränderungen im Laufe ihrer Reproduktionsphase zeigte, unterlag der Gesamtlipidgehalt der Männchen einer starken Abnahme. Eine gleichmäßige Energieaufnahmerate, wie nach diesen Resultaten für die Gelegeproduktion der Weibchen nach der ersten Eiablage zu fordern ist, scheint für Männchen nicht zu erfolgen. Letztere decken anscheinend ihren Energiebedarf während der Adultphase zu einem erheblichen Teil aus zu Beginn der Fortpflanzungsperiode angelegten Energiespeichern. Dies läßt sich aus den geschlechtsspezifisch unterschiedlichen Energieaufnahmeraten isoliert gehaltener H.v. taeniatus und H.v. ommatostictus entnehmen (Abb.6.3a). Die mittlere Nahrungsaufnahme rufaktiver Männchen beträgt unter ad libitum- Fütterung nur annähernd die Hälfte der Aufnahmemenge der Weibchen unter identischen Haltungsbedingungen (Abb.6.3b). Während Weibchen während eines Gelegeintervalls eine gleichmäßige Energieaufnahme aufweisen, unterliegt die Energieaufnahmerate der Männchen zyklischen Veränderungen. Da die Weibchen mit Ausnahme des ersten Geleges keine großen Energiereserven zur Gelegeproduktion beizusteuern scheinen, kann die Differenz zwischen der aufgenommenen Energiemenge und dem Energiegehalt des Geleges den Stoffwechselkosten in dieser Zeit gleichgesetzt werden. Unter der Annahme gleicher Stoffwechselraten sind Männchen daher gezwungen, zur Deckung ihres Energiebedarfs neben der Energie aus der aufgenommenen Nahrung auch Energie aus Speicherdepots aufzubringen. Unter Berücksichtigung der nur begrenzt verfügbaren Energiemengen für Männchen wenden somit auch letztere alle nicht für die Atmung benötigten Energieäquivalente ausschließlich für die Reproduktion auf.

6.2. Diskussion

Im natürlichen Verbreitungsgebiet von H.v. nitidulus lassen sich nach Ende der Fortpflanzungsperiode in der folgenden Ästivationsphase keine Adulttiere mehr finden. Auch unter Laborbedingungen starben in der Regel alle zur Fortpflanzung gekommenen Individuen aller untersuchter H. viridiflavus -Arten kurz nach Beendigung ihrer Reproduktion. Demnach beschränkt sich das Fortpflanzungsgeschehen der hier untersuchten H. viridiflavus- Arten auf eine Brutperiode. Innerhalb dieser Brutsaison zeigen H.v. taeniatus - und H.v. ommatostictus Weibchen unter Laborbedingungen eine multiple Eiablage. Eine solche mehrfache Eiablage findet sich auch bei verwandten Hyperolius -Arten (H.v. viridiflavus, Richards 1977; H. marmoratus, Telford & Dyson, in prep.).

Die Evolution eines multiplen Eiablagemusters ließe sich zum einen aus den

Vorteilen einer Risikoverteilung, zum anderen durch physiologische Begrenzungsfaktoren erklären. Eine hohe Belastung temporärer Gewässer infolge stark ausgeprägter Konkurrenzsituationen (Nährstoff- und Sauerstoffverbrauch, Akkumulation toxischer Stoffwechselendprodukte, siehe Kap. 3.2), einer hohen Variabilität im zeitlichen Bestehen der Laichgewässer (Austrocknungsgefahr) oder lokal extrem ausgeprägter Räuberdruck würde eine zeitliche und räumliche Verteilung des reproduktiven Aufwandes verständlich erscheinen lassen. So steht die gegebene Varianz des Eigrößenspektrums innerhalb eines Geleges (siehe Grafe 1988: Eivolumen von 0.78-1.20 mm^3; Volumenunterschied bis zu 3.5 %) in Einklang mit der Hypothese einer Risikoverteilung, wie Crump (1981,1984) sie auch für verschiedene neotropische Hyla -Arten beschreibt, die bevorzugt temporäre Gewässer als Laichhabitate aufsuchen. Eigröße und Larvengröße zum Schlüpfzeitpunkt erscheinen in der Regel positiv korreliert (Crump 1984, Berven & Chadra 1988). In Engpaßsituationen zeigen sich größere Larven stark konkurrenzüberlegen und erreichen auch bei starkem intraspezifischen Konkurrenzdruck noch hohe Wachstums- und Überlebensraten mit frühen Metamorphosezeitpunkten: beide Parameter sind eng mit der Überlebensrate im Juvenilstadium gekoppelt (Berven & Gill 1983). Bei niedrigem Konkurrenzdruck und/oder optimaler Nährstoffversorgung verliert eine hohe Konkurrenzkraft an Bedeutung und läßt eine höhere Fekundität vorteilhafter erscheinen, da die Produktion kleiner Eier oftmals mit einer Vorverlegung der reproduktiven Phase gekoppelt ist (Berven 1988). So wird die relative Fitneß großer und kleiner Eigrößen stark von exogenen Faktoren beeinflußt, wobei der Qualität des Laichgewässers erhebliche Bedeutung zukommt, deren zeitliche Entwicklung oftmals unvorhersehbar ist und den besten Kompromiß in einer hohen Eigrößenvarianz innerhalb des Geleges erkennen läßt.

Eine alternative Erklärung bieten physiologische Begrenzungsfaktoren, die eine Ablage der gesamten, potentiell verfügbaren Eimasse in einem einzigen Gelege nicht erlauben. So übertrifft das erste Gelege alle folgenden Gelege stets erheblich an Umfang (siehe auch Grafe 1988). Desweiteren unterstreichen die extrem kurzen Gelegeintervalle, deren Ausdehnung wesentlich von der verfügbaren Nahrungsmenge beeinflußt wird, die Bedeutung physiologischer Begrenzungsfaktoren. Die Energieinvestition in die Gelege entspricht genau der Nettoproduktionsrate juveniler Stadien und verdeutlicht, daß jegliche verfügbare Energie sofort in Reproduktionsleistung umgesetzt wird.

Die Investitionen der Männchen in Fortpflanzungsaktivitäten betreffen vornehmlich die energetischen Kosten des Rufverhaltens, das sich bis zu 5 Stunden pro Nacht erstrecken kann und mit 60 - 100 Rufen/Minute eine bemerkenswerte Ruffrequenz erreicht. Die von Grafe (1988) ermittelten Sauerstoffverbrauchsraten rufaktiver H.v. ommatostictus-Männchen erreichen bei 1.33 - 1.63 ml O_2/g/h ähnlich hohe Werte wie Arten mit vergleichbarer Ruffrequenz, so Hyla versicolor (1.7 ml O_2/g/h; Taigen & Wells 1985), Hyla crucifer (1.5 - 1.7 ml O_2/g/h; Wells & Taigen in press. cit. nach Grafe 1988).
Daneben treten häufig aggressive Interaktionen zwischen Männchen auf, wie sie

nur bei wenigen Amphibienarten zu finden sind (Shine 1979). Der hohe Energiebedarf für die lang andauernden, kämpferischen Auseinandersetzungen wird über zusätzliche, anaerobe Stoffwechselprozeße gedeckt (Taigen et al. 1982). Der anaerobe Energiegewinn übersteigt dabei den anderer Amphibienarten erheblich (Bufo marinus: max.15%, Miller & Hutchinson 1980; Physalaemus pustulosus: max.7%, Ryan et al. 1983) und weist auf eine hohe anaerobe Kapazität der Riedfrösche hin.

Die kurzen Gelegeintervalle von 15 (H.v. taeniatus) bzw. 16 Tagen (H.v. ommatostictus) erlaubten eine quantitative Erfassung von Assimilationseffizienz (A/C) und Nettoproduktionsrate (P/C) der Weibchen unter ad libitum-Bedingungen der Ernährung. Die Assimilationseffizienz adulter H.v.spp. übertraf die juveniler H.v.taeniatus und liegt größenordnungsmäßig in dem vom Woolbright (1985) für Eleuterodactylus coqui (88.5 %) und Fitzpatrick (1973) für Desmognathus ochrophaeus (86.3-88.2 %) angegebenen Bereich. Dagegen ließen sich keine signifikanten Unterschiede der Nettoproduktionsrate zwischen juvenilen und adulten H.v.taeniatus feststellen.

Ein Vergleich der geschlechtsspezifischen Investionen in Fortpflanzung ergibt bei Männchen deutlich geringere Energieausgaben. Letztere weisen allerdings auch unter ad libitum-Bedingungen geringere Energieaufnahmeraten auf. Mageninhaltsuntersuchungen rufender Physalaemus pustulosus -Männchen am natürlichen Standort machten deutlich, daß die Männchen am Rufplatz überhaupt keine Nahrung aufnehmen bzw. erbeuten (Ryan et al. 1983). Männchen müssen daher zur Deckung ihres Energiebedarfs am Rufplatz zusätzlich Energie aus vorhandenen Speicherdepots mobilisieren, die nach ihrer Erschöpfung neuerlich angelegt werden müssen. Letzteres dürfte mit dem Verlassen des Laichgewässers und einem Verzicht auf möglichen reproduktiven Erfolg während dieser Zeit gekoppelt sein. Dies ist neben dem erhöhten Räuberrisiko als indirekter Kostenfaktor bei der Reproduktionsaufwendung der Männchen in Anrechnung zu bringen. Für H.v.spp. -Männchen ist daher der Umfang seiner Energiespeicher zu Beginn der Fortpflanzungsphase von entscheidender Bedeutung für seinen reproduktiven Erfolg. Eine höhere Investition in Energiespeicherung könnte daher die Vorteile einer gesteigerten Körpergröße weit überkompensieren. Das vorliegende System verdeutlicht, daß eine Abschätzung der potentiellen Reproduktionskosten allein über die Energiebilanz nur ein sehr unvollständiges Bild ergibt. Geschlechtsspezifische Mortalitätsraten und zeitliche Limitierungen der reproduktiven Aktivitäten müssen in einer solchen Berechnung unbedingt Berücksichtigung finden.

7. Zusammenfassung:

1) Die afrikanischen Trockensavannen bilden einen Lebensraum mit stark fluktuierenden, lebensfeindlich erscheinenden Umweltbedingungen. Dennoch wurden sie von einer Reihe hochspezialisierter Arten erfolgreich besiedelt. Die Eroberung dieser durch ausgeprägte Trockenzeiten charakterisierten Lebensräume durch Amphibien erscheint dabei besonders spektakulär. Im Gegensatz zu den meisten Vertretern dieser Gruppe ziehen sich Riedfrösche der "Superspezies" Hyperolius viridiflavus während der Trockenzeit nicht in selbstgegrabene Höhlen zurück, sondern überdauern in relativ exponierter Stellung auf Grashalmen sitzend und setzen sich damit potentiell letalen Klimaeinflüssen aus. In der vorliegenden Studie wurden die physiologischen Anpassungsleistungen dieser Artengruppe, insbesondere die biochemischen Anpassungsstrategien, die den Tieren ein Überleben unter solch extremen und nicht vorhersehbaren Klimaverhältnissen erlauben, näher untersucht.

2) Die Energieallokation in der aquatischen Entwicklungsphase sowie die Metamorphosestrategie erweisen sich als deutlich dichteabhängig. Ein hoher Konkurrenzdruck verschiebt die Metamorphose auf einen möglichst frühen Zeitpunkt mit vorrangiger Allokation verfügbarer Energieressourcen in Richtung eines Längenwachstums. Dagegen erlauben günstige Lebensbedingungen in diesem Entwicklungsstadium das Erreichen höherer Metamorphosegrößen und die Anlage umfangreicher Energiespeicher.

   Erfolgt die Metamorphose in Zeiten sich verschlechternder Wasserqualität, zeigen sich die frisch metamorphisierten Riedfrösche physiologisch gut an Trockenzeitbedingungen angepaßt. Dagegen weisen Individuen, deren Metamorphose sich bei konstant guter Wasserqualität vollzog, keine Toleranz gegen Trockenheitsstreß. Dies läßt vermuten, daß die Larven über Möglichkeiten zur Abschätzung der aktuellen Klimaverhältnisse im terrestrischen Habitat verfügen.

   Während niederschlagsfreier Perioden können sich in temporären Kleingewässern toxische Exkretprodukte anreichern und noch vor der kritischen Austrocknung schädliche oder sogar letale Konzentrationen erreichen. Durch die fakultative Nutzung des in der Regel erst mit Einsetzen der Metamorphose verfügbaren Krebs-Henseleit-Zyklus sind einige Arten in der Lage, solche, potentiell letalen Umweltbedingungen zumindest zeitweilig zu überdauern. Die Induktion dieses Exkretstoffwechselwegs erfolgt unmittelbar über die primären Stickstoffendprodukte.

3) Unterhalb einer Körperlänge von 1.6 cm verhindern die stark oberflächenabhängigen Verdunstungsverluste ein Überdauern längerfristiger Trockenperioden. In der ersten Phase ihrer Postmetamorphoseentwicklung lassen die Riedfrösche eine vorrangige Investition verfügbarer Energieressourcen in Körper-

wachstum erkennen. Ein wesentlich über die genannte Körperlänge hinausgehendes Längenwachstum übt jedoch keinen entscheidenden Einfluß auf die Wasserverlustreduktion mehr aus. Entsprechend erlangt mit Erreichen dieser Körpergröße die Speicherung der Energiereserven die vorrangige Bedeutung.

Die maximale Überlebensdauer in der Trockenperiode wird maßgeblich von den vorhandenen Energiereserven bestimmt. Hieraus erwächst ein starker Selektionsdruck auf Optimierung der Energiebilanz in der Zeitspanne zwischen Metamorphose und Beginn der Trockenzeit. Die Riedfrösche überdauern die Lichtphasen mit ihren hohen Temperaturen und niedrigen Luftfeuchten in einer energiesparenden Ruheposition. Durch dieses Verhalten erreichen die Riedfrösche in Verbindung mit einer ausgeprägten Präferenz für hohe Sitzplatztemperaturen, die eine große Nahrungsdurchsatzrate ermöglichen, hohe Nettoproduktionsraten (bis zu 37 %).

Die Optimierung der Energiebilanz in der Übergangsphase zur Trockenperiode ist an sehr effektive Mechanismen der Wasserhaushaltsregulierung gebunden. Zum einen ist der Beutefang stets mit hohen Wasserverlustraten gekoppelt, zum anderen setzt der unvorhersehbare Eintritt der Kerntrockenzeit eine stete Verfügbarkeit hinreichend großer Wasserreserven voraus. Letzteres erlaubt daher nur begrenzte Verluste im Zusammenhang mit Beutefangaktivitäten. Diese beiden gegensätzlichen Forderungen haben einerseits die Evolution hocheffizienter Verdunstungsbarrieren, andererseits die Entwicklung von Mechanismen bewirkt, die eine fakultative Steigerung der Wasseraufnahmeraten ermöglichen. Die flexible Handhabung dieser Mechanismen reduziert zum einen die Gefahr einer Hyperhydrierung in Zeiten überoptimaler Wasserversorgung, zum anderen erschließt sie die Möglichkeit einer Nutzung kurzfristiger Wasserressourcen (Tau, wenig ergiebige Regenfälle). Letzteres steht in engem Zusammenhang mit der Regulation des Stickstoffhaushaltes, für dessen Regelkreise ein neues Gedankenmodell entwickelt wurde. Nach Überschreiten eines zehnprozentigen Gewichtsverlustes reagieren die Riedfrösche mit dem Unterdrücken von Urin- und Faecesbildung und stellen ihren Stoffwechsel auf Trockenzeitbedingungen um.

4) In der Kerntrockenzeit verharren die Riedfrösche in einer energiesparenden Ruhestellung, die eine minimale Exposition der Körperoberfläche sicherstellt. Nach einer kurzen metabolischen Umstellungsphase, die in ihrer zeitlichen Abfolge der Hungeradaptation des Menschen ähnelt, decken Lipide den Hauptanteil des Energiebedarfs. Der Gesamtenergiebedarf kann im Laufe der Trockenphase nur um etwa 40 % gegenüber dem Ruhestoffwechsel verringert werden. Die begrenzte Möglichkeit zur Drosselung des Energieverbrauchs macht es bei einer Reihe von Tieren erforderlich, nach Erschöpfung ihrer Lipidreserven verstärkt Proteine zur Deckung ihres Energiebedarfs heranzuziehen.

Die sich hieraus ergebenden osmotischen Probleme erfahren durch die Fähigkeit der Riedfrösche, Stickstoffexkrete in osmotisch inaktiver Form in Hautpigmente einzulagern, eine erhebliche Abschwächung. Etwa 25 % des Gesamtstickstoffexkretes findet sich nach einer sechswöchigen Trockenperiode im Hautgewebe, vornehmlich in Form von Guaninkristallen. Neben ihrer Funktion als Exkretspeicher erfüllen die purinhaltigen Hautpigmente (in den Iridophoren) noch eine wichtige Aufgabe bei der Temperaturregulation. Die Bedeutung der Strahlenreflexion kommt besonders darin zum Ausdruck, daß mit Beginn der Metamorphose unabhängig von der aktuellen Wasserverfügbarkeit, eine starke Zunahme in der Produktion dermaler Iridophoren erfolgt. Erst nach Etablierung einer ein- bis zweilagigen Iridophorenschicht endet bei guter Wasserversorgung und hohen Luftfeuchtigkeiten die Purinsynthese.

Wasserverluste von mehr als 10 % des Körpergewichtes induzieren unabhängig von den Luftfeuchtebedingungen erneut den Beginn der Hautpurinsynthese. Die Induktion dieses Exkretionssystems erfolgt durch die Exkretionsprodukte selbst und zeigt deutliche Parallelen zur Regulation des Exkretstoffwechsels in aquatischen Stadien.

Einmal induziert, läuft bis zum Erreichen der Adultphase die Purinsynthese kontinuierlich weiter mit der Möglichkeit einer Steigerung der Syntheserate. Letzteres steht in engem Zusammenhang mit der aktuellen Wasserverfügbarkeit. Der Anstieg erfolgt wiederum nach Überschreiten kritischer Wasserverlustwerte.

Im Verlauf einer Trockenperiode können die Riedfrösche Wasserverluste bis zu 50 % ihres Körpergewichtes tolerieren. Diese hohe Toleranz begründet sich vornehmlich auf sehr effektive Mechanismen zur Kompartimentierung des Körperwassers. Zu Beginn der Trockenperiode sind bis zu 27 % des gesamten Körperwassers als hypotone Flüssigkeit in der Harnblase gespeichert. Darüberhinaus besitzen die Riedfrösche eine hohe Wasserspeicherkapazität in ihren Extrazellularräumen. Der überwiegende Teil der Verdunstungsverluste wird über dieses Reservoir kompensiert. Der Gefahr einer damit verbundenen Volumenabnahme der Körperzellen begegnen die Riedfrösche durch selektive Anreicherung freier Aminosäuren in der Intrazellularflüssigkeit.

5) Mit dem Einsetzen der ersten Regenfälle am Ende der Trockenperiode stehen die Riedfrösche vor dem Problem, eine zu rasche Aufnahme größerer Wassermengen in die Zellen zu verhindern. Durch die Ausschleußung großer Mengen freier Aminosäuren in den Extrazellularraum sind die Tiere in der Lage, die enormen Wassergehaltsschwankungen des Plasmas abzupuffern und so ein zu starkes Anschwellen oder sogar Platzen der Körperzellen zu verhindern. Es zeigte sich, daß dabei im wesentlichen die im Verlauf der Trokkenperiode angereicherten Aminosäuren aus dem intrazellulären Reaktionsraum entfernt werden.

6) Nach der Umstellung auf die Adultphysiologie sind die Tiere offenbar nicht mehr in der Lage, eine erneute Trockenperiode zu überleben. Alle zur Verfügung stehenden Energieressourcen werden in Fortpflanzungsleistungen investiert. Die Weibchen erreichen trotz hoher metabolischer Kosten in Verbindung mit der Oogenese über eine gesteigerte Nahrungsaufnahmerate und hohe Assimilationseffizienzen Nettoproduktionsraten, die mit denen juveniler Stadien vergleichbar sind. Die direkten energetischen Kosten der Männchen sind deutlich geringer als die der Weibchen. Eine Analyse der Nahrungsaufnahmespektren konnte allerdings zeigen, daß die im Vergleich zu den Weibchen deutlich geringere Nahrungsaufnahmerate rufaktiver Männchen nur einen Teil ihrer Stoffwechselkosten deckt und den Einsatz körpereigener Energiereserven erforderlich macht. Aus diesen Ergebnissen konnte ein Zusammenhang zwischen den geschlechtsspezifischen Strategien der Energieallokation, der Überlebenswahrscheinlichkeit und des Lebenszyklus von Hyperolius viridiflavus hergeleitet werden.

8. Literaturverzeichnis

Aceves J, Erlij D, Whittembury G (1970). The role of urinary bladder in water balance of Ambystoma mexicanum. Comp Biochem Physiol 33: 39-42

Ackrill P, Hornby R, Thomas S (1969). Responses of Rana temporaria and Rana esculenta to prolonged exposure to a saline environment. Comp Biochem Physiol 28: 1317-1329

Adolph EF (1931). The size of the body and the size of the environment in the growth of tadpoles. Biol Bull 61: 350-375

Alford RA, Crump ML (1982). Habitat partitioning among size classes of larval southern Leopard frogs, Rana utricularia. Copeia: 367-373

Alvarado RH (1972). The effects of dehydration on water and electrolytes in Ambystoma tigrinum. Physiol Zool 45: 43-53

Amende LM, Pierce SK (1980). Free amino acid mediated volume regulation of isolated Noetia penderosa red blood cells. Control by Ca^{2+} and ATP. J Comp Physiol 138: 291-298

Armstrong DA, Strange K, Crowe J, Knight A, Simmons M (1981). High salinity acclimation by the prawn Macrobrachium rosenbergii: Uptake of exogenous ammonia and changes in endogenous nitrogen compounds. Biol Bull 160: 349-365

Avery RA (1971). The ecology of newt tadpoles: food consumption, assimilation efficiency and growth. Freshwater Biol. 1: 129- 134

Bagnara JT (1966). Cytology and cytophysiology of non-melanophore pigment cells. Rev Cytol 20: 173-205

Bagnara JT (1976). Color change. in: Lofts,B (ed.). Physiology of the amphibia vol. III, Acad Press New York, San Francisco, London:1-52

Bagnara JT, Stackhouse HL (1961). Purine components of guanophores in Amphibia. Anat Rec 139: 292

Bakker HR, Bradshaw D (1977). Effect of hypothalamic lesions on the water metabolism of the toad Bufo marinus. J Endocr 75: 161-172

Baldwin RA (1974). The water balance response of the pelvic "patch" of Bufo punctatus and Bufo boreas. Comp Biochem Physiol 47A: 1285-1295

Balinsky JB (1970). Nitrogen metabolism in amphibians. in: Campbell JW (ed.). Comparative biochemistry of nitrogen metabolism, Acad Press, London, New York: 519-637

Balinsky JB (1981). Adaptation of nitrogen metabolism to hyperosmotic environment in amphibia. J exp Zool 215: 335-350

Balinsky JB, Choritz EL, Coe CGL, Schans GS van der (1967). Amino acid metabolism and urea synthesis in naturally aestivating Xenopus laevis. Comp Biochem Physiol 22: 59-68

Balinsky JB, Shambaugh GE, Cohen PhP (1970). Glutamate dehydrogenase biosynthesis in amphibian liver preparations. J Biol Chem 245: 128-137

Balinsky JB, Dicker SE, Elliott AB (1972). The effect of long- term adaptation to different levels of salinity on urea synthesis and tissue amino acid concentrations in Rana cancrivora. Comp Biochem Physiol 43 B: 71-82

Bentley PJ (1966 a). The physiology of the urinary bladder of amphibia. Biol Rev 41: 275-316

Bentley PJ (1966 b). Adaptations of amphibia to arid environments. Science 152: 619-623

Bentley PJ (1971). Endocrines and osmoregulation. Springer Verlag New York 1971.

Bentley PJ, Schmidt-Nielsen K (1971). Acute effects of sea water on frogs (Rana pipiens). Comp Biochem Physiol 40A: 547-548

Bentley PJ, Yorio T (1979). Do frogs drink? J exp Biol 79: 41-46

Berven KA (1988). Factors affecting variation in reproductive traits within a population of wood frogs (Rana sylvatica). Copeia: in press

Berven KA, Gill DE (1983). Interpreting geographic variation in life-history traits. Am Zool 23: 85-97

Berven KA, Chadra BG (1988). The relationship among egg size, density and food level on larval development in the wood frog (Rana sylvatica). Oecologia 75: 67-72

Beurden EK van (1980). Energy metabolism of dormant Australian water-holding frogs (Cyclorana platycephalus). Copeia 787- 799

Bianco O (1951). Die Giftwirkung des Kochsalzes. Kosmos 47: 56-59

Brand TH v., McMahon P, Nolan MO (1957). Physiological observations on starvation and desiccation of the snail Australorbis glabratus. Biol Bull 113: 89-102

Brattstorm BH (1979).Amphibian temperature regulation studies in the field and laboratory. Amer Zool 19: 345-356

Brockelman WY (1969). Analysis of density effects and predation in Bufo americanus tadpoles. Ecology 50: 632-644

Brühmann M, Hanke W (1980). Cell volume regulation in juveniles of Xenopus laevis in hypertonic urea solution. Comp Biochem Physiol 64 A: 361-366

Cagle FR (1950).The life history of the slider turtle, Pseudemys scripta troostii (Holbrook). Ecol Monogr 20: 31-54

Candelas GC, Gomez M (1963). Nitrogen excretion in tadpoles of Leptodactylus albilabris and Rana catesbeiana. Am Zool 3: 521-522

Canziani GA, Cannata MA (1980). Water balance in Cerotophrys ornata from two different environments. Comp Biochem Physiol 66 A: 599-603

Capraro V, Garampi ML (1956). Studies on the frog skin. Mem Soc Endocr 5: 60-68

Carey C (1978). Factors affecting body temperatures of toads. Oecologia 35: 197-219

Carlisky NJ Botbol V, Argiz CA, Gercia C, Barrio A, Lew.VL (1968). Properties and subcellular distribution of ornithine cycle enzymes in amphibian kidneys. Comp Biochem Physiol 25: 835-848

Chew RM (1961). Water metabolism of desert-inhabiting vertebrates. Biol Rev 36: 1-31

Christensen CU (1974). Adaptations in the water economy of some anuran amphibia. Comp Biochem Physiol 47A: 1035-1049

Claussen DL (1969). Studies on water loss and rehydration in anurans. Physiol Zool 42:1-14

Cleworth DR (1967). A comparative study on the effects of urea on contraction in skeletal muscle. PH.D. Dissertation, University of California, Los Angeles

Colley L, Rowe WC, Huggins AK, Elliot AB, Dicker SE (1972). The effect of short-term changes in the external salinity on the levels of the non-protein nitrogenous compounds and the ornithine-urea cycle enzymes in Rana cancrivora. Comp Biochem Physiol 41B: 307-322

Crump ML (1981). Energy accumulation and amphibian metamorphosis. Oecologia 49: 167-169

Crump ML (1984). Intraclutch egg size variability in Hyla crucifer (Anura: Hylidae). Copeia 2: 302-308

Deaton LE, Hillish TJ, Koehn RK (1984). Protein as a source of amino nitrogen during hyperosmotic volume regulation in the mussel Mytilus edulis. Physiol Zool 57: 609-619

Degani G, Silanikove N, Shkolnik A (1981). Osmotic and urea concentration of blood plasma in burrowing green toads. Israel J Zool 30: 96

Degani G, Goldenberg S, Warburg MR (1983). Changes in ion, urea concentrations and blood plasma osmolarity of Pelobates syriacus juveniles under varying conditions. Comp Biochem Physiol 75 A: 619-623

Degani G, Silanikove N, Shkolnik A (1984). Adaptation of greed toad (Bufo viridis) to terrestrial life by urea accumulation. Comp Biochem Physiol 77 A: 585-587

Delson J, Whitford WG (1973). Adaptation of the tiger salamander, Ambystoma tigrinum, to arid habitats. Comp Biochem Physiol 46 A: 631-638

DeSousa RC, Grosso' A (1981). The mode of action of vasopressin: membrane microstructure and biological transport. J Physiol 77: 643-669

Dicker SE, Elliott AB (1967). Water uptake by Bufo melanostictus as affected by osmotic gradients, vasopressin and temperature. J Physiol 190:359-370

Dicker SE, Elliott AB (1970). Water uptake by the crab-eating frog Rana cancrivora, as affected by osmotic gradients and by neurohypophysial hormones. J Physiol 207: 119-132

Documenta Geigy (1960). Wissenschaftliche Tabellen. Geigy JR AG Pharmazeut. Abteilung Basel/6. Auflage

Dodd MHI, Dodd JM (1976) The biology of metamorphosis. In: Lofts B (ed.) Physiology of the Amphibia. Acad. Press New York, San Francisco, London

Doetsch H (1949). Experimentelle Untersuchungen über den Einfluß des Lichtes und der ultravioletten Strahlen auf Wachstum und Entwicklung von Amphibienlarven. Wilhelm Roux Arch Entwicklungsmech Org 144: 25-30

Drewes RC (1984). A phylogenetic analysis of the Hyperoliidae (Anura): treefrogs of Africa, Madagascar and the Seychelles islands. Occ Pap Cal Acad Sci: 139: 1-70

Drewes RC, Hillman SS, Putnam RW, Sokol OM (1977). Water, nitrogen and ion balance in the African treefrog Chiromantis petersi Boulanger (Anura:Rhacophoridae) with comment on the structure of integument. J Comp Physiol 116: 257-267

Duchateau-Bosson Gh, Florkin M (1961). Change in intracellular concentration of free amino acids as a factor of euryhalinity in the crayfish Astacus astacus. Comp Biochem Physiol 3: 245-249

Eckert R (1986). Tierphysiologie. Thieme-Verlag, Stuttgart New York

Eggena P (1987). Hydroosmotic responses to short pulses of vasotocin by toad bladder. Am J Pysiol 252: 705-711

Engelmann MD (1966). Energetics , terrestrial field studies and animal productivity. In: Cragg JB (ed.). Advances in ecological research Vol.III Acad. Press New York

Farrell MP, MacMahon R (1969). An eco-physiological study of water economy in eight species of tree frogs (Hylidae). Herpetologica 25: 279-294

Fitzpatrick LC (1973). Energy allocation in the Allegheny mountain salamander, Desmognathus ochrophaeus. Ecol Monographs 43: 43-58

Fitzpatrick LC (1976). Life history patterns of storage and utilization of lipids for energy in amphibians. Amer Zool 16: 725-732

Flaschenträger B (1951-1954): Physiologische Chemie Band I. Springer Verlag Berlin

Folch J, Lees M, Sloane-Stanley GH (1957). A simple method for the isolation and purification of total lipids from animal tissues. J Biol Chem 226: 497-509

Forth W, Henschler D, Rummel W (1987). Allgemeine und spezielle Pharmakologie und Toxikologie. B.I. Wissenschaftsverlag, Mannheim, Wien, Zürich

Fox H (1984). Amphibian morphogenesis. Humana Press Clifton, New Yersey

Freed AN (1980). An adaptive advantage of basking behavior in an anuran amphibian. Physiol Zool 53: 433-444

Fromm PO, Gillette JR (1968). Effect of ambient ammonia on blood ammonia and nitrogen excretion of rainbow trout (Salmo gairdneri). Comp Biochem Physiol 26: 887-896

Funkhouser D, Goldstein L (1973). Urea response to pure osmotic stress in the aquatic toad Xenopus laevis. Am J Physiol 224: 524-529

Geigy (1960). siehe Documenta Geigy
Geise W (1981). Anpassung an Trockenheit bei Anuren. Experimentelle Untersuchungen an dem westafrikanischen Baumfrosch Hyperolius viridiflavus nitidulus (Anura; Rhacophoridae). Diplomarbeit Universität Würzburg
Geise W (1987). Leben unter Extrembedingungen: Untersuchungen zur Ästivationsphysiologie und zur Variabilität im Lebenszyklus beim afrikanischen Riedfrosch Hyperolius viridiflavus (Anura: Hyperoliidae). Diss. Univ. Würzburg
Geise W, Linsenmair KE (1986). Adaptations of the reed frog Hyperolius viridiflavus (Amphibia, Anura, Hyperoliidae) to its arid environment. II. Some aspects of the water economy of Hyperolius viridiflavus nitidulus under wet and dry season conditions. Oecologia 68: 542-548
Geise W, Linsenmair KE (1988). Adaptations of the reed frog Hyperolius viridiflavus (Amphibia, Anura, Hyperoliidae) to its arid environment. IV. Ecological significance of water economy with comments on thermoregulation and energy allocation. Oecologia 77: 327-338
Gordon MS (1962). Osmotic regulation in the green toad (Bufo viridis). J Exp Biol 39: 261-270
Gordon MS (1965). Intracellular osmoregulation in skeletal muscle during salinity adaptation in two species of toads. Biol Bull 128: 218-229
Gordon MS, Tucker VA (1965). Osmotic regulation in the tadpoles of the crab-eating frog (Rana cancrivora). J Exp Biol 42: 437-445
Gordon MS Tucker VA (1968) Further observations on the physiology of salinity adaptation in the crab-eating frog (Rana cancrivora). J Exp Biol 49: 185-193
Gordon MS, Schmidt-Nielsen K, Kelly HM (1961). Osmotic regulation in the crab-eating frog (Rana cancrivora). J Exp Biol 38: 659-678
Gosner KL (1960). A simplified table for staging anuran embryos and larvae with notes on identification. Herpetologica 16: 183-190
Grafe TU (1988). Untersuchungen zur Fortpflanzungsbiologie und zu Lebensstrategien von Hyperolius viridiflavus (Amphibia, Anura, Hyperoliidae). Diplomarbeit Universität Würzburg
Gromko MH, Mason FS, Smith-Gill SJ (1973). Analysis of the crowding effect in Rana pipiens tadpoles. J Exp Zool 186: 63-72
Haggag G, Fouad Y (1968). Comparative study of nitrogenous excretion in terrestrial and fresh-water gastropods. Z Vgl Physiologie 57: 428-431
Hagström T (1981). Tadpoles of the common toad (Bufo bufo L.) found in brakkish water. Amphibia-Reptilia 2: 187-188
Harpur RP (1968). Osmoregulation et metabolisme de l'uree: comparaison entre Bufo viridis et Rana temporaria. Can J Zool 46: 295-301
Hillman SS (1978). Some effects of dehydration on internal distributions of water solutes in Xenopus laevis. Comp Biochem Physiol 61 A: 303-307
Hillman SS (1984). Inotropic influence of dehydration and hyperosmolal solutions on amphibian cardiac muscle. J Comp Physiol 154 B: 325-328
Hillman SS, Withers PC (1988). The hemodynamic consequences of hemorrhage and hypernatremia in two amphibians. J Comp Physiol 157 B: 807-812
Hillyard SD (1975). The role of antidiuretic hormones in the water economy of the spadefoot toad, Scaphiopus couchi. Physiol Zool 48: 242-251
Hillyard SD (1976). Variation in the effects of antidiuretic hormone on the isolated skin of the toad, Scaphiopus couchi. J Exp Zool 195: 199-206
Hillyard SD (1979). The effects of isoproterenol on the anuran water balance response. Comp Biochem Physiol 62C: 93-95
Hochachka PW, Somero GN (1980). Strategien biochemischer Anpassung. Georg Thieme Verlag Stuttgart, New York.
Holl A (1987). Coloration and Chromes. in: Nentwig W (Ed.). Ecophysiology of spiders. Springer Verlag Berlin, Heidelberg, New York, London, Paris, Tokyo

Homann WP (1968). Osmotic regulation in Rana pipiens. Copeia: 876-878
Homsher E, Briggs RN, Wise RM (1974). Effects of hypertonicity on resting and contracting frog skeletal muscle. Am J Physiol 226: 855-863
Janssens PA (1964). Urea production and transaminase activity in Xenopus laevis Daudin. Comp Biochem Physiol 13: 217-224
Jones RM (1980 a). Nitrogen excretion by Scaphiopus tadpoles in ephemeral ponds. Physiol Zool 212: 255-267
Jones RM (1980 b). Metabolic consequences of accelerated urea synthesis during seasonal dormancy of spadefoot toads, Scaphiopus couchi and Scaphiopus multiplicatus. J exp Zool 212: 255-267
Jones RM (1982). Urea synthesis and osmotic stress in the terrestrial anurans Bufo woodhousei and Hyla cadaverina. Comp Biochem Physiol 71 A: 293-297
Jungemann K, Möhler H (1980). Biochemie. Springer Verlag
Jungreis AM (1974). Seasonal effects of dehydration in air on urea production in the frog Rana pipiens. Comp Biochem Physiol 47A: 39-50
Jungreis AM (1976). Minireview: Partition of excretory nitrogen in Amphibia. Comp Biochem Pysiol 53 A: 133-141
Jungreis AM, Johnston JW (1979). Urea production in Rana pipiens: Effects of dehydration and aldosterone administration. Comp Biochem Physiol 64A: 59-66
Kaplan RH, Cooper WS (1984). The evolution of developmental plasticity in reproductive characteristics: an application of the "adaptive coin-flipping" principle. Amer Nat 123: 393- 410
Katz U (1987). The effect of salt acclimation on the water uptake and osmotic permeability of the skin of the toad (Bufo viridis,L.). J Physiol 82: 183-187
Katz U, Graham R (1980). Water relations in the toad (Bufo viridis) and a comparison with the frog (Rana ridibunda). Comp Biochem Physiol 67A: 245-251
Katz U, Gabbay S (1986). Water retention and plasma and urine composition in toads (Bufo viridis Laur.) under burrowing conditions. J Comp. Physiol 156: 735-740
Katz U, Pagi D, Hayat S, Degani G (1986). Plasma osmolality, urine composition and tissue water content of the toad Bufo viridis Laur. in nature und under controlled laboratory conditions. Comp Biochem Physiol 85A: 703-713
Kirschner LB, Kerstetter T, Porter D, Alvarado RH (1971). Adaptation of larval Ambystoma tigrinum to concentrated environments. Am J Physiol 220: 1814-1819
Kluger MJ (1977). Fever in the frog Hyla cinerea. Thermobiology 2: 79-81
Kluger MJ (1978). The evolution and adaptive value of fever. Am Sci 66: 38-43
Kobelt F (1981). Anpassung an Trockenheit bei Anuren. -Untersuchungen zur Morphologie und zu den optischen Eigenschaften der Haut von Hyperolius viridiflavus nitidulus (Laurent 1951, Anura, Rhacophoridae) im feucht- und trockenadaptierten Zustand. Diplomarbeit Universität Würzburg.
Kobelt F (1987). Anpassung an Trockenheit bei Anuren: Untersuchungen zur Ökophysik von Hyperolius viridiflavus (Amphibia, Anura, Hyperoliidae) in Labor und Freiland.- Diss Univ Würzburg
Kobelt F, Linsenmair KE (1986). Adaptations of the reed frog Hyperolius viridiflavus (Amphibia, Anura, Hyperoliidae) to its arid environment. I. The skin of Hyperolius viridiflavus nitidulus in wet and dry season conditions. Oecologia 68:533-541
Langer GA (1982). Sodium-calcium exchange in the heart. Ann Rev Physiol 44: 435-449
Laurent R (1951). Apercu des formes actuellement reconnaissables dans la superespece Hyperolius marmoratus. Annls Soc R Zool Belg 82: 379-397
Laurent R (1952). Sur la necessite de supprimer la famille des Rhacophoridae mais de creer celle des Hyperoliidae. Rev Zool Bot Afr 45: 116-122

Leaf A (1967). Membrane effects of antidiuretic hormone. Am J Med 42: 745-756

Lee AK (1968). Water economy of the burrowing frog Heleioporus eyrei (Gray). Copeia: 741-745

Lee AR, Silove M, Katz U, Balinsky JB (1982). Urea cycle enzymes and glutamate dehydrogenase in Xenopus laevis and Bufo viridis adapted to high salinity. J exp. Zool 221: 169-172

Lemire M, Grenot C, Vernet R (1982). Water and electrolyte balance of tree-living saharan lizards, Uromastix acanthinurus (Agamidae). J Comp Physiol 146: 81-93

Lillywhite HB (1971). Temperature selection by the bullfrog, Rana catesbeiana. Comp Biochem Physiol 40A: 213-227

Lillywhite HB, Licht P, Chelgren P (1973). The role of behavioral thermoregulation in the growth energetics of the toad, Bufo boreas. Ecology 54:375-383

Ling GN, Walton ChL (1975). A simple rapid method for the quantitative separation of the extracellular fluid in the frog muscle. Physiol Chem Phys 7: 215-218

Lipmann F, Tuttle LC (1945). A specific micromethod for the determination of acylphosphates. J Biol Chem 159: 21-28

Livingstone DR, Widdows J, Fieth P (1979). Aspects of nitrogen metabolism of the common mussel Mytilus edulis: adaptation to abrupt and fluctuating changes in salinity. Marine Biology 53: 41-55

Loveridge JP (1970). Observations on nitrogenous excretion and water relations of Chiromantis xerampelina (Amphibia, Anura). Arnoldia (Rhodesia) 5: 1-6

Loveridge JP (1976). Strategies of water conservation in southern African frogs. Zoologica Africana 11: 319-333

Loveridge JP, Withers PC (1981). Metabolism and water balance of active and cocooned African bullfrogs Pyxicephalus adspersus. Physiol Zool 54: 203-214

Low BS (1976). The evolution of amphibian life histories in the desert. In: Evolution of desert biota. D.W.Goodall (Hrsg). Univ. Texas Press

Lowry O, Rosenbrough A, Farr A, Randall R (1951). Protein measurement with the phenol reagent. J Biol Chem 193: 265-275

Machin J (1981). Water compartimentalisation in insects. J exp Zool 215: 327-333

Mack G, Hanke W (1977). Studies on anuran osmomineral regulation. I. Comparison of the reaction on desiccation in different anuran species. Zool Jb Physiol 81: 112-129

Martin AA, Cooper AK (1972). The ecology of terrestrial anuran eggs, genus Crinia (Leptodactylidae). Copeia 163-168

Matsushima O (1988). Accumulation and conservation of free amino acids in isolated bivalve foot muscle exposed to hyperosmotic conditions. Comp. Biochem Physiol 90 A. 349-355

Mayhew WW (1968). Biology of desert amphibians and reptiles. In: Desert Biology, special topics on the physical and biological aspects of arid regions. Vol 1, Acad Press New York

McClanahan L (1967). Adaptations of the spadefood toad, Scaphiopus couchi, to desert environments. Comp Biochem Physiol 20: 73-99

McClanahan L (1972). Changes in body fluids of burrowed spadefoot toads as a function of soil water potential. Copeia 209-216

McClanahan LL (1975). Nitrogen excretion in arid-adapted amphibians. in: Hadley NF (ed.). Environmental physiology of desert organisms. Halsted Press, Stroudsburg, Pennsylvania: 106-116

McClanahan LL, Stinner JN, Shoemaker VH (1978). Skin lipids, water loss, and energy metabolism in a south american tree frog (Phyllomedusa sauvagei). Physiol Zool 78: 179-187

McNally RC (1981). On the reproductive energetics of chorusing males: Energy depletion, restoration and growth for two sympatric species of Ranidella (Anura). Oecologia 51: 181- 188
Miller K, Hutchison VH (1980). Aerobic and anaerobic scope for activity in the giant toad, Bufo marinus. Physiol Zool 53: 170-175
Morton ML (1981). Seasonal changes in total body lipid and liver weight in the Yosemite toad. Copeia 234-238
Nayeemunnisa O (1972). Aspects of nitrogen excretion during aestivation in the amphibious snail, Pila globosa -I. Evidence for neuroendocrine involvement in the pattern of excretion. Comp Biochem Physiol 42 A: 1049-1053
Newman KC, Thomas RE (1975). Ammonia, urea and uric acid levels in active and aestivating snails, Bakerilymnaea cockerelli. Comp Biochem Physiol 50 A: 109-112
Pang PKT (1977). Osmoregulatory functions of neurohypophyseal hormones in fishes and amphibians. Am Zool 17: 739-749
Pang PKT, Galli-Gallardo SM, Collie N, Sawyer DH (1980). Renal and peripheral vascular responsiveness to arginine vasotocin in the bullfrog, Rana catesbeiana. Amer J Physiol 239: 156-160
Penzlin H (1977). Lehrbuch der Tierphysiologie. 2. Auflage. Fischer Verlag, Stuttgart, New York
Peschen KE (1939). Untersuchungen über das Vorkommen und den Stoffwechsel des Guanins im Tierreich. Zool Jahrb 59: 429- 462
Pierce SK, Rowland LM (1988). Proline betaine and amino acid accumulation in sea slugs (Elysia chlorotica) exposed to extreme hyperosmotic conditions. Physiol Zool 61: 205-212
Pough FH (1980). The advantages of ectothermy for tetrapods. Amer Nat 115: 92-112
Radke P (1976). Die Wirkung von Austrocknung und Hormonen (Acth und Corticosteroiden) auf die Aktivitäten der an der Harnstoffbildung beteiligten Enzyme bei Raniden. Diss. Univ. Karlsruhe
Rao KP, Gopalakrishnareddy T (1962). Nitrogen excretion in arachnids. Comp Biochem Physiol 7: 175-178
Reboreda JC, Petriella S, Segura ET (1987). Short-term changes in natripheric and hydrosmotic water fluxes across the skin and urine production due to increases in the osmolarity of the external environment in the toad. Comp Biochem Physiol 88A: 571-575
Richards CM (1977). Reproductive potential under laboratory conditions of Hyperolius viridiflavus (Amphibia, Anura, Hyperoliidae), a Kenyan reed frog. J Herpetol 11: 426-428
Richards CM (1982). The alteration of chromatophore expression by sex hormones in the Kenyan reed frog, Hyperolius viridiflavus. Gen Comp Endocrinology 46: 59-67
Romspert AP (1976). Osmoregulation of the African clawed frog, Xenopus laevis, in hypersaline media. Com Biochem Physiol 54 A: 207-210
Roth JJ (1973). Vascular supply to the ventral pelvic region of anurans as related to the water balance. J Morph 140: 443-460
Ruibal R Hillman St (1981). Cocoon structure and function in the burrowing hylid frog, Pternohyla fodiens. J Herpetology 15: 403-408
Ryan MJ, Bartholomew GA, Rand AS (1983). Energetics in a neotropical frog, Physalaemus pustulosus. Ecology 64: 1456- 1462
Savage JM (1973). The geographic distribution of frogs: patterns and predictions. In: Vial JL (ed). Evolutionary biology of the anurans. Univ of Missouri. Press Columbia
Schiøtz A (1967). The treefrogs (Rhacophoridae) of West Africa. Spolia Zool Mus Haun 25 (Kopenhagen)

Schiøtz A (1971). The superspecies Hyperolius viridiflavus (Anura). Vidensk Meddr Dansk Naturh Foren 134: 21-76

Schiøtz A (1975). The treefrogs of Eastern Africa. Copenhagen: Steenstrupia

Schlee D (1986). Ökologische Biochemie. Springer Verlag Berlin, Heidelberg, New York, Tokyo

Schmidt-Nielsen B (1972). Mechanisms of urea excretion by the vertebrate kidney. In: Campbell JW, Goldstein L (eds.) Nitrogen metabolism and the environment. Acad. Press-London, New York; 79-103

Schmidt-Nielsen B, Shrauger CR (1963). Handling of urea and related compounds by the renal tubules of the frog. Amer J Physiol 205: 483-488

Schmuck R, Linsenmair KE (1988). Adaptations of the reed frog Hyperolius viridiflavus (Amphibia, Anura, Hyperoliidae) to its arid environment. III Aspects of nitrogen metabolism and osmoregulation in the reed frog, Hyperolius viridiflavus taeniatus, with special reference to the role of iridophores. Oecologica 75: 354-361

Schmuck R, Kobelt F, Linsenmair KE (1988). Adaptations of the reed frog Hyperolius viridiflavus (Amphibia, Anura, Hyperoliidae) to its arid environment. V Iridophores and nitrogen metabolism. J Comp Physiol 158: 537-546

Seale DB (1988). Amphibia. In: Vernberg FJ, Pandian TJ (eds.) Animal energetics Vol. 1. Acad. Press

Segura ET, Cuello ME, Petriella S, Orti G (1987). Antidiuretic responses to osmotic, ionic or volume stimulation of the brain in the unanesthetized toad, Bufo arenarum Hensel. Comp Biochem Physiol 87A: 107-110

Seiter P, Schultheiss H, Hanke W (1978). Osmotic stress and excretion of ammonia and urea in Xenopus laevis. Comp Biochem Physiol 61 A: 571-576

Seitz KA (1987). Excretory organs. in: Nentwig W (ed.). Ecophysiology of spiders. Springer Verlag Berlin, Heidelberg, New York, London, Paris, Tokyo

Seymour RS (1973). Energy metabolism of a dormant spadefoot toads (Scaphiopus). Copeia 435-445

Seymour RS, Lee AK (1974). Physiological adaptations of anuran amphibians to aridity: Australian prospects. Austr Zool 18: 53-65

Shibko SP, Koivistoinen P, Tratnyek CA, Newhall AR, Friedman L (1967). A method for sequential quantitative separation and determination of protein, RNA, DNA, lipid and glycogen from a single rat liver homogenate or from a subcellular fraction. Analyt Biochem 19:514-528

Shine R (1979). Sexual selection and sexual dimorphism in the amphibia. Copeia: 297-306

Shoemaker VH (1963). Effects of dehydration on fluid distribution in Bufo marinus. Am Zool 3: 529

Shoemaker VH (1964). The effects of dehydration on electrolyte concentrations in a toad, Bufo marinus. Comp Biochem Physiol 13: 261-271

Shoemaker VH (1965). The stimulus for the water-balance response to dehydration in toads. Comp Biochem Physiol 15:81-88

Shoemaker VH (1975). Adaptations to aridity in amphibians and reptiles. In: J Vernberg (ed) Physiological adaptations to the environment. Intext Educational Publishers New York

Shoemaker VH, McClanahan LL (1973). Nitrogen excretion in the larvae of a land-nesting frog (Leptodactylus bufonius). Comp Biochem Physiol 44A: 1149-1156

Shoemaker VH, McClanahan LL (1975). Evaporative water loss, nitrogen excretion and osmoregulation in phyllomedusine frogs. J Comp Physiol 100: 331-345

Shoemaker VH, Nagy KA (1977). Osmoregulation in amphibians and reptiles. Ann Rev Physiol 39: 449-471

Shoemaker VH,Bickler PhE (1979). Kidney and bladder function in a uricotelic treefrog. J Comp Physiol 133: 211-218

Shoemaker VH, McClanahan LL (1980). Nitrogen excretion and water balance in amphibians of Borneo. Copeia 446-451

Shoemaker VH McClanahan LL (1982). Enzymatic correlates and ontogeny of uricotelism in tree frogs of the genus Phyllomedusa. J Exp Zool 220:163-169

Shoemaker VH, McClanahan LL, Ruibal R (1969). Seasonal changes in body fluids in a field population of spadefoot toads. Copeia 585-591

Shoemaker VH, Balding D, Ruibal R, McClanahan LL Jr. (1972). Uricotelism and low evaporative water loss in a South American frog. Science 175: 1018-1020

Shvarts SS, Pyastolova OA (1970). Regulators of growth and development of amphibian larvae. I. Specificity of effects. Ekologija 1: 58-62

Smith GC (1976). Ecological energetics of three species of ectothermic vertebrates. Ecology 57: 252-264

Smith-Gill SJ, Berven KA (1979). Predicting amphibian metamorphosis. Am Nat 113: 563-585

Speeg KV Campbell JW (1968). Purine biosynthesis and excretion in Otala (=Helix) lactea: an evaluation of the nitrogen excretory potential. Comp Biochem Physiol 26: 579-595

Stahl E (1967). Dünnschichtchromatographie - Ein Laborhandbuch. Springer Berlin Heidelberg New York

Stearns SC (1976). Life-history tactis: a review of the ideas. The Quarterly Review of Biology 51: 3-47

Stearns SC (1982). The role of development in the evolution of life histories. In: JT Bonner (ed) Evolution and Development. Dahlem Konferenzen Springer Verlag Berlin Heidelberg New York

Steinhauer-Burkhart C (1984). Untersuchungen zur Ökologie von Großsäugern anhand von Flugzählungen im Comoe-Nationalpark. Diss Univ Würzburg

Stevens ED (1988). Feeding performance of toads at different acclimation temperatures. Can J Zool 66: 537-539

Stinner JN Shoemaker VH (1987). Cutaneous gas exchange and low evaporative water loss in the frogs Phyllomedusa sauvagei and Chiromantis xerampelina. J Comp Physiol B 157: 423-427

Taenaka S (1963). Electron microscope studies of the temperature effects on the frog skin. Int Congr Zool 16: 57

Taigen TL, Wells KD (1985). Energetics of vocalization by an anuran amphibian (Hyla versicolor). J Comp Physiol 155: 163-170

Taigen TL Emerson SB Pough FH (1982). Ecological correlates of anuran exercise physiology. Oecologia 52:49-56

Thomas JD, Powles M, Lodge R (1976). The chemical ecology of Biomphalaria glabrata: The effects of ammonia to the growth rate of juvenile snails. Biol Bull 151: 386-397

Thorson TB (1955). The relationship of the water economy to terrestrialism in amphibians. Ecology 36: 100-116

Thorson TB (1964). The partitioning of body water in Amphibia. Physiol Zool 37: 395-399

Tracy CR, Rubink WL (1978). The role of dehydration and antidiuretic hormone on water exchange in Rana pipiens. Comp Biochem Physiol 61A: 559-562

Ussing HH (1982). Volume regulation of frog skin epithelium. Act Physiol Scand 114: 363-369

Vajropala K (1935). Guanine in the excreta of arachnids. Nature 136: 145

Visek WJ (1972). Effects of urea hydrolysis on cell life-span and metabolism. Fed Proc 31: 1178-1193

Walker RF, Whitford WG (1970). Soil water absorption capabilities in selected species of anurans. Herpetologica 26: 411-418

Walter H, Lieth H (1960-1967). Klimadiagramme-Weltatlas. Teil 3, Gustav Fischer Verlag Jena

Warburg MR (1971). On the water economy of Israel amphibians: the anurans. Comp Biochem Physiol 40A: 911-924

Warburg MR (1972). Water economy and thermal balance of Israeli and Australian amphibia from xeric habitats. Symp Zool Soc Lond 31: 79-111

Wassersug RJ (1975). The adaptive significance of the tadpole stage with comments on the maintenance of complex life cycles in anurans. Amer Zool 15: 405-417

Whitford WG, Meltzer KH (1976). Changes in O_2 consumption, body water and lipid in burrowed desert juvenile anurans. Herpetologica 32: 23-25

Whithers PC, Louw G, Nicolson S (1982 a). Water loss, oxygen consumption and colour change in "waterproof" reed frogs (Hyperolius). South Afr J Science 78: 30-32

Withers PC, Hillman SS, Drewes RC, Sokol OM (1982 b). Water loss and nitrogen excretion in sharp-nosed reed frogs (Hyperolius nasutus: Anura, Hyperoliidae). J Exp Biol 97: 335-343

Wieser W (1986). Bioenergetik. Georg Thieme Verlag, Stuttgart, New York

Wilbur HM (1977). Density-dependent aspects of growth and metamorphosis in Bufo americanus. Ecology 58: 196-200

Wilbur HM (1980). Complex life cycles. Ann Rev Ecol Syst 11: 67-93

Wilbur HM, Collins JP (1973). Ecological aspects of amphibian metamorphosis. Science 182: 1305-1314

Woolbright LL (1985). Sexual dimorphism in body size of the subtropical frog, Eleuterodactylus coqui. Diss State Univ New York, Albany

Wu C (1963). Glutamine synthetase. I. A comparative study of its distribution in animals and its inhibition by DL- Allo-δ-Hydroxylysine. Comp Biochem Physiol 8: 335-351

Yancey PH, Clark ME, Hand SC, Bowlus RD, Somero GN (1982). Living with water stress: evolution of osmolyte systems. Science 217: 1214-1222

Yokota SD, Shoemaker VH (1981). Xanthine excretion in a desert scorpion Paruroctonus mesaensis. J Comp Physiol 142: 423-428

Yokota SD, Hillman SS (1984). Adrenergic control of the anurans cutaneous hydrosmotic responses. Gen Comp Endocr. 53: 309-314

ÖKOLOGIE

Besiedlung und Nutzung extremer Lebensräume. Ökophysiologie afrikanischer Riedfrösche der Gattung Hyperolius. Richard Schmuck (1989); ca. 210 S., Abbildungen; ISBN 3-8236-1191-7; DM 49.-

Bioakustik der europäischen Laubheuschrecken. Klaus-Gerhard Heller (1988); 358 S., 150 Seiten mit Oszillogrammen und Photographien; ISBN 3-8236-1165-8; DM 49.-

Macchie, Garigue, Wüste. Ursachen des Rückgangs der mediterranen Wälder. Valentin Thurn (1990); ca. 200 S., viele Photos; ISBN 3-8236-1188-7; ca. DM 35.-

Rabenvögel. Ökologie und Schadwirkung von Eichelhäher, Elster und Rabenkrähe. H.Rahmann, M.Rahmann, J.Hildenbrand, J.Storm (1988); 158 S., 11 Zeichnungen von H.Poeschel; ISBN 3-8236-1156-9; DM 35.-

Umweltethik. Verantwortung für den Menschen, Verantwortung für die Natur. Alexander Kohler und Gerhard Scherhorn (Hrsg.) (1989); 21. Hohenheimer Umwelttagung, 1989, ca. 120 S.; ISBN 3-8236-1167-4; DM 25.-

Weißstorchzug. Ökolgie, Gefährdung und Schutz des Weißstorchs in Afrika und Nahost. Holger Schulz (1988); WWF-Umweltforschung |3|, 459 S., viele Photos und Verbreitungskarten; ISBN 3-8236-1141-0; DM 39.-

LIMNOLOGIE

Der Aal im Bodensee. Rainer Berg (1988); 246 S., ISBN 3–924333–53–X; DM 49.–

Feuchtgebiete. Ökologie, Gefährdung, Schutz. Horst Weisser und Alexander Kohler (Hrsg.) (1987); Int. Feuchtgebiete–Symposium, Bad Wurzach, 1987; 326 S.; ISBN 3–8236–1129–1; DM 29.–

Fischereiliche Nutzung von Stillgewässern in Naturschutzgebieten. Klaus Zintz (1986); 531 S.; ISBN 3–924333–45–9; DM 59.–

Hilfe für kranke Seen. Christian Steinberg und Klaus Zintz (1990); ca. 200 S.; ISBN 3–924333–54–8; DM 45.–

Kleine Stillgewässer. Horst Weisser u.a. (Hrsg.) (1989); Symposium, Bad Wurzach, 1989; in Vorbereitung; ISBN 3–8236–1187–9; ca. DM 29.–

Pioniervegetation im Amazonasgebiet Perus. Ein pflanzensoziologischer Vergleich von verandinem Flußufer und Kulturland. Franz Seidenschwarz (1986); 227 S.; ISBN 3–924333– 48–3; DM 49.–

Schaichtal. Lebensraum Bachaue. Manfred Ade u.a. (1985); 293 S., 200 Abb. u. Zeichnungen; ISBN 3–924333– 32–7; DM 38.–

Wasserpflanzen in Fließgewässern der Ostalb. Uta Kahnt, Werner Konold, Georg–Heinrich Zeltner, Alexander Kohler (1989); ca.150 S., Photos; ISBN 3–8236–1174–7; DM 38.–